性のペルソナ
芸術とデカダンス
性の
上

虹の夏　LGBT　Qならむ

玄月

edit gallery

モデル　ドリアン・ロロブリジーダ

撮影　熊谷聖司

千夜千冊エディション

性の境界

松岡正剛

角川文庫
23831

千夜千冊
EDITION

松岡正剛

性の境界

前口上

セックス（性差）とジェンダー（性別）は揺れてきた。
男と女とそのあいだ。植物と動物とヒトと神との、そのあいだ。
LGBTとI、そこへQ、そして「＋《プラス》」。
生物学から神学へ。無性生殖から有性の交換へ。
母と父。ゲイとレズ。フェミニズムとフェティシズム。
あいだのどこかで、両性具有とトランスジェンダーが踊りあう。

目次

前口上……5

第一章　性の多様性

リン・マーグリス&ドリオン・セーガン『性の起源』四一四夜……12
リチャード・ミコッド『なぜオスとメスがあるのか』一八二三夜……18
ジョー・ダーデン＝スミス&ダイアン・シモーヌ『セックス&ブレイン』一八二四夜……50
デボラ・キャドバリー『メス化する自然』一〇七三夜……69
ジューン・シンガー『男女両性具有』ⅠⅡ 一八二〇夜……79
リーアン・アイスラー『聖杯と剣』九〇五夜……98
エヴリン・フォックス・ケラー『ジェンダーと科学』一八二二夜……107

第二章　母・女・差別

エーリッヒ・ノイマン『女性の深層』一一二〇夜……122
ヨハン・ヤコプ・バハオーフェン『母権制』（上下）一〇二六夜……132
リュス・イリガライ『性的差異のエチカ』一一二七夜……141
ジュリア・クリステヴァ『恐怖の権力』一〇二八夜……157
上野千鶴子『女は世界を救えるか』八七五夜……171
トリン・T・ミンハ『女性・ネイティヴ・他者』一八二六夜……183
ジュディス・バトラー『ジェンダー・トラブル』一八一九夜……188
小谷真理『女性状無意識』七八三夜……202
ダナ・ハラウェイ『猿と女とサイボーグ』一一四〇夜……211

第三章　ゲイ感覚で

植島啓司『男が女になる病気』七六三夜……222

マルク・ボナール&ミシェル・シューマン『ペニスの文化史』四三三夜……228
ポール・ラッセル『ゲイ文化の主役たち』一一三七夜……234
オスカー・ワイルド『ドリアン・グレイの肖像』四〇夜……245
ジャン・コクトー『白書』九一二夜……255
アレン・ギンズバーグ『ギンズバーグ詩集』三四〇夜……269
ウィリアム・バロウズ『裸のランチ』八二二夜……276
デレク・ジャーマン『ラスト・オブ・イングランド』一一七七夜……288
マヌエル・プイグ『蜘蛛女のキス』二七〇夜……295
伊藤文学『『薔薇族』編集長』一二〇八夜……301
三橋順子『女装と日本人』一二七四夜……317
クレア・マリィ『「おネエことば」論』一五五三夜……334

第四章 エロスとLGBT

シャルル・ド・ブロス『フェティシュ諸神の崇拝』一七六五夜……348

ノーマン・ブラウン『エロスとタナトス』一二八九夜……365
カミール・パーリア『性のペルソナ』（上下）一八二七夜……380
イヴ・コゾフスキー・セジウィック『クローゼットの認識論』一八二八夜……396
森山至貴『LGBTを読みとく』一八二一夜……405
工藤万里江『クィア神学の挑戦』一八二九夜……431
石井達朗『異装のセクシャリティ』一一四三夜……444
キャサリン・ハキム『エロティック・キャピタル』一四九〇夜……452
美輪明宏『ああ正負の法則』五三〇夜……462
追伸　LGBTから端っこの「Q＋」へ……474

第一章　性の多様性

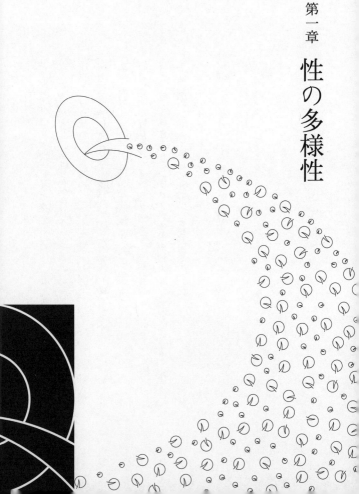

リン・マーグリス&ドリオン・セーガン『性の起源』
リチャード・ミコッド『なぜオスとメスがあるのか』
ジョー・ダーデン＝スミス&ダイアン・シモーヌ『セックス&ブレイン』
デボラ・キャドバリー『メス化する自然』
ジューン・シンガー『男女両性具有』I II
リーアン・アイスラー『聖杯と剣』
エヴリン・フォックス・ケラー『ジェンダーと科学』

新ダーウィン主義に抗して、
性の共生関係のルーツに挑む。

リン・マーグリス&ドリオン・セーガン

性の起源

遺伝子と共生ゲームの30億年

長野敬・原しげ子・長野久美子訳　青土社　一九九五

Lynn Margulis & Dorion Sagan: Origins of Sex 1986

コーネル大学から三十分ほど離れた湖のそばにカール・セーガンの家があった。コンクリートの箱っぽくて、家の真ん中を一本の大きなカエデが貫いている。その屋内の木陰でいろいろ話をしているうち、初めてリン・マーグリスがセーガンの前の奥さんだったことを知り、本書の共著者のドリオンが二人のあいだに生まれた息子であることを告げられた。

この家を訪れたのは、セーガンが原子核の世界をめぐるシナリオを書いた科学テレビ番組を日米で同時にオンエアしようという企画の打ち合わせのためで、ぼくが日本版のメインキャスターをやることになっていた。ＡＢＣ（朝日放送）とＩＢＭとコカ・コーラの企画だった。けれどもこの計画はセーガンの病気と死によって中断された。

それはともかく、話はリン・マーグリスのことだ。天才的なひらめきが多いマーグリスの遺伝子生物学の発想、とりわけ「性」をめぐる発想は、カール・セーガンとの機知に富んだ会話も手伝っていたのだろうと想う。

マーグリスは新ダーウィニズムに対抗して、早々に共生進化論者の先頭に立った一人だ。進化の歯車として自然淘汰《とうた》や適者生存を重視する多数派に対して、偶然の関与や複数の進化要素の相互作用に着目した。日本では今西錦司《きんじ》がこの立場だった。

そういう見方をするようになったのはセーガンの影響もあったろうが、ガイア仮説を唱えた気象学者のジェームズ・ラヴロックと共同研究したことも大きかったにちがいない。マーグリスの発想力とセンスは大胆で柔らかだったのだろう。とはいえ、生物学者として「性」の謎に向かったというのは、よっぽどの決断である。

性《セックス》の起源はながらく生物学を悩ませてきた。何が悩みのタネだったかというと、生きたままで性の発生現場を押さえられず、有性生物たちが世代ごとに交配に要するコストをどうやって払えるかということがわからないせいだ。生物が性を必要としたプロセスを説明できなかったのだ。マーグリスはこの二つの悩みを撃破した。それはお見事というしかない仮設で、撃破の方法は意外なものだった。

性は最初の最初は細菌のふるまいのなかで発生した。細菌に芽生えた性は、DNA分子の切断連接《スプライシング》や修復のプロセスから生じていて、それを「性《セックス》」とよぶかどうかは、まだはっきりしない。今後の議論と検討にかかっている。ところがマーグリスが仮説した性の起源の正体は、われわれがそれが性だと思える現象とはべつのものだった。

単細胞の原生生物であるプロティストというやや複雑な微生物のなかに新しい別種の性が出現したのである。これは単細胞生物が**減数分裂**をはじめたせいだった。減数分裂と関連して発生した性は、最初のうちは生殖とはまったく関係のない性質のものだった。本書はそのことをめぐる仮説を論証してみせたのである。説得力がある。

生命活動の特徴は「自己維持」と「成長」と「複製」にある。この三つの本質的な活動は性がなくたって、おこりうる。実際にも三十億年にわたって、多くの生物において三つの活動は性を介在しないで維持されてきた。

生物には生殖（再生産）なしの自己維持（オートポイエーシス）がおこっている。「自己」をもつ生物がそれなりの栄養分をとりこんで、核酸とタンパク質の合成がつづくかぎり、それで万事めでたしなわけだった。性はいらない。実際にもそのようなセックスなしの生物が地球上にはいくらでもふえた。問題は、そのような自己維持系が最初の進化をとげたあとで、なぜ細菌細胞は「分裂」という行為によって生殖するようになったのかということだ。

おそらくは最初期の原細胞の時代、DNAのエラーとその訂正が何かの役にたって、これが減数分裂をおこすことになったのだ。ところが、減数分裂をおこす生物が出現してみると、このままでは単一で生きながらえるしくみが足りないことがわかってきた。そこで生物たちは「**共生関係**」を工夫した。これが新たな「性」の誕生を促した。そして、性のプロセスが生物の活動にたちあらわれてくると、その性のプロセスこそが生殖を保証するようになったのである。

こうしてセックス(sex)と、そしてジェンダー(gender)とが、別々の理由とプロセスで発生していったのである。著者の斬新な主張はここにある。

当初の性のプロセスは、DNA組み替えのレベルでおこったようだ。細菌のDNA修復がそのプロセスに重なっている。DNAの自己複製機能には必ず誤植《エラー》がつきものなのであるが、このときもDNA塩基対の欠損や付加や変更がおこり、これらが次々に新しい活動、すなわち「分化と進化」をおこす要因になっていった。性のプロセスの淵源《えんげん》はここにあるらしい。

マーグリスは、DNA修復のためにつかわれた酵素系がクロマチンの起源と交差のプロセスにもちこまれ、再使用されるようになったのではないかと仮説した。またこのときに、それ以前の共生関係に関与していたミトコンドリア、色素体、MTOC（微小管形成中心）を生物の内側にとりこんでしまったのだろうと推理した。そうだとしたら外部者が内部者になったのである。

かくて生物史は真核細胞の時代に入っていく。**性の成立**はここからだ。その鍵を握っていたのは、マーグリスによればスピロヘータらしく、その独特の波動運動が真核細胞の複合体に選択上の利益を与え、逆にスピロヘータのほうは宿主《ホスト》の代謝産物にすっかり依存する性質になったという。こうして新たな事態が出来《しゅったい》してきたらしい。

スピロヘータは各世代ごとに宿主とほぼ同率でふえ、複合体は宿主ごとにスピロヘータをもった。もしスピロヘータの殖え方が大きすぎれば、その波動要素が宿主を破壊してしまったであろうけれど、そこは不思議な共生関係になったのである。このような仮説が成立しうるのは、真核細胞のMTOCがスピロヘータのゲノムの名残りだという見方によっている。

性とは、きわめて稀《まれ》な**異形配合**を起源として発生してきたものだったのだ。ちょっとシャレていえば、真核細胞と微生物共同体とは相同なのである。

このとき減数分裂を背景にした「性のサイクル」が動きだしたのだ。このサイクルは、もともとは有糸分裂にともなって発生していたオーガニック・ダンスを起源としているのかもしれない。仮にそうだとすれば、性とは、あらゆる意味において、たえず相互作用的なものであり、共生的なプロセスがもたらしたものだったということになる。

性は生物が先に進化していくにあたってパートナーを選べるようにした風変わりなしくみだった。なにしろこの時から、われわれはダンス場で相手を選びながら踊るようになったのである。性は生命の高次のリズムを番《つがい》で体現したものだったのだ。

第四一四夜　二〇〇一年十一月六日

参照千夜

六三六夜：今西錦司『自然学の提唱』　五八四夜：ジェームズ・ラヴロック『ガイアの時代』

性染色体と減数分裂の工夫。
遺伝子の乗り換えと着替えの秘密。

なぜオスとメスがあるのか

リチャード・ミコッド

池田清彦訳　新潮選書　一九九七

Richard E. Michod: Eros and Evolution—A Natural Philosophy of Sex 1995

四十年ほど前、金魚というメスの三毛猫と暮らし始めた。近所に捨てられていた猫だったが、立派なグレートマザーぶりを発揮した。金魚から華麗な代々史が始まったのである。最初の娘の小金《こきん》は田中泯《みん》のところに嫁いだ。そののち、何代かがすぎてピッチやミーコに至った。

出産に何度か立ち会った。母猫は妊娠二ヵ月ほどになると産み所をさがしはじめ、しばらくして戸棚の奥やソファの裏側でこそこそと産む準備を始めた。慌ててタオルやブランケットや切り刻んだ新聞紙を敷くものの、そんなことにはおかまいなく突如として本気のマジメ顔になって、二十〜三十分ごとに数匹を産んだ。

母猫が羊膜を破り胎盤を食べ、臍《へそ》の緒を食いちぎって仔猫《こねこ》の顔や体をペロペロ嘗《な》めまわせば、ほっと一息だ。それが何匹か続く。やがてミャーミャーと仔猫たちがおっぱいを争って吸いはじめると、そこらじゅうが天使たちのてんやわんやパラダイスになった。その仔猫のうちの一匹が家にとどまり、次のグレートマザーの代々史をこともなげに継いでくれた。

三毛猫は英米ではキャリコ（calico）とかトーティ＆ホワイトとか、フランスではトリコロールと言われ、ほぼすべてがメスだとみなされている。オレンジ（茶）色と黒色を決定する遺伝子がそれぞれ別のX染色体上にあるせいだ。伴性遺伝によるところもあるようだが、性染色体（sex chromosome）が決め手になっている。

猫の染色体は三八本だ。犬は七八本、ヒトは四六本。染色体の数は植物・動物の「種」ごとに異なるが、染色体の多寡が何を意味しているのか、生物学はまだ説明できないでいる。ハエは八本、ライムギは一四本、ミミズは三二本、ブタは三八本、タバコは四八本、ウシは六〇本、コイは一〇〇本。

オス・メスは染色体の数と関係なく決まっていく。哺乳類のオス・メスは性染色体のXYで決まる。交接後の受精卵にXXがあればメスに、XYならオスになる。何かが強力な効能をあらわしてそうなるのではない。オスメス間の遺伝子量の不均衡や常染色体と性染色体の不均衡を補正して、オスかメスになっていく。メスのX染色体二本のうちの一本を不活性化させているからだ。**ライオニゼーション**（lyonization）という。そこで三毛猫のような細胞の二種混合がおこる。

　このことを知ったときは驚いた。動物のオスとメスの決定プロセスは「種」によってまちまちなのである。魚類はXYの区別がつかないことが多く、両生類はXX／XY型とZZ／ZW型がある。鳥類はZZがオスで、ZWがメス。Z染色体上のDMRT1が性決定遺伝子になるらしい。

　ヒトはどうか。ヒトの四六本の染色体は細胞の核の中にある。男は二二対の常染色体とX染色体・Y染色体を一本ずつ、女は二二対の常染色体と二本のX染色体をもつ。Y染色体のSRY（Y染色体性決定領域遺伝子）がオス化を促す遺伝子であることがわかっているのだが、やがてそのSRYはSOX3が変化したものであることが判明した。

　性は**性スペクトラム**なのだ。こうなると、これらの何によって人間の男女の変化をどう解読していけばいいのか、何でもアリのような気になってくる。いったいいつ雌雄が出現してくるのか、多くが謎に包まれたままなのである。

Q　ふうん、松岡さんはネコ派なんですね。

M　とはかぎらない。子供のころはペンギン、サイ、キリン派で、次に犬。猫は二十代になってからです。犬は甲斐犬《かいけん》とマタギ犬がお気にいり。

Q　育てたんですか。

M　麻布十番のお寺のタケルが甲斐犬で、向かいの教会のメリーと睦《むつ》まじくなって産まれた仔犬を貰《もら》ってね。「おもちゃ」って名付けて育てた。まりの・るうにいと木村久美子が育ての親です。ぼくは後見人。お寺と教会の子だから神仏習合犬です（笑）。そのうちピュアな甲斐犬に会いたくて、ブリーダーさんのところを訪ねたらマタギ犬ならどうぞと言われ、頑丈な仔犬を分けてもらって小五郎と名付けた。炭焼き小五郎の小五郎。すぐに巨《おお》きくなってこれまた田中泯の農場で育ててもらった。

Q　そういう松岡さんの伴侶の話、初めて聞きました。

M　伴侶ねえ。そうだねえ。伴侶はいっぱい。

Q　猫はメス、犬はオスなんですか。

M　いやいや両方ともだよ。オスもメスも愛らしい。シーズーはメス。

Q　性別って何なんでしょうね。

M　グラデーションがあるんだろうね。性はスペクトラムですよ。かなり不思議だね。性は生命現象の主語でもないし、「おつり」でもない。魚はオスメスが反転するしねえ。

Q　わからないことが多すぎます。

M　ダーウィンが考察できなかったことだしね。

Q　生物学では性（sex）と性別（gender）は一緒くたですね。
M　植物や動物の性とヒトの性は、まったく別ものと思ったほうがいい。もともと性染色体も違うんだから。
Q　**性スペクトラム**って実証されているんですか。
M　魚の性別決定因子を調べてきた長濱嘉孝《ながはまよしたか》さんや諸橋憲一郎《もろはし》さんたちは、性スペクトラムの実例をいくつも挙げている。
Q　でも、何か不満そうですね。
M　何が？
Q　松岡さんにとっての性の生物学が。
M　不満なのではなく、もやもやするんだよ。
Q　もやもやはいつごろからですか。
M　なんでそんなこと尋ねるの？
Q　松岡さんがどの問題にどんな理由で着目したのかを、われわれは追っかけているんです。
M　そういうことなら、あえていえばリン・マーグリスやスティーヴン・J・グールドを読むようになってからじゃないかな。修正ダーウィニズムや断続平衡説がとてもおもしろかった。でもかれらの仮説は学界全体には受け入れられなかったよね。そのぶん

「性の生物学」もスッキリしなかった。で、TEDでリチャード・ワーマンがグールドを紹介してくれたので、確かめた。「赤の女王」仮説でいいの？ってね。いいわけないよとグールドが言っていた。

Q　「赤の女王」仮説？

M　生物が有性生殖するようになったのは、『鏡の国のアリス』の赤の女王のように、「そこに居続けるためには、思いっきり走らなければならない」、つまり有性生殖し続けなければならないという見方のことだね。

Q　マット・リドレーに『赤の女王』（翔泳社↓ハヤカワ文庫）がありましたね。

M　そう、あれです。読むといいよ。ところでグールドに出会ったのは一九九二年なんだけれど、そのあと工作舎でヘレナ・クローニンの『性選択と利他行動』を長谷川眞理子さんが訳して、さらに数年後には池田清彦さんの翻訳で新潮社からリチャード・ミコッドの『なぜオスとメスがあるのか』が出版された。グールドに加えて、この三冊でいろいろ考えるようになったのかな。

Q　性の遺伝学に対する疑問ですか。

M　いやいや疑問とはかぎらない。遺伝学（genetics）にはいろいろ感心してきましたよ。遺伝情報論は編集工学の原郷のひとつです。発生学（embryology）や脳科学（brain science）とともにね。

Q　そうなんですか。

M　うん。ぼくが編集工学にとりくもうと思ったのは、もともとは「物質が情報を帯びる」とはどういうことなのかということを考えたかったからです。そのことからすると、メンデルがエンドウマメの形質を遺伝ファクターだと見て、それが遺伝子という遺伝物質によるものだとわかってきたことは、画期的な発見だった。まさに物質が情報を帯びていたということでしょう。

Q　遺伝情報こそ物質であって情報ですからね。

M　そうだよね。物質は「生きている」とは言えないけれど、情報は「生きている」。同様に発生学があきらかにしてくれてきた細胞だって物質の状態の関係から「生きている」をつくりだしたわけだよね。

Q　脳は？

M　物質が意識を帯びた「心」をつくったから、神経物質もあやしいね。「心」は「生きている」のかな。

Q　意識も継続してきたのかどうかわかりませんよね。でもそうした科学も、いずれもまだまだ過渡期ですね。

M　どんな学問もそうだよ。それに「性」(sex)を遺伝だけで説明できるかといえば、ちょっとむりでしょう。

Q　どうしてですか。

M　性ってプロセス的で、発現的だからね。

Q　発現？

M　どこかでさまざまな**相転移**（phase transition）がおこっている。

編集工学は「情報をどう編集するといいのか」という事情にとりくむ。情報編集の先駆例は古今をまたいで哲学・数学・建築からアート・機械・コンピュータまで数かぎりなくある。だからいろいろな「知」の組み立てと「表現」のあり方を参考にする。

一方、「情報はどのようにみずからを編集してきたか」という観点も大事だ。こちらは情報が主語だ。情報を主語にしたのは生命体である。生物はずっとそれをやってきた。光と物質で充たされた宇宙の片隅に、奇蹟のように「情報を編集する生命体」を出現させたのだ。おそらくは偶然のような出来事をきっかけに、有機的な情報生命のしくみが偶有《コンティンジェント》的に生まれたのだったろうが、そのため「生命進化には目的はない」とさんざん言われてきたけれど、これは進化論者の逃げ口上だった。そう、思わざるをえない。ぼくがそう感じはじめたのは、四十代に突入する頃だった。

ひるがえって、自然界（地球周辺）には約九〇種類の元素がある。元素周期表にリストアップされている。これらはすべて物質である。地球の生命体はなぜかそのうちの約三〇種類をつかっている。水素・酸素・炭素・窒素が圧倒的に多い。なかでも炭素が使い勝手がよかったようだ。炭素の化合物をまとめて有機化合物（organic compound）というのは、生物（organism）がそもそも「炭素まじり」であることを象徴する。

有機化合物には炭素を数個から数十個をもった小さい有機分子と、それらが重合した高分子とがある。有機分子の代表は糖・脂肪酸・アミノ酸・ヌクレオチドで、高分子は多糖・タンパク質・核酸が組み合わさっている。このわずか四種類の有機分子と三種類の高分子が情報的生命活動の大半を担った。

最初の最初の「生命もどき」が自然界の材料をつかって有機活動を始めたのは四十億年ほど前のことである。このとき偶有的な出来事によって、情報を有機的に編集するのが好きな情報有機体が生まれた。

この奇蹟のようなことをやってのけたのはシアノバクテリアなどの海中の嫌気性の細菌だ。この細菌は自然界の炭素を有機化合物に変換する炭素固定（carbon fixation）を編み出し、ざっと十億年くらいをかけて光合成（photosynthesis）を案出した。光合成は地球の大気に酸素をもたらし、そこから植物が進化した。

ここから先、大半の情報編集は細胞（cell）を最小単位として組み立てていく。やがて細胞はこの世で一番できのいい超有能な最小情報編集マシンになった。最初のつくりは酸素と反応しない嫌気的細胞だったのが、酸素に親和性をもつ好気性細胞が活動するようになると、細菌のような原核細胞（prokaryotic cell）とそれとは別の真核細胞（eukaryotic cell）とが動きまわるようになった。

性能がよくなった細胞は二重のリン脂質を調合して細胞膜（cell membrane）をつくり、イオンチャンネルをはたらかせ、カリウムやナトリウムを入れたり出したりできるようにした。ついで膜の内部にさまざまな得意手をもつオルガネラ（細胞内小器官）を配置して、中心に核（nucleus）を構成して遺伝情報を財布の中の小銭のように格納した。

遺伝情報は、このあと今日に至るまでの生命体進化の有機性（「生きている」という状態）を守っていくための欠かせない情報プログラムだった。核は、その情報プログラムの手順を担う遺伝子（RNAやDNA）を染色体（chromosome）の上に順序よく並べて、「情報としての生命」の真骨頂を発揮するように仕向けた。結局、生物にとっての情報の正体はこのかっこうに集約され、この集約された情報の設計性を複製し、また変異させることがその後の生命の歴史になったのである。

集約された情報はバラバラではない。個体ごとにセットされ、ゲノム（genome）として世代をまたぐ。ゲノムにはコード化されたタンパク質とRNAの設計図集と非コード領域の塩基配列情報が含まれる。

けれどもそういう遺伝情報だけがあっても、生体は動かない。コンピュータに電源が必要であるのと同様だ。どこかでエネルギーを補給しつづけなければならない。細胞ができのいい情報編集マシンであるためには、細胞がエネルギーを貫いつづけるか、生みつづけなければならない。どうするか。

外からやってきて細胞の中に棲《す》みつくようになったミトコンドリアが率先した。呼吸(respiration)のしくみをつくったのだ。ミトコンドリアは酸素をつかい、ATP(アデノシン三リン酸)を細胞活動のための化学エネルギーにしてみせた。呆《あき》れるほどすばらしい準備がこうして整った。あとはどうしたら、この準備とほぼ同じ情報編集体としてのしくみを次の世代に渡していけるかである。

当初は細胞が分裂して後継ぎをつくればいいはずだったのだが、そのうち配偶子(gamete)をつくって、二つの配偶子が接合するという方法に切り替えていくものたちがあらわれた。これでオスとメスの動向が出入りするようになった。

いろいろな工夫をした。とくに、いったん受精卵になってこれをあらためて卵割していくという方法が採用された。**分化**(differentiation)という方法だ。細胞が分裂して二個になる細胞周期をもつと、受精卵はかなりのスピードで卵割される。たんに卵割するのでは細胞のかたまりをつくるだけだが、それぞれの部位に秩序をもった変化がおこるようにした。ただし、一個の受精卵が新たな個体を形成するには、細胞の分化が連鎖的に秩序だつ必要がある。そこで一層の細胞シートが内側にもぐりこんで原腸形成をおこすときに、このシートの細胞が「分化のシグナル」を出すようにした。ここには成体をつくる前の幹細胞（stem cell）がかかわった。ＥＳ細胞だ。

だいたいはこんなふうに、情報編集のあらかたが次から次へとのちの次世代に「もどき」をつくっていく方法として確立されてきたのだが、こうしたルールを逸脱する細胞もあった。がん細胞である。がん細胞は進化の革新がすべてそうやっておこったように、だいたいは**変異**（mutation）で生じた。

進化（evolution）と変異（variation）は同義語ではないけれど、両方とも誤植や誤配のせいだとみなしたほうがいい。プリントミスあるいは宛先書きまちがいのせいだ。分裂能力に富んだ幹細胞のなかで何段階にもわたる変異の影響が長期にわたって蓄積された結果、その細胞が発がん（carcinogenesis）に及んだのである。

がんと生命、がんと性とは同日に論じないほうがいいかもしれないが、ぼくのこの二十年間の思索と表象にまつわる仕事をあらためてふりかえってみると、胃がん、肺がんの左と右、今度のリンパ節という発がんのたびに、何か大きな変更を迫られてきた気がする。

いまぼくは七九歳になったのだけれど、生命のことや情報のことを考えるたびに、自分の細胞たちの継承と逸脱の因果についても、ついつい思いを致すのである。

Q　お加減いかがですか。

M　ハアハアしているけれど、まあまあです。

Q　また肺ですよね。

M　うん、三回目。今度はリンパ節に出た。放射線治療が始まって、週五回の照射で、六週間ほどかかります。毎日、千葉県の柏にある国立がん研究センターに行ってます。

Q　陽子線というとサイクロトロンで出すやつ？ 陽子線を当てる。

M　うん。三三回当てるらしい。毎日、ごくごく微量の被曝《ひばく》をしているようなもんです。

Q　抗がん剤は？

M　使っていません。

Q　放射線治療って何か副反応があるんですか。

M　少しあるらしいけれど、どういうものかはわかりません。一〇回目くらいから何か感じるかもしれないと予告された。今度のリンパ節のがん細胞がちょうど食道や心臓にくっついたところにあるので、そこに影響が出たときどんな反応がでるかは、やってみないとわからない。

Q　そうですか。お大事に。そんな松岡さんが、がん放射線治療のさなかにLGBTQの本を千夜千冊するとは思っていませんでした。

M　こんな時期だからやってやるぞということじゃないんだけれどね。

Q　だってクィアを応援しているんでしょ。

M　ぼくの思想の根底ではずうっとQ《クィア》がほつほつしてきたからね。

Q　ほつほつ。性的にクィアなんですか。

M　性的にも思想的にもQです。少しふやしていえばAQC的。AとQとC。

Q　それ、何ですか。

M　アナーキー(A)とクィア(Q)とコンティンジェンシー(C)。

Q　やっぱりかなり変。聞きしにまさります。よくここまでご無事でしたね。

M　そうだよねえ。「変」で「代」。ヘン、カン、ダイだもんね。「変わる」「換わる」「替わる」「代わる」だからね。無事でいられたというより、みなさん、松岡正剛を追ってくるのをもはやあきらめたんじゃない?

Q　うちらは追っかけてますが。松岡さんはセクシュアリティについても「変」「換」「代」なんですか。

M　おおむね、そうです。両性具有的で、雌雄同体っぽい。いや雌雄同体というより雌雄遊走子的かな。

Q　植物的なんですか。

M　そうありたいときもあるけれど、それはムリだよね。植物に依存するしかないというだけです。

Q　どうしてですか。

M　われわれは光合成（photosynthesis）ができないでしょう。酸素がつくれない。そこで光合成で酸素をつくってくれる植物に依存した。このことは二一世紀の人間哲学の基礎に据えられるべきことです。われわれは一度だって自立なんてしていないんだからね。地球文明はずうっと借りもの文明ですよ。

Q　まったく自立していない？

M　うん。分かれ目は「呼吸」（respiration）だね。呼吸体としての個体は自立したかに見えるけれど、これは酸素がつくれないかわりにミトコンドリアに頼んで呼吸系を発達させたせいです。炭酸同化作用ができないぶん、動物やわれわれは呼吸に頼ったわけですよ。細胞の中のミトコンドリアに手伝ってもらって、ＡＴＰを生成することにした。呼吸系というのはグルコースを材料にしてこれを分解しながらＡＴＰというエネルギーを得るしくみです。でもこれは本気の自立ではないんじゃないか。

Q　だから脳で意識をつくり、共同体で社会をつくって自立しようとしたんじゃないですか。

M　そうかな。自立したかのように見えているようだけれど、巨きな遺伝情報ネットワークの片割れになっただけとも言えるよね。文明はずうっとゲノム文明ですよ。ユヴァル・ハラリのホモ・デウス論は痩せすぎです。

Q　ドーキンス？

M　いや、ウォディントン。われわれの大半はエピジェネティク（epigenetic＝後成的）です。われわれは植物に依存した情報生命なんだよ。

Q　だったら、どうして「性」をもったのでしょうか。

M　ほんとにね。変わったことを始めたもんだ。

国境をまたいで民族や人種がいて、民族や人種にかかわりなく男と女がいて、それらをこえて生物の種の多様性があり、これらを覆って地球環境が変動しつづけている。

社会生物学のエドワード・O・ウィルソンは『生命の多様性』（岩波現代文庫）で、冒頭にアマゾンの生態系の描写とスマトラとジャワのあいだにあるクラカタウ島の描写を続けさまに長々と叙景したあと、われわれがいまどんな多様性を考えればいいかということを問うた。ウィルソンは生物学者が「遺伝子プール」に直面せざるをえなくなっていることを、やや苦々《にがにが》しく認めたのである。

文明の歴史はごくごく初期からヒトを男と女に分け、動物をオスとメスと呼び、植物にはオシベとメシベがあるとか雌雄同体だとかと言ってきた。生物学的にはこれらはすべて「性」(sex)である。性ではあるが、なぜ生物が「性」を必要としたのかは、あまりわかっていない。いまのところ生物学者がこぞって納得できる定説もない。

生物の営みがその主要な活動を「種」の保存においているとするなら、初期の生物がそうであったように、出芽や増殖や分裂でも世代は残せたはずである。一つの個体が新たな個体を生み出せた。これが**無性生殖**(asexual reproduction)だ。

無性生殖は多くの生物が選んだ「種」の保存方法だった。「性」なんて必要なかった。生物の営みが進化するために「自然淘汰」を選択してきたとするなら、世代をまたいで必要なことはたくさんの子を生みだしておくことなんだから、たくさんの子を用意しておくにも無性生殖は便利な作戦だった。

そこへ「性」をつかって生殖をする生物たちが登場した。「性」をつかってというのは「配偶子をつかって」ということだから、その配偶子(gamete)によって二つの個体のあいだで子をもうけるという作戦が編み出されたのである。

たいていは大きな配偶子と小さめの配偶子があって、大きいものがメス(雌)、小さめのものがオス(雄)となり、生殖細胞の接合を試みた。この作戦は、細胞間で次世代の全ゲノムに及ぶDNAを交換することによって、新たな遺伝子型をもつ個体を生み出せるようにしたということを意味している。**有性生殖**(sexual reproduction)の出現だった。「性」

はここに始まり、ここから変遷していった。全き多様性を描きたいウィルソンにとって

は苦々しいしくみの出現だったろうと思う。

Q　なぜ配偶子をつくったんでしょうね。

M　性を分化させるため。

Q　なぜ性を分化させる必要があったんですか。

M　遺伝情報を次世代にのこすため。

Q　それなら増殖でもいいわけですよね。それが配偶子をつくることにしたのは、どうしてなのか。「赤の女王」になるため？

M　乗り換えをうまくするためだね。

Q　乗り換え？

M　遺伝情報の組み換えのための乗り換え。このとき**減数分裂**（meiosis）という実にうまいやり方をとったんですね。配偶子の出現、つまり性の出現はその減数分裂のための工夫だろうね。リン・マーグリスもそこに気がついた。

Q　数をふやさないための減数分裂が性を出現させたということですか。「性」がそこからあらわれていったということですか。

M　半分以上はそうだろうと思います。増殖（proliferation）は細胞から細胞に同じ情報を平

等に配当するしくみです。一方、生殖（reproduction）は親から子に情報を伝えるしくみです。われわれの体には体細胞と生殖細胞があるけれど、遺伝情報を伝えるのは生殖細胞のほうだよね。

　遺伝情報そのものは次世代がタンパク質をつくるための設計図をもっているDNAが担う。これは細胞の中では染色体として保持されていて、DNAは染色体の中ではクロマチンというかたちでタンパク質の芯（ヒストンコア）に巻き付いている。
Q　二重螺旋《らせん》で。
M　はい、そうですね。配偶子というのはこの生殖細胞のことです。遺伝を伝達するための乗り物だ。この乗り物が動いているあいだに、DNAは自己複製という仕事にとりかかる。体細胞の増殖では複製すると、細胞周期は「2n↓複製↓4n↓分配↓2n」と変化するけれど、これでは2倍体ができあがってしまうよね。そこで生殖細胞では「2n↓複製↓4n↓分配：第1次減数分裂：分裂↓2n↓分配：第2次減数分裂↓n」という細胞周期を工夫した。途中で減数分裂が入って、ここで乗り換え（crossing over）がおこっているんだよね。DNAはこのプロセスのあいだに「複製（replication）↓修復（repair）↓組み換え（recombination）」をおこす。
Q　編集工学では情報は「乗り換え・着替え・持ち変え」をするというふうに言うけれど、遺伝の本質は乗り換えですか。

M　複製をめざしての乗り換えだね。トランジットだ。そのあいだにそそくさと減数分裂をおこす。
Q　いつからそういうことをするようになったんですかねえ。
M　真核細胞ができたときから。
Q　ということは細胞分裂したときからですね。
M　AとBを重ねたら、ふつうは「A＋B」状態になる。足し算になる。これをくりかえせばどうなるか。大増殖です。へたすりゃキマイラ（chimera）です。キマイラは機能過剰でコストパフォーマンスがむちゃくちゃ悪い。おそらく遺伝子も損傷する。生物がそういうキマイラにならないためには、何かを減らしていくか、もしくは「同じもの」と「違うもの」による多様性を制限していく必要があるわけです。
Q　そうか、たんに多様性があるわけじゃないんですね。
M　多様性の本質は複雑化だよ。

有性生殖はさまざまな例外をもちつつも、生物界にオスとメスの歴史をもたらした。オスとメスは配偶子（生殖細胞）を媒介に接合して、新たな遺伝子セットをもつ新たな個体をつくりだす。ヒトの配偶子は卵子（メス）と精子（オス）となって、両者の接合によって遺伝子を組み換える。この組み換えのしくみを成立させることこそ「性」が担った仕事のひとつだった。

なぜこんなめんどうな有性生殖のしくみが発動するようになったのか。いくつかの有力な仮説があるけれど、今夜紹介するリチャード・ミコッドの本書もそうした有力な仮説のひとつを追っていた。

原題は『エロスと進化―性の自然哲学』である。なかなか考えさせる仮説を繰り出していた。生物学界ではいっとき「性は種内の多様性を保証するためのもの」という考え方が一番広がっていたのだが、本書はこれに反旗をひるがえして「性は遺伝子を修復するために出現した」という仮説に到達する。減数分裂をおこすために性が機能したというものだ。ウィルソンは承服しがたいだろうけれど、「遺伝子のプール」のために有性生殖が工夫されたのである。

著者のミコッドはアリゾナ大学の進化生物学者で、読むかぎりは形質学や生態学に強い。サブタイトルに「性の自然哲学」と銘打っているように、新たな遺伝的自然哲学を構築したいという展望をもっている。

本書は原注が充実していて、多くの参考書も紹介されている。もっともミコッドは学術書ばかりをあげているので、一般の理解には寄与しないかもしれない。だから、適当に他の本などで補って理解するのがいい。比較的入手しやすいものは、例えば次のような本だ。リン・マーグリスの『性の起源』(青土社)と『性とはなにか』(せりか書房)、ジョン・メイナード・スミス『生命進化8つの謎』(朝日新聞社)、ジョージ・ウィリアムズ『生物はなぜ進化するのか』(草思社)、団まりな『性と進化の秘密』(角川ソフィア文庫)、スティーヴン・J・グールドの『個体発生と系統発生』(工作舎)や『ダーウィン以来』(早川書房)、マット・リドレー『赤の女王』(早川書房)。

ほかに日本側から長谷川眞理子の『クジャクの雄はなぜ美しい?』(紀伊國屋書店)と『オスとメス＝進化の不思議』(ちくま文庫)、矢原徹一『花の性』(東京大学出版会)、高木由臣『有性生殖論』(NHKブックス)、更科功『「性」の進化論講義』(PHP新書)、諸橋憲一郎『オスとは何で、メスとは何か?』(NHK出版新書)など。

Q　性の遺伝学って、そんなに難しいんですか。

M　ぼくの理解力程度では、生殖のしくみをつくりあげた深い経緯にはとうてい至れないね。とくに「組み換え」と「異系交配」を巧みに両立させたところ、交差させたところが、なかなか読み切れない。

Q　両立させた?　交差させた?

M　一応、説明してみると、「**組み換え**」はDNA分子の物理的な切断とそのうえでの再結合のプロセスだよね。「**異系交配**」は先代の二つのそれぞれ異なった個体、つまり母方と父方の系の両方が交配するという出来事です。この二つは別々の進行だ。組み換えは

DNAのごくごく一般的な性質だから、異系交配なんて必要ありません。だから組み換えそのもののプロセスには性を発生させる契機はひそんでいないはずなんだよね。

ところが生殖はここに母方と父方の個体交接という出来事を絡ませて、いつのまにか性に役割を横すべりさせていったわけでしょう。これは「組み換え」と「異系交配」を巧みに両立させたということだよ。どういうふうにそんなことができたのか。そこがわからない。ただ印象的なことだけで言うと、これって、どう見てもフリップフロップ(flip-flop)なんだよね。

Q　フリップフロップ?

M　何かが行きつ戻りつしている。フリップフロップというのは「行ったり来たり」をあらわす英語の俗語です。「組み換え」と「異系交配」が行きつ戻りつしているうちに、どこかが交差して、そのうち何かが成立して相転移がおこり、自律していった。ぼくにはそんな感じがするんだよね。コンピュータの最初のフォーマット設計が半導体によるフリップフロップ回路にもとづいていたことを思い出すね。

Q　ええっと、話がよくわからないんですが。いったい何の話なんですか。

M　ごめん。これはね、いったい「**情報を複製する**」ってどういう出来事なのかということを、いいかえれば「**情報を伝達する**」ってどういうことなのかを、あらためて根本から問い直すということなんだ。

Q　はあ。

M　生命は「**情報を編集する**」ことで何をはたそうとしたのか、そこを問い直そうということです。生物物理的にいうと、そもそも生物はどうして情報編集のためのレプリケーター（自己複製子）をつくったのかということだね。生命体はなぜ情報を自己複製する気になったのか。わかる？

Q　それを担ったのが遺伝子ですよね。

M　そう、遺伝子が分子レプリケーター、自己複製子です。これは遺伝子が自己を複製しようとしたんだということだけれど、はたして自分で自分という情報を複製したのかというと、DNA自身がそうしたわけじゃないよね。真核生物の細胞において、遺伝物質DNAが情報を帯びて核の中にひそみ、染色体のかっこうを借りて複製すべき情報を引き連れたものにしたわけだけれど、引き連れたところまでがDNAだよね。自己複製したわけじゃない。

Q　はい、そういう情報分子をDNAと名付けたわけです。デオキシリボ核酸（deoxyribonucleic acid）。ヌクレオチドを構成単位にして、A・T・G・Cの遺伝暗号を塩基配列にしている。

M　DNAはそういう情報のプログラムを核内の染色体に秘匿したけれど、自分では何もできない。そこで、このDNAから必要な情報をRNAが写し取り、それを核の外に運んでいろいろの分子装置をつかってタンパク質をつくってもらうというふうになったわけです。DNAはいわば、「RNAの編集力」を借りたんだね。レプリケーションの編集を担当したのはRNAだ。そうしないと次世代への遺伝はおこらなかった。なぜDNAには働かせないで、そんなふうな手間にしたのか。そこまで戻って考える必要があるということです。

Q　どういうふうに戻るんですか。

M　当初に遺伝子がしようとしていたことに戻る。かつて遺伝子はタンパク質だと考えられていたけれど、そんなふうに見るのは大ざっぱすぎて、説明にはならない。遺伝子はDNAだったわけだよね。そこで生物学者たちは遺伝子がもっている情報設計集がタンパク質として活動するまでの道筋で、何かが関与しただろうことをあきらかにする気になったわけです。そしてこの道筋や手順には「**遺伝子発現**」(gene expression) があると推理した。遺伝情報はダイレクトに継承されているのではなく、何かの手続きによって発現されていくんだと考えた。そこまではモノーやジャコブのすばらしい推理だったよね。

Q　転写と翻訳が介在していたわけですよね。

M　そうだよね。DNAに書かれていた情報はいったんRNAが転写 (transcription) して、これがmRNAにコピーされ、そのコピーが翻訳 (translation) されて、タンパク質をつくる指示書になる。トランスクリプションがあってからトランスレーションがおこる。そういう乗り換え型の手続きにしたわけだよね。ここが大事なところで、DNAの原本のほうは保管したまま温存しておいて、そのかわりmRNAによる複製技術から翻訳したわけだ。そして転写は核の中で、翻訳は核の外でやれるようにした。こういうことが発現されていたわけです。

Q　それはセントラルドグマの話ですよね。「DNAの遺伝情報が転写されてmRNAになり、mRNAが翻訳されてタンパク質になる」という、分子遺伝学の基本の基本の話ですよね。それを見直そうということですか。解釈を変えるべきだということ？

M　そうじゃなくて、セントラルドグマは遺伝子の発現のプロセスを解明したけれど、そこにはさまざまな補完や制限や損傷や修復があったということです。その案配がフリップフロップだろうということです。

Q　そうだったとすると、話はどうなるんですか。

M　その補完や制限や損傷や修復のために、配偶子を絡ませる「性」を登場させてきたということです。少なくともミコッドはそう考えた。

生命体は設計図を遺伝子が担当し、その製品化をタンパク質が担当する。製品化によってもたらされた成果が形質になる。

遺伝子と形質の関係は**ジェノタイプ**（遺伝子型 genotype）と**フェノタイプ**（表現型 phenotype）

でも説明できる。ジェノタイプは個体が潜在的にもっている遺伝的な素質にあたり、それが組み合わさって個体にあらわれた特徴がフェノタイプだ。

ひるがえって、メンデルが調べたエンドウマメの七種類の形質のうち、種子の「丸」と「しわ」を規定するジェノタイプはAとaであらわされていた。Aが野生で優性（顕性）、aは変異型の劣性（潜性）である。このばあいはジェノタイプがAA、Aa、aaの三種類、フェノタイプが「丸」と「しわ」の二種類になる。

このような変化をおこしているのはSBE1という遺伝子だということがわかっている。この遺伝子に書きこまれていた設計プログラムにもとづいてSBE1タンパク質がつくられ、アミロペクチン（デンプン分子）を合成する酵素のはたらきを活性化させたからだった。アミロペクチンがちゃんと合成されればエンドウマメは「丸」に、SBE1遺伝子に変異（突然変異）がおこればデンプンの粘性が落ちて「しわ」になる。

このように説明するのがメンデル的な伝達遺伝学である。これが分子遺伝学の説明になると、「SBE1をあらわすDNAの遺伝情報が転写されていったんmRNAになり、それが翻訳されてエンドウマメというタンパク質になって形質を発現させる」というふうな説明になる。もちろん、このプロセスはいくらでも詳細になる。今日の分子遺伝学はそうとうに詳しい。優秀なNGS（次世代シークエンサー）もできたせいでもある。

しかし詳細になればなるほど、そこに浮上してくるのが、遺伝子発現でおこなわれていることは転写と翻訳だけなのかという疑問だったのだ。

　以上のことをまとめていえば、遺伝子がしていることは、**複製**（replication）と**修復**（repair）と**組み換え**（recombination）だったということである。いずれもタンパク質づくりに向かってがんばるのだが、この三つの仕事は密接に関連しあっている。とくに複製と組み換えのあいだで修復が関与する。

　そもそも生体分子の多くはディスポーザブルなので、たえず作り直しが必要だ。タンパク質やRNAは遺伝情報があれば合成できるし、それ以外の生体分子もだいたい生合成できる。けれども元のDNAにはスペアがない。そこでmRNAによって転写された設計図が実用に供される。元の設計図に傷がついたり重複がおこったりしたら元も子もなくなる（元と子の関係がおかしくなる）わけだから、なんとか復元しておかなければならない。修復が欠かせない。

　この修復のために配偶子による「性」の営みが工夫されたにちがいない。これがミコッドの仮説だった。

Q　オスメスの性は遺伝子修復のためのサブシステムだったんですか。
M　ミコッドはそういう見方をしているね。とくに減数分裂のしくみと「性」の分別が絡んでいるという見方です。

Q　どういうリクツでそう考えたのでしょう？
M　性をくみこむメリットとデメリットを比較したんだと思う。有性生殖を選択するのは、必ずしもコストパフォーマンスがいいわけじゃないということを、さまざまな領域で調べ上げたんだね。
Q　それが進化生物学のお仕事ですよね。
M　ミコッドたちが調べ上げてみると、有性生殖にはコストがかかりすぎていることがわかった。損益計算のワリが合わない。第一に遺伝的な損失がある。有性生殖は無性生殖の親にくらべて半分の遺伝子しか子に伝えないんだから、遺伝子からしたらリスキーだよね。第二に、ふさわしい配偶者を見出《みいだ》すための手間や交配のためのエネルギーコストがかかりすぎている。ほんとにこれは虫もクジャクもわれわれ男と女も、涙ぐましいほど、苦労しているからね。どう見ても失敗率が高いよね。
Q　優秀な種をのこすための競争原理だとも考えられてきたわけですよね。
M　それなら配偶子を選ぶところに勝負の分岐をもっていくんじゃなくて、どんどん産んでから競争させてもいいわけだ。つまりコスパが悪い有性生殖でいいわけだよ。
Q　そうか、有性であることが競争原理を保存していますよね。
M　第三に、オスを生み出す損失率が高すぎるということです。たしかにオスは育児に役立たず、浮気や不倫をしかねない（笑）。そんな不確実なオスを半分近くの確率で生んでいくなんて、進化の損益決算には合わないはずなんだよね。

Q　それは卑下かもしれません（笑）。

M　卑下であれ、ムダであれ、こんな理由で有性生殖が選択されたんじゃないだろう、もっと前の段階で用意を始めたんだろうと、ミコッドたちは考えたんですね。これはワイズマンもリン・マーグリスもそう考えたところです。

Q　前の段階というのは？

M　ミコッドは遺伝子の組み換えの段階に着目した。

Q　遺伝子のエラー率を食いとどめるところということですか。

M　まあ、そうだね。とくに遺伝子のコピーを一倍体（haploid：半数体）にしておくか、二倍体（diploid）にしておくかというところ。そこに減数分裂というしくみがはたらいて、そのどさくさに「性の分化」の用意ができてきたというんだね。

Q　どさくさですか。

M　いや、減数分裂はもっと厳密だけれど、そのフリップフロップな行きつ戻りつの手続きの中で、相転移がおこったんだという仮説ですね。

Q　松岡さんは、どうなんですか。

M　そういうこともあるだろうなと思ったけれど、さあそれだけかなと思っている。

Q　それだけではないとすると、どういう可能性がありますか。

M　いやいや、ぼくの知恵ではそこはわかんないね。ウイルスとの関係や寄生と宿主の関係にも絡んでいるようにも思うんだけど、これは勝手な空想です。

Q　どうしてウイルスや寄生のことを考えられるんですか。

M　生命の歴史は「借りぐらしのアリエッティ」だと思っているんでね。

Q　ミトコンドリア以来？

M　そう、そう、その通り。ただし、もうひとつ、ある。

Q　何ですか。

M　情報生命の本質にはトランスジェンダー的なることがずっとかかわってきたのじゃないかと思っている。

Q　え、それはまた！

M　両性具有期があったっていいわけだから。

Q　そんなことを言うと、チコちゃんに叱られますよ。

M　チコちゃんって？

Q　ダーウィン。

M　うん、ダーウィンにはね。でも、ウォディントンやサル学研究者たちにも聞いてみなけりゃ。これからのゲノム編集をめぐる生物学の成果もあるからね。それに「着替え」にも注目しなくちゃね。

Q　着替え？

M　ぼくはあくまで「情報の乗り換え」のしくみとして生物学を読んできたから、その読み筋からすると、ヴィークルの乗り換えとともに衣の着替えやカバンの持ち変えもおこったはずだと見ているんでね。

第一八二三夜　二〇二三年四月三十日

参照千夜

四一四夜：リン・マーグリス『性の起源』　二〇九夜：スティーヴン・J・グールド『パンダの親指』　一二九六夜：リチャード・ワーマン『理解の秘密』　一六二〇夜：マット・リドレー『やわらかな遺伝子』　一〇六九夜：ドーキンス『利己的な遺伝子』　一七一八夜：フランソワ・ジャコブ『ハエ・マウス・ヒト』

「性」が「脳」に及んだのか、
それとも「脳」が「性」を管理しているのか。

ジョー・ダーデン＝スミス＆ダイアン・シモーヌ

セックス＆ブレイン

池上千寿子・根岸悦子訳　工作舎　一九八五

Jo Durden-Smith & Diane de Simone: Sex & the Brain 1983

二人の翻訳者のことから紹介する。

根岸悦子は東京医科歯科大学の附属病院産婦人科に勤めていた。ジョン・マネーとパトリシア・タッカーが書いた『性の署名：問い直される男と女の意味』（一九七五）を読んで、「性は引き返せないのか」と考えこんだ。男女のちがいは生殖機能がもたらすもので、一般的に語られてきた男女の差異はほとんど歴史文化がもたらしたものだ。それなら歴史文化以前の性とは何なのか。そこに引き返してはまずいのか。

もうひとつ気になるところがあった。著者の一人のマネーがとりくんだ治療のことだ。一卵性双生児の男児のひとりが生後七ヵ月の割礼手術の失敗でペニスを損傷されたのだが、当時ジョンズ・ホプキンズ大学にいたマネーらの医師団と両親は検討を重ねたうえ、この男児を「女子として育てる」ことに決め、生後十七ヵ月で精巣を摘除し、仮の膣《ちつ》をつくったらしい。多量の女性ホルモンを投与されたその子は思春期を迎えてたいそう女性らしくなっていたとマネーは誇らしげに書いているのだが、根岸はこのくだりになんとも合点がいかなかった。

数年後の一九八三年に本書『セックス&ブレイン』を読んでみて、第八章にマネーの治療のことがやや疑問まじりに採り上げられていたことを知った。もっとも性転換については、あきらかな成功例についても報告されていた。根岸は性差とは何なのか、いよいよ考え込んだ。

池上千寿子はハワイ大学の「性と社会 太平洋研究所」でセクシュアリティを研究していた。根岸と同様、『セックス&ブレイン』で採り上げられたマネーの治療にまつわる顚《てん》末《まつ》を他人事《ひとごと》とは思えなかった。研究所の所長だったミルトン・ダイアモンドがマネーの双生児についての治療法に疑問を呈していたからだ。

実はマネーの双生児治療については、イギリスのBBCが注目して番組にしようとしていたのだが、ダイアモンドの反対意見も採り上げられると知ったマネーが番組から降りてしまったという後日談がついていた。池上は医療とセクシュアリティの密接な関係を深く考えるようになった。

というわけで、本書はこのような根岸と池上のコンビによる翻訳になった。編集は森下知があたった。森下はICUでアラビア語を学び、工作舎および木幡和枝《こばたかずえ》率いるフォーラム・インターナショナルにやってきた。七〜八年後は田辺澄江を扶《たす》けて、ぼくのアシスタントもしていた。ケラーの『ジェンダーと科学』も編集した。

本書の著者は英米の二人の気鋭の科学ジャーナリストである。「性と脳をめぐる探偵物語」を書いたと言っている。どこが探偵物語なのかというと、採り上げた研究者たちの成果の多くに対する評価がほとんど確定していないからだ。

性（sex）と性差（gender）に踏みこむ研究や実験や治療は、科学と医療の領域ではずうっと賛否両論の嵐をともなった。クラフト＝エビングやハヴロック・エリスこのかた、多くのセクシャル・サイエンス（性科学）が仮説につぐ仮説だったのだ。誤解や曲解も多かった。いきおい、探偵物語にならざるをえない。探偵すべきは「男と女のちがいは脳のちがいから来ているのか」というものだ。ほんとうに、そうなのか。男女の性差を「体のちがい」だけではなく「脳のちがい」まで視野に入れるとなると、「感情の持ち方」「思考のクセ」「習慣のちがい」も議論の対象になる。

イギリスが謳歌《おうか》したヴィクトリア時代の自然科学と人類学は「男が文化で、女は自然」という乱暴な分別に酔っていた。

自然を飼い馴らすのが科学や文化の崇高な目的であって、そのためには紳士たちがエレガントな主張と成果を整然と披露して、女性や子供たちはこれに従ってもらおうというものだ。もしそうしたモードに背くものがあれば、成敗もやむをえない。近代イギリスといえども、そこは中世の魔女裁判と変わらない。ホーソーンの『緋文字』が舞台をアメリカに移してそうした悲惨な顚末を描いている。

ところがヴィクトリアン・ドリームの片隅から、新たにペンフィールドやシェリントンやエクルズらによる脳と神経系の研究が進展していくと、事態が一変してきた。人間における「思考・退屈・予知・パーソナリティ・性意識」のいずれもが脳の部位や神経伝達物質（ホルモン）にかかわることがわかってきた。男と女は、また「男らしさ」や「女らしさ」は、脳やホルモンの別々の影響を受けているらしい。そういう見方が急速に走りまわったのだ。

一九六〇年代後半になって、こうした脳と性差の関係を司《つかさど》っているのが視床下部であることが浮上してきた。そのため競って視床下部の刺激にまつわる実験がとりくまれるようになったのだが、その実験がもたらすデータは男と女の被験者でかなり異なっていた。「男が文化で、女は自然」ではないどころか、男女ともに脳やホルモンの作用差をもろに受けている。

このことをどう考えるか。本書の著者はミシガン大学のリチャード・アレクサンダー、カリフォルニア大学のダイアン・マクギネス、シカゴ大学のジェレ・レビィ、フンボルト大学のグンター・ドルネルらに長時間取材して真偽を確かめる。

視床下部(hypothalamus)はわれわれの内分泌や自律機能の調節をするとびきりの中枢である。間脳の一部を構成していて、上部の視床下部と下部の下垂体前葉がつながって相互に関連して機能する。

脳には重要な部位はいくつもあるけれど、視床下部はたった四グラムほどのちっぽけな中枢組織でありながら神経核がひしめいている。神経核からの指令で体温調節、摂食行動、睡眠と覚醒のスイッチ、ストレス応答がアクティベートされ、それとともに下垂体からは、性感覚に関する多くのホルモン(hormone)が分泌される。そのためホモサピエンスの「四つのF」を司っているとみなされた。Feeding(食べたくなる)、Fleeing(逃げること)、Fighting(闘いを辞さない)、Fucking(性本能が疼く)、この4Fだ。人間の動物的本能の多くがここに司られている。

次々に重要なホルモンも同定されていった。副腎皮質刺激ホルモン放出ホルモン(CRH)、成長ホルモン放出ホルモン(GHRH)、成長ホルモンを抑制するソマトスタチン(SST)、性腺刺激ホルモン放出ホルモン(GnRH)、甲状腺刺激ホルモン(TSH)、プロラクチン（ＰＲＬ）、オキシトシン（ＯＸＴ）、黄体形成ホルモン（ＬＨ）、卵胞刺激ホルモン（ＦＳＨ）……。これらのホルモンの出入りが視床下部および下垂体に認められ、その機能が追跡されたわけである。脳科学史上、たいへんな成果だった。

ジュレ・レビィはこうしたホルモンのいちいちの機能をつきとめることも大事だが、これらが性ホルモンとどのように関係づけられているかということが、われわれの男性性と女性性の性差の根幹をほぼ規定しているだろうことに注目すべきだと強調した。

これはＧｎＲＨがＦＳＨとＬＨの分泌を促し、それが女性においては卵巣ホルモンの**エストロゲン**（estrogen）とプロゲステロン（progesterone）を、男性においては精巣ホルモンである**テストステロン**（testosterone）を活性化していることに、新たな「脳と性」（セックス＆ブレイン）の読み取りの基準をおいて考えてみるしかないだろうということである。

世の中は騒いだ。男と女をめぐるジャーナリズムが、女性ホルモン（エストロゲンが代表）と男性ホルモン（テストステロンが代表）という二つのステロイドホルモンに眩《まぶ》しいほどの脚光をあてた。

医薬品メーカーや化粧品メーカーも性ホルモンの活用に目を付けた。オッパイをふくらませるエストロゲン、ヒゲを濃くするテストステロンという見方が広まった。成人男女もついつい「自分自身」をふりかえる。けれども、性ホルモンの役割をわかりやすく解釈しようとする見方は数々の誤解を生じさせることにもなった。

ありていにいえば、「男の脳」と「女の脳」はちがっているんです、だから男と女の性については「脳がらみ」で理解しましょうねという俗説が、きりなくはびこるようになったのである。探偵はこれらの俗説をどのように避《よ》けられるのか。

いっとき『話を聞かない男、地図が読めない女』（邦訳は主婦の友社）がベストセラーになっていたことがある。

四〇〇万部の『ボディランゲージ』（邦題『本音は顔に書いてある』）の著者アラン・ピーズとその妻で『メモリー・ランゲージ』の共著者のバーバラが、三年をかけて各国をまわって研究者たちを訪れ、男と女のちがいに関する知見を集めたというふれこみの本だ。サブタイトルに〈男脳・女脳が「謎」を解く〉とあったが、本気な脳科学の話はほとんど出てこない。そのかわり次のような〝事例〟が次から次へと繰り出されていた。

曰《いわ》く、女は歯を磨きながら子供を叱れるが（ついでに洗面台をソージする）、男は歯を磨くことしかできない（おまけにたいていは水を流しっぱなしで歯を磨く）。

曰く、女は方向音痴で地図が読めず、男は鈍感で女心が読めない。だから女は手元の地図をぐるぐるまわす。

曰く、女は職場の仲間たちの服装の色のちがいをすぐ感じるけれど、男は女房のカーディガンの色が昨日と変わったことに気づかない。実は男と女の目の機能が異なっている。色を識別する錐体《すいたい》細胞がもともとX染色体でできているので、女の錐体細胞のほうが色の識別能力が高いのだ。

また曰く、男は「もの」で遊びたく、女は「ひと」と遊びたい。だから男は時計やカメラやパソコンの中身を知りたい。男にとってすべては模型で、女にとってはなにもかもがキャラクターなのだ。友達や知人のキャラの正体が気になる。気になるけれど、本気でかかわりたくはないからいつまでも表向きのおしゃべりをする。

曰く、女は「ひと」の軍団に関心がないのだろう。それにくらべて男は「ひと」の軍団も模型だと見えるから、解体したり作りなおしたりしてみたくなるわけだ。こうして男が考えついた組織と制度が文明を支えるようになったにちがいない。

またときにシモネタふうに曰く、男はポルノに誘われ、女はロマンスに誘われる。もっと端的には、男のセックス衝動はガスレンジだ、スイッチひとつで点火してたちまち最大火力となり、調理がおわればパッと消える。女のセックス衝動は電子レンジだ、最高温度になるまで時間がかかるが、なかなか冷めない……然々云々《しかじかうんぬん》。

誰もがこんな「あるある」話の一つや二つを聞かされてきた。無責任な言説をまきちらかして男と女を差別するのか、男女を手っとりばやい能力で差別するのかと目くじらを立てる向きもあるだろうが、この手の話は世界中で交わされてきた。聞き耳をたてる向きも多かったということだ。

聞き耳をたてるのは、次のような話もまじっているからだ。曰く、男の皮膚は厚い。齢をとってもシワになりにくい。とくに背中の皮膚は腹より四倍ほど厚い。原始の日々に背後からの攻撃に備えていたからだ。女の皮膚は敏感である。男の一〇倍の感受力がある。わが子をスキンシップするからだ。だからできれば好きな人に触られたいし、触っていたい。そうするとオキシトシンが分泌する云々。

またまた曰く、女性の聴覚は高音を聞き分け、男は低音を認知する能力が高い。味覚では男が塩辛さや苦さの幅をもち、女は甘さのちがいに自信をもっている。匂いについては男女とも訓練次第で嗅ぎ分ける能力が増すので、どちらも調香師にふさわしいけれど、こと体臭に関しては女性に一日の長がある。これは母親として乳児や幼児の匂いにつきあってきたからだと考えられている云々。

読書界ではこういう本はおおむね「興味本位の本」と片付けてきたが、興味本位でない本があるのかとも思う。「あるある本」とか「トンデモ本」とか「ニセ科学」という言い方も罷《まか》り通っている。超能力ものやUFOものやオカルトものがその類いだろうが、この手の本は実は知識人のあいだでもけっこう目が通されている。ぼくがLAのリチャード・ファインマンの瀟洒《しょうしゃ》な家でインタビューしたときは、ファインマン先生は「ぼくはね、オカルト本をかなり読んできたんだよ」と言って片目をつぶってみせ、「科学者はみんなこっそり読んでるんだ」と付け加えたものだった。

ついでながら、二〇〇九年一月にNHKスペシャル「シリーズ女と男」が放映されたことにふれておく。三回に分かれていたが、番組のなかで「地図が読めない女」の検証をするため、カナダの地図学者デボラ・ソーシャと二回の実験をした経緯をドキュメントしていた。

こんな感じだ。男女同数の被験者たちは指示メモを渡される。一回目は「南東に向かって一九メートル進め、東に曲がり六〇メートル進め、北西に曲がり一七メートル進めば目的地」。男は二・九五回まちがえ、女は九・八六回まちがえた。二回目の指示は「まっすぐ進み聖人像にぶつかったら右に曲がれ、眠れる少年像のところで左に曲がれ、まっすぐ進みVの字に幹が分かれた松の木をみつけたらそこが目的地」というもので、今度は男が四・〇二回のまちがい、女は二・八五回のまちがいだった。

いったいこれはどういうことか。ソーシャは「女が地図が読むのが苦手なのではありません。多くの地図には女性にとって役に立つ情報が入っていないんです」と説明した。うーん、そういうこと？

ほかにも「恋は盲目」をめぐる男女の認知や行動のちがい、離婚が多い原因、男が女心を読みとれない理由をめぐる取材や実験などがとりあげられ、きっと視聴率もよかったのかと思わせた。

思うに、番組はラトガーズ大学のヘレン・フィッシャーの見方に加担しているようだった。神経科学センターでｆＭＲＩ（機能的磁気共鳴画像法）をフル活動させて「恋する脳」を調べてきた研究者だ。

愛し合う男女からｆＭＲＩが抜き出してみせるのは、**脳幹の腹側被《ふくそくひ》蓋野《がいや》と大脳基底核の尾状核**である。二つとも哺乳類の出現以前から脊椎動物がもっていた古めの脳組織で、しばしば「爬虫類《はちゅうるい》の脳」とか「ワニの脳」と言われてきた。フィッシャーはここが「恋の中枢」だとみなした。脊椎動物に報酬系が発信されるところであるからだ。

脊椎動物たちが喉の渇きに耐えてやっと水を飲むとき、空腹のはてに獲物を得てたらふく食べるとき、脳のネットワークには報酬系が発せられるのである。なかでも腹側被蓋野でつくられたドーパミン（dopamine）が大脳基底核の神経回路に向けて放出されていることがわかってきた。ドーパミンはアドレナリンやノルアドレナリンの前駆体にあたる。モノアミン系のニューロトランスミッター（神経伝達物質）だ。

同じことが男女が睦《むつ》まじくなっているときにもおこっているというのが、フィッシャー先生のお見立てである。ニューロトランスミッターの分泌量も計測されていて、大いに喧伝《けんでん》された仮説となった。番組はこの手の実例を次々に繰り出していた。

NHKの「シリーズ女と男」は、男女の感情がしばしば反対に動くことにも注意していた。フィッシャーは恋と報酬系とを結び付けて「活性化」を浮上させたのだが、その逆にロンドン大学のセミール・ゼキとアンドレアス・バーテルスは、愛しあう二人には「抑圧化」もおこっていることを突きとめた。

恋人たちに次々に人物写真を見せて、その悪口を言ってもらうようにすると、好きな相手の写真のときは脳の某所が抑制されていたのだ。某所とは扁桃核《へんとうかく》と頭頂側頭結合部だ。大脳辺縁系には扁桃核があって、ここからは恐れや怒りの信号が発せられる。頭頂側頭結合部は判断力を司っていて、現象を批判的に捉《とら》える役目を担っている。恋人たちは自分が大事にしたいものに接しているときは、これらの活動を抑制させていることがfMRIでわかってきたのである。

さしずめ「恋は盲目」「アバタもエクボ」は脳にも根拠があったということになる。あんなに好きで一緒になったのになぜ離婚率がやたらに高いのかというのも（世界的に結婚四年目に最初の離婚の危機がくるらしい）、こうした報酬系や抑圧が結婚後に麻痺《まひ》してきたせいだという論証だ。

これらのどれが「信ずるに足る」のかは、どうにもわからない。養老孟司《たけし》や茂木健一郎や中野信子も、このへんは巧みに言明を避けてきた。ちなみにNHKスペシャルはのちにダイヤモンド社で『だから、男と女はすれ違う』という本になった（のち角川文庫『女と男』）。ファインマン先生のようにこっそり一読されるといい。

男と女をめぐる生物学は誤解と曲解の坩堝《るつぼ》でもありつづけているので、こういう話題が「狐の嫁入り」のようにちらつくのは、やむをえない。

ではふたたび本書の探偵物語に話を戻すと、後半はミシガン大学のウィリアム・ハミルトンに取材をしたときの「**男と女は最初の多細胞有機体の子孫ですから**」という話から始まっていく。なぜ生物は多細胞に向かって進化し、オスとメスの交接や交尾に走っていったのかという問題だ。

話は八〇年代以降の「脳と性」の解読に向かっていく。

進化の流れの中には、いくつもの説明がつかないステージが織り込まれている。それでも大きな分岐点で何を選択したのかは、わかっている。

有機体としての生命の系譜が生き残っていくには、第一には多細胞になることが大きな選択だった。いくつもの細胞群をこしらえておくことは、外界に対する保護力やエネルギー効率を高めるのには得策だ。しかしそのぶん成長と維持に時間をかけることにもなった。

そこで第二に、個体を「自己」として認識できるしくみをつくった。「種」ではなく、「個体」に〝自己もどき〟を作動させた。これは最初こそ外敵とおぼしいウイルスやバクテリアや寄生物をみきわめるための自衛のしくみとして発達したのだろうが、やがて生化学的な合言葉(鍵と鍵穴)を用意することによって、自己と異物を区別する免疫系を生じさせることに成功した。

このことは第三に、脳が新しいソフトを作動させるにあたって古いプログラムを活用するようにしたことを促した。古いプログラムの活用は進化の原理でもあるが、性にとっても意外なほどに重要な工夫だった。この新旧の応用によって、自己と異物はこのしくみ上で分別できるようになった。ただそれにはちょっとした調整が必要だった。個体どうしにも自己と異物のちがいにあたる「しるし」が必要になったのだ。

ハミルトンはここに注目した。「個体どうしの自己と異物のちがい」のしるしのため、オス化とメス化を促す性ホルモンによる調整が必要になったのだ。ということは、どういうことか。「しるし」とは「性のしるし」だったのである。さよう、免疫系の必要性と寄生物の関与が「性」をめざめさせたのである。

エチオピアの原始草原のどこかで最初に直立二足歩行をしてみせたのは、かのルーシー（Lucy）だった。アウストラロピテクス（アファール猿人）を代表する女性だ。ビートルズの〈ルーシー・イン・ザ・スカイ・ウィズ・ダイアモンズ〉に因《ちな》んで、発掘チームの一人ドナルド・ジョハンソンが命名した。

本書によれば、そのジョハンソンと共同研究することになったケント州立大学のオーウェン・ラブジョイは、ルーシーの登場が告げている一番大事なことはペアレンティングだとみなした。ルーシーは子を育てるオスの親作業を切り出したというのだ。

これまで多くの「性」をめぐる科学や人文科学は男女の「性差」に焦点を求めるあまり、性の分化がもたらした群社会の特徴に食いこんでこなかった。ラブジョイはそこを分け入って、ルーシーによって**ペアレンティング**（親作業）が始まっただろうこと、そのことを可能にしたのはアウストラロピテクスが食料の運搬に携わったからだろうということ（だから二足歩行した）、そこから「番《つがい》」としての親の意識が芽生えていっただろうことを仮説した。

この推理は、ルーシーの歯型に雑食性が読み取れたことから発したもので、雑食がおこったから食料の運搬も可能になり、そこからペアレンティングも始まったのだと推測された。ラブジョイはこのことから、食料をはこぶオスの役割と子を育てるメスの役割が分離し、やがて男親と女親のロールが明白になり、それがいつしか男性性と女性性につながっていったのだとみなした。一九八一年のことだった。

ラブジョイが仮説したもうひとつの推理は、すこぶる評判が悪かったようだ。「ルーシーがセックスをリクリエーショナルなものにした」という推理だ。これではまるでルーシーは現代のアメリカの家庭で子供たちの目を盗んでセックスを愉しんだ親たちの先駆者だと言っているようなものだった。本書はこのあたりのことについては、ラブジョイから離れていっている。

本書はこのあとフェロモンのこと、オーガズムのこと、媚薬《びやく》のこと、メークアップのことなどの研究成果にも幾度か探偵出動するのだが、あまりめざましい探求には至っていない。なかで、ぼくが読むかぎりでは僅かに「思春期」(adolescence, puberty)についての探偵が期待をもてそうだったのだが、これも入口で頓挫している。

あの胸が躍るような、心が痛むような、なんとも甘酸っぱい思春期が、どうして人間男女の青春を彩るかについては、実はほとんどのことがわかっていない。わかっていないからラブソングがいつまでも歌われ、ときめく恋心を捩《よじ》る青春ラブストーリーが切れることなく発露されてきたわけである。

それでも研究者たちは「二次性徴」に直面したアドレセント（思春期を迎えた青年青女のこと）の「言葉にならない爆発しそうな感覚」をなんとか調べようとするのだが、ほとんどまとまらない。また、自分をあっというまに巻き込んだ**思春期**《アドレサンス》の混乱が、いったいどんな社会文化心理学的な混乱と似ているのかをつきとめようとするのだが、これもゲーテやヘッセ、尾崎翠《みどり》や江國《えくに》香織にはとうてい及ばない。まして、その混乱がタナトス（死）の衝動と隣りあってくることについては、ほぼお手上げなのである。

どうしてこんな体たらくになるのかということについては、今夜の紹介主旨から大きく逸れるので多言を弄しないでおくけれど（いつか別の千夜千冊の機会を得て書きたいが）、おそらくこれは「性をめぐる議論」から「傷」（創）を取り出すことがタブー視されてきたことと関係がある。

思春期を迎えた世代にとって、性はとんでもない秘密の欲望であり、容易に言葉にしがたい私事である。そのことを刻印する部位は秘境であって、総じては性欲そのものが測りがたいほど深そうな負い目になりかねない。ところがそのとんでもない時期に、かれらは男っぽくも女っぽくもなる。ヒゲが伸びて、オッパイが膨らむ。オナニーがしたくなる。とはいえ自分がいま憧れる異性を想うと、こんなことのいっさいが本来の心情から背いているように感じて、それが痛い。いったい思春期とは何なのか。

あらためて最近の事情をふりかえってみると、「男っぽい・女っぽい」「男らしさ・女らしさ」といった表現が、フェミニズム議論以降は差別用語になりつつあるようだ。けれども、ちょっと待ちなさい。一次性徴や二次性徴はそのことをどういう日常語にするかをべつにして、隠れようもない露呈的事実なのである。隠れようもないことでありながら、そのことは多くの「自分自身」の何かをおかしくさせてきたわけである。そこがなんとも悩ましく、深い議論もされないままになってきた。では、どうするか。ここはフタをしてはいけない。

近代社会はこの思春期の混乱を封印してはならなかったのである。「男っぽさ」や「女っぽさ」の強調と逸脱を、風紀紊乱《びんらん》や性犯罪につながるからといって杓子《しゃくし》定規に締め出そうとしてはならなかったのだ。本来のＬＧＢＴＱ＋は、思春期とともに社会思想を組み立てるべきだった。

だからあえて言っておきたいのだが、「男らしさ・女らしさ」を安易に差別用語扱いしたことが何かを喪失させたり希薄にさせたりしてきたことについては、いまのところ回復や逆襲の方途が提示されていないままなのである、と。迷い多き若きアドレセントは置き去りになったままなのだ、と。

宮沢賢治が『注文の多い料理店』などの童話集のための広告文に「これは思春期《アドレサンス》のための童話です」と書いたのは、以上のすべての経緯を叩き切るほどの親切だった。

実は本書の最終章は「子どもたちのために」となっているのだが、そこでは性ホルモンの摂取が子供たちに与える影響を議論しているにすぎず、性と性別の黎明《れいめい》期に立ちはだかる思春期の問題については一顧だにできていなかった。残念だ。

というわけで、今夜はこう言わざるをえない。人類、セックス＆ブレイン解発に、いまだ頓挫中！

第一八二四夜　二〇二三年五月十六日

参照千夜

一八二二夜：エヴリン・フォックス・ケラー『ジェンダーと科学』　一四七四夜：ホーソーン『緋文字』　四六一夜：ペンフィールド『脳と心の正体』　一〇五九夜：カール・ポパー＆ジョン・エクルズ『自我と脳』　一八四夜：ファインマン『ご冗談でしょう、ファインマンさん』　一六九六夜：養老孟司『遺言。』　七一三夜：茂木健一郎『脳とクオリア』　九七〇夜：ゲーテ『ヴィルヘルム・マイスター』　四七九夜：ヘッセ『デミアン』　四二四夜：『尾崎翠全集』　七四七夜：江國香織『落下する夕方』　九〇〇夜：宮沢賢治『銀河鉄道の夜』

内なる性ホルモンは外分泌しているかもしれない。

デボラ・キャドバリー

メス化する自然

環境ホルモン汚染の恐怖

古草秀子訳　集英社　一九九八

Deborah Cadbury: The Feminization of Nature 1997

精子の数が激減しているらしい。デンマークでの調査では過去五十年間で半分になったという。エジンバラでは二五年間で二五パーセントも男性の精子が減少していた。パリの調査もこれに近かった。王立エジンバラ診療所のスチュアート・アービンは減少が一九七〇年代生まれから顕著になっていることをつきとめた。

野生動物ではオスのペニスが小さくなりつつある現象が目立っているらしい。ある地域のワニは小指ほどのペニスになっていた。セーヌ川のオスのウナギは半ばメスになりつつあったし、オスがメスのように産卵する例も少なくない。オスの性ホルモンであるテストステロン（testosterone）の値が落ちているのだ。いったい野生動物が性転換をしてどうなるのか。

人間のほうでは、乳癌や前立腺癌や精巣癌がいちじるしくふえている。精巣癌は若い世代に多くなっていた。オックスフォードでは五十年間に出生時の停留精巣（陰嚢《いんのう》の中に精巣が入っていない）が四〇パーセントもふえた。男の子の生殖器にも異変がおきていた。尿道下裂という奇形現象である。そんなとき、コペンハーゲン大学病院のニルス・スキャケベクは不妊男性の精巣を調べているうちに、見たこともない異常細胞があることを発見した。

いったい何がおこっているのか。各地での調査と研究の結果、これらの異常な現象のすべてに共通することが、ひとつだけ浮かび上がってきた。いずれもなんらかの理由で、エストロゲン（estrogen）がもつ作用と似た作用をうけていたということだ。エストロゲンとは動物ならばメスのホルモンのことを、人間ならば女性ホルモンのことをいう。

アメリカでは一九五〇年代から八〇年代にかけて六〇〇万人もの赤ん坊がDESという薬物にさらされた。DESは快適な妊娠期間をおくるために多くの妊婦が飲みまくったもので、流産予防にも効くとも、事後に飲む経口避妊薬の効用があるとも喧伝された。広告にも「大きくて丈夫な赤ちゃんをお望みなら、ぜひDESをお試しください」と謳《うた》われた。

それだけではなかった。ＤＥＳは育毛トニックにも精力増強のためのセックスピルにも使用され、農家では家畜の体内に入れたり飼料にまぜたりして、家畜を早く太らせるようにしていた。ところが、ところがである。ＤＥＳを浴びた赤ちゃんは丈夫でも元気でもないばかりか、障害をもったり、死産してしまったりしていたということが、のちになってわかってきた。

ＤＥＳは「ジエチルスチルベストロール」という合成エストロゲンだった。女性ホルモンの天然エストロゲンになりすました合成化学物質である。つまりはニセのエストロゲンなのだ。これをアメリカ中で売りまくった。子宮内でＤＥＳにさらされた胎児には悲惨な結末が待っていた。

ＤＥＳが女性ホルモンの仮面をかぶった悪魔だということは、すぐに突き止められたのではない。長らく、たんに女性ホルモンの過剰な投与が母体や胎児に悪影響をおよぼしているというふうに解釈されていた。天然エストロゲンと合成エストロゲンのちがいは理解されていなかったのだ。それがしだいにあかるみに出ることになったのは、ひとつにはサリドマイド事件がおこったこと、もうひとつは殺虫剤で有名なＤＤＴにニセのエストロゲン効果があったことが判明し、あまつさえ母乳からＤＤＴが検出されるという報告が相次いだせいだった。

事態は深刻な様相を呈していった。それでも、合成エストロゲンの何が問題なのか、まだ見当がついてはいない。深刻な事態の原因が見えてきたのは、ノースカロライナの国立環境健康科学研究所のジョン・マクラクランがPCB（ポリ塩化ビフェニル）の連鎖作用をつきとめてからだった。

PCBはきわめて安定した化学物質なので、どんな表土や空気や植物や水からもppm単位で検出できる。研究チームはPCBが食物連鎖のなかでどのように蓄積されていくかを調査した。やがて、水を飲み植物を食べた動物をまた別の動物が食べていくうちに、PCBは驚くべき数値で高濃度化していることが判明した。人間はその高濃度化したPCB入りの魚や肉や乳製品をぱくぱく食べている。とくに毒性の強いPCBが食物連鎖の最後に立つ側の動物に蓄積されやすいことも判明した。

こうして決定的な糸口にたどりつくことになる。PCBにはエストロゲン・レセプターがくっつきやすいことがはっきりし、そのようなPCBが合成エストロゲン化をおこしていたのである。生物間で擬似エストロゲンが作用していたのだ。事態は妊婦や赤ちゃんにおこっていただけではなかった。ふつうに食事をとっているすべての生活者にPCBはゆきわたっていたのである。

やがてPCBだけではなく、DES、サリドマイド、DDTなどのいずれの合成化学物質も、エストロゲンの仮面をかぶったままで、「有毒の遺産」を生態系にもたらしている張本人だということが見えてきた。ニルス・スキャケベクが不妊男性の精巣に発見したのは、擬似エストロゲンによって生じた異常細胞だったのである。

一九九三年、BBCは「ホライズン」の特集番組として《男性への攻撃》（Assault on the Male）というドキュメンタリーを放映した。ある化学物質とそれを真似する作用の恐ろしさを一挙に世界に広めた番組だ。センセーションを巻きおこした。その化学物質の総称は「**内分泌攪乱物質**」、またの名を「**環境ホルモン**」という。

本書は、この《男性への攻撃》をプロデュースした女性プロデューサーによる丹念な報告書である。ドキュメンタリー・タッチでとてもわかりやすく書いている。環境ホルモンにとりくんだ研究者たちのインタビューもふんだんに入っている。とくに生体内に入りこんだ合成エストロゲンの作用に注目したため、書物としては『メス化する自然』という特異な標題になった。

番組のほうはエミー賞を受賞した。NHKがBSで邦題を《精子が減ってゆく》にして放映したので、ぼくも見た。環境ホルモンの見えない恐怖をみごとに描いていて、かつ研究者たちが正体不明の「敵」に一歩ずつ近づいていくスリル、新たな真実を発見したよろこび、政府や産業界から発表を抑圧された事実、苦しむ患者たちと医師の交流、新たな研究分野が騒然と立ち上がっていく様子などが、ほぼ完璧に編集された番組になっていた。

こういう番組を見るとBBCの深みと厚さを思い知らされる。ぼくもかつてライアル・ワトソンに頼まれて大相撲を素材にしたBBCのドキュメンタリー番組を手伝ったことがあるが、その徹底した制作方針と準備力に驚かされた。日本のテレビ番組ではいわゆる「箱書き」と称するシノプシスは一時間ものでもせいぜい五、六枚程度だが、BBCのものはなんと一〇〇ページ近いのだ。

前もってべつの感想を書いておくけれど、本書は読みやすく伝わりやすいぶん、科学としての環境ホルモン問題や政治としての環境ホルモン問題には深くない。この点についてはたとえば、環境ホルモン問題を科学的にも政治的にも濃厚に掬《すく》い上げているシェルドン・クリムスキーの『ホルモン・カオス』（藤原書店）などのほうがいい。

また、先行するすばらしい母型があったことも言っておく。本書にも登場しているWWF（世界自然保護基金）のシーア・コルボーンの果敢な研究と勇気ある生き方、および彼女がダイアン・ダマノスキらと書いた『奪われし未来』（翔泳社）がその母型だ。『奪われし未来』はレイチェル・カーソンの『沈黙の春』（新潮文庫）の再来とよばれた話題の書で、人体に及ぼす合成化学物質の恐るべき影響、つまりは環境ホルモン問題の全貌を、初めて研究者自身と科学ジャーナリストとが組み上げた記念碑だった。序文を当時のゴア副大統領が書いていることもあって、たちまちベストセラーになった。デボラ・キャドバリーはこれをお手本にした。

いくつかの註を入れておく。内分泌攪乱物質（Environmental Endocrine Disruptors）とは、ある作用を生体内でおこして内分泌系を攪乱させる化学物質のことをいう。だからホルモン作用物質ともいう。EEDと略称される。

内分泌を攪乱する作用にはいろいろあるのだが、最も代表的な作用が女性ホルモンのエストロゲンに似たはたらきをする作用、男性ホルモンを妨害する抗アンドロゲン作用、甲状腺ホルモンを攪乱する作用などである。そういう作用を体内に潜入させて、内分泌（ホルモン）の正常な作用を乱すのがEEDのやっていることである。これが環境ホルモン（Environmental Hormones）の正体だ。

これまでPCBなどは、たんに悪質な汚染物質だというふうにみなされていた。しかしEEDの悪魔的な特徴はそこにあるだけではなく、生体の体内に入りこんで、ホルモンに似た作用をもたらしながら生体のホルモンのバランスに異常をおこしていくところにある。ワニがメス化したのは、いまではEEDが体内にとりこまれたせいだったことがわかっているのだが、ワニがそんなことになったのは、EEDにひそんでいる合成ホルモンが本物のふりをしてホルモン受容体を騙《だま》すからだった。

もっと困ったことに、EEDが一番はたらきやすいのは胎児や乳幼児なのである。母乳とEEDがなじみやすいからだ。合成されたエストロゲン類似化学物質は乳房のような脂肪の多い組織を標的にする。天然エストロゲンのエストラジオールは胎内ではほんの数分で効力の弱い物質に分解されて排出してしまうのに、合成エストロゲンは母乳をへて胎児にいたってそこに沈澱《ちんでん》する。EEDはそこが巧妙だった。

ニクソンとキッシンジャーのベトナム戦争では「エージェント・オレンジ」とよばれる生物兵器がひそかに活躍した。枯葉剤である。上空から一一〇〇万ガロンを撒《ま》き散らした。それでもアメリカはベトコン・ゲリラに敗退した。

エージェント・オレンジにはTCDDが含まれていた。ダイオキシンである。正確にはテトラクロロ・ジベンゾ・パラダイオキシンという。ダイオキシンには殺傷能力はなかったが、別の悪魔がひそんでいた。ベトナム戦争から帰ってきた兵士たちにしばらくすると異常がおこったのだ。癌にかかった者、生まれた子に奇形が出てしまった者、精神異常をきたす者、体力がおそろしく減退する者、いろいろだ。そのため、やっと世界中がダイオキシンの毒性を調査研究するようになった。検出技術が発達したせいもあって、恐ろしいことがわかってきた。

あらゆるところにダイオキシンが散っていた。空気にも土壌にも食品にもダイオキシンが溜まっていた。紙おむつからも母乳からも検出された。除草剤、PCB類、塩化ベンゼン類、フェニル類などの製造工場はおびただしいダイオキシンに覆われていた。パルプ・製紙・漂白工場の工業廃水や工業廃棄物にも多量に混じっていた。世の中が最も愕然《がくぜん》としたのは、ゴミ処理場がもたらすダイオキシンの量だった。

ダイオキシンは分解しにくく、脂肪親和性が高い。そのため体脂肪に蓄積しやすい。したがってPCB同様に、食物連鎖をたどるにつれて高濃度のダイオキシンがしだいに蓄積されていく。そのダイオキシンの正体がEED（内分泌撹乱物質）だったのである。強力な環境ホルモンだったのだ。

甲状腺に異常をもたらし、口蓋裂を発生させ、そして始末の悪いことに複数の体内ホルモンの値を変えてしまう力をもっていた。とくに性の異常をおこすことにかけては容赦ない作用をもっていた。エストロゲンの値を大きく変えてしまうのだ。

こうしてEEDは環境にまじり、社会にまじり、食品にまじってわれわれに戻ってくることになった。その最も異様な変化は強靭《きょうじん》な野生動物たちのジェンダーを狂わせていた。男の子の精子の量をへらしていた。

おそらくは「メス化」をおこしているのは動物や人間の男児ばかりではないはずであ

る。いまだその実態があきらかではないホルモン・ネットワークというものがあって、それはインターネットよりも広汎に、また強力に、それぞれのケミカルメッセージを交わしあっているはずである。そこにニセのホルモンや本物より強いホルモンがすでに混じっていても不思議ではない。

ところが、われわれの体はこうしたケミカルメッセージを判別できないようになっている。それは本物の脳内物質と外部から注入されたドーパミンやアドレナリンとを、脳が識別できないのと同じことである。メス化がおこるのは、生殖細胞が生命を生むために純粋すぎるからなのだ。うぶすぎるのだ。やがては内分泌攪乱物質がウイルスやコンピュータ・ウイルスさながらに、本体の壁を食い破ってくることは目に見えている。

第一〇七三夜　二〇〇五年十一月四日

参照千夜

一〇一夜：ライアル・ワトスン『スーパーネイチュア』　五九三夜：レイチェル・カーソン『センス・オブ・ワンダー』

シェキーナー、エル、イシス、梵天、観音、シヴァ、シャクティ。
このイコンたちの「もともと」は両性的だったのか。

ジューン・シンガー

男女両性具有 I II

性意識の新しい理論を求めて

藤瀬恭子訳　人文書院　一九八一・一九八二

June Singer: Androgyny—Towards a New Theory of Sexuality 1976

ときどきレナード・バーンスタインの交響曲《カディッシュ》を聴く。シェキーナーの祈りが男女を超える多声となって多様多彩に響く。浄化されるような気分になる。シェキーナーはヘブライ語で「住む」とか「留まる」という意味で、そこから転じて神や超越者が臨在するときの述語としてつかわれてきた。シェキーナーの声が続くかぎり、臨在するものがしだいに遍在していくということなのだろう。

神話学や図像学や宗教学では、シェキーナーは古代オリエントのエルや古代エジプトのイシスと同じように、古代ヘブライ社会における「女性原理の象徴」だとみなされてきた。太母神である。グレートマザーである。むろんそうではあろうが、この太母神信仰を女性原理の要というふうに学術的にまとめるのはどうかと、ずっと思っていた。何か、気にいらない。

バーンスタインの《カディッシュ》は、男女の声の重畳を柔らかくさせつつ、できるだけ女性性や男性性を超えようとしていると感じる。両性具有的（アンドロジニック）なのだ。もともとカディッシュが「聖なるもの」とか「神聖化する」という意味で、かつて男女を包んでいたのだろうから、それをバーンスタインが引きとったにちがいない。

これでいいのではないか、こちらのほうがいいのではないかと思う。神話学や宗教学はどうも女性原理を解放しそこねたのではないか。

白洲《しらす》正子《まさこ》の『両性具有の美』（新潮社）は、ぼくがこれまで読んできた両性具有関連の本のなかで、気分的に一番納得がいくものだった。白洲さんが気にいった両性具有像を好きにとりあげたエッセイだからそうなったのだろう。

西からはバルザックの『セラフィタ』のセラフィタ、ヴァージニア・ウルフの『オルランドー』のオルランド、東からは新羅《しらぎ》の花郎《ファラン》、変成男子《へんじようなんし》と龍女伝説、世阿弥と鬼夜叉《おにやしや》の話、稚児《ちご》のあれこれなどがとりあげられる。できれば白洲さんお得意の「観音」を両性具有の代表として書いておいてほしかったが、こちらはいくつもの別の本に登場するので、この本では省いたのだろう。

思うに、白洲さん自身が両性具有的な人だったのだろうと思う。それが気分よく白洲両性具有観をブーツストラッピングしたにちがいない。実はバーンスタインもそちらなのである。

《カディッシュ》はバーンスタインがゲイあるいはバイセクシャルであったろうことを想うと、いっそう心に滲《し》みる。いまではよく知られていることだろうが、バーンスタインはLGBTQ＋のG（ゲイ）であってB（バイ）だったようなのだ。けれどもその音楽は「Q＋」だったようにも思われる。

こんな話が伝わっている。フェリシア夫人があまりにあけっぴろげな夫君バーンスタインの同性愛好みを少し窘《たしな》めると、「本来アーティストは、ホミンテルンなんだよ」と言ったというのだ。ホミンテルンは「ホモ・コミンテルン」（原共産人間？）を意味する造語のようだが、この言いっぷり、いかにもバーンスタインらしい。ホミンテルンの話を知ったとき、ユダヤ神秘主義のアダム・カドモンが思い合わされ、そこから両性具有の原像のようなものが立ち上がってきた。

ユダヤ教カバラの聖典『ゾーハル』（光輝の書）はトーラー五書の注釈というスタイルをとっている。古代アラム語でノートされているが、十三世紀終盤にきっちり編纂《へんさん》著作されたことがわかっている。

初期の文書はエゼキエルの見神とメルカバ（天の車）の伝承にもとづきつつ、われわれはどのように瞑想《めいそう》するべきかをめぐっているのだが、それが転じて、そもそも天地はいかに生成されたかという話になってくると、セフィロート（生命の樹）による解析がくわしくなり、初源の天地を構成している根本要素を扱うことになって、一方では錬金術（アルケミー）の用語がさまざまにあふれてくる。他方ではそれを司ったであろう原人間「アダム・カドモン」に言及する次第になると、しきりに性（sex）と性別（gender）をともがら自在に扱おうとする試みが何度も出てくる。

カバラ思想では、世界はエン・ソフ（無辺なるもの）が流出してつくられたというエマネーション説（流出説）を採っている。最初に流出してきたものは霊気体のようなもので、それが右側ではエル・ガドルに、左側ではエロヒムを形成しながら、やがて全体としてアダム・カドモンという原人間の似姿をとる。この生成の説明に男性性と女性性が分かれる以前の仮説が工夫されるのである。

この工夫のひとつとして、「アダム・カドモンの女性原理はシェキーナーである」という解釈が広まったことがあった。なるほど、そう言われるとわかりやすくもなるが、また今日ならセックスとジェンダーに微妙にとらわれない説明を試みているとおぼしいのだが、それならもっとアンドロジニックにしてしまってもよかったのである。そのほうが、アダム・カドモンすらバーンスタインのホミンテルンめく。

大きくふりかえってみると、文明の知の歴史が男と女を峻別《しゅんべつ》しようとしてきたことは、人類が男あるいは女をペアとして成立させてきたかのような錯覚や錯誤を与えすぎてきたと思われる。

男女の区別は父と母と子による社会の基盤になってきたし、その後の国家や家族や社会を見てみると、これはいかにも理屈の合ったしくみの起源があったものだと思いたくもなるけれど、実はそうとうに深い錯覚と錯誤もあったというべきだ。

かつて神話と宗教と社会が相互に重なっていた時期、男と女の区別を超えたり逸れたりしている者たちがいたばかりか、天空や大地は生物や人間を合体したようなスーパーな存在たちが操るものともみなされていた。それがアダム・カドモンのようなものだったかどうかはべつとして、世界がアダムとイヴのような男と女の末裔《まつえい》でできているだなんてわかりやすい設定は、ずっとずっと後になってからのことなのだ。

では、世界が男と女でできているのではなかったとしたら、何が先行していたのか。当然に動物たちが先行していたのだが、人間にまつわって先行し、男女に分かれずに先行するもので、キマイラでも怪物でも渾沌《こんとん》でもないものは、まとめて「両性具有者」(androgyny: androgynous) と呼ばれてきた。

　このアンドロジニー（アンドロジナス：アンドロギュヌス）という名称は、アンドロ（andro＝男性性）とジニー（gyne＝女性性）を包摂するか、もしくはそのどちらにも所属しない〝もともと存在〟をさす。〝もともと存在〟にはむろんのこと、「男らしさ」も「女らしさ」もない。その両方の手前のものたちだ。セックス（性）とジェンダー（性別）の両方から自在なものたち、それがアンドロジニーだったのである。

　けれども意外にもこの両性具有観はしだいに神話や伝承から削除されたり、不具扱いされたり、矮小化《わいしょうか》されたりしてしまったのである。なぜ、そうしたのか。それで、どうなったのか。

　プラトンの『饗宴』にアリストファネスが語った話として、かつて男と女のほかに「男《お》女《め》」とよばれた両性具有者がいて、手足が四本ずつ、顔と性器も二つずつもっていたというエピソードが出てくる。三つの性があったというのだ。

　ところがゼウスは「男女」が気に入らず、これをナナカマドの実のように両断したため、手足が二本ずつ、顔と性器が一つずつの二人の「半身」ができあがり、互いに求めあうようになった。それが男女の始まりだというオチもついている。両性具有のルーツをこの手の話から説明するのはかなりとってつけた解釈で、ヤバイ解釈だった。

　ギリシア神話ではヘルマフロディトスが有名だ。ヘルメスを父に、アプロディテを母に生まれたヘルマフロディトスはびっくりするほどの美少年だったらしいのだが、水浴しているすきにニンフ（ニュンペー）のサルマキスに通淫されて合体し、両性具有の身になった。

おおむねこんなふうに神話に描かれてきたのだが、今日の生理医学用語ではこういうふうにはなってはいない。

ヘルマフロディトスの名はハーマフロダイトあるいはヘルマフロディーテとして「半陰陽」の名につかわれている。**半陰陽**（intersexuality: hermaphrodite）とは、男女両方の性腺をもつもの、外性器の性別があいまいなもの、その変化の深度が異なるものなどの、いわゆる「性分化疾患」の持ち主のことをいう。半陰陽がおこる原因には、性染色体に稀《まれ》なものが見られることによるものや母体のホルモン異常によるものなどがあげられているのだが、いまだ明確な要因は解明されていない。

橋本秀雄の『男でも女でもない性』（青弓社）には「インターセックス（半陰陽）を生きる」というサブタイトルがついている。インターセックスは今日の生理学でもつかわれている用語だ。これを読むと、今日なおヘルマフロディトスは多様な男女間のあいだにいることがひしひし伝わってくる。

なぜ「男女《おめ》」やヘルマフロディトスは奇形扱いされたのであろうか。なぜ神話は原初の両性具有を語りきれなかったのであろうか。そんなことはあるまいと考えたのがカール・グスタフ・ユングだった。

本書はユング派の心理学者の著者によるアンドロジニー論ないしはアンドロジニー観である。シンガーはユダヤ教の律法学者と結婚し、夫とともにチューリヒのユング研究所に留学してヨランデ・ヤコービに師事した。のちにシカゴのノースウェスタン大学で心理学の博士号を取得した。

そこでとりくむことになったのがアニマ（anima）とアニムス（animus）の問題、あるいは両性具有の問題だった。本書では、生理的な議論はあまり深追いせずに、東西をまたぐ神話時代の伝承や言説をさまざま拾いながら、男性と女性の奥にひそむであろう両性具有のイメージを「心の求める理想」の典型として描こうとしている。

この「心の求める理想の典型」の典型とは、ユングによって夙《つと》に「**元型**」（アーキタイプ :archetype）と名付けられたものである。元型は民族や集落の儀式・歌謡・伝承・舞踊・視覚的表現にくりかえしあらわれて、さまざまな「像の組み合わせ」「イメージの束」「パターンの集合」などとして感知されてきたとみなされる。ユングはこれらには見逃せない類似性が強く共通していて、われわれの**集合的無意識**（collective unconscious）を動かしてきたのではないかというふうに考えた。

そのうえでユングは、そのような元型はわれわれの心の内奥に蹲《うずくま》る「魂の形」のようなものだろうと想定し、そこにはアニマとアニムスの深層交差がおこっているとみなした。男性の内面にひそむ女性的な**アニマ**、および女性の内面にひそむ男性的な**アニムス**が、元型を通して男性にはアニムスとしてあらわれ、女性にはアニマとしてあらわれるというふうに深層交差的に説明してみせたのだった。

ユング独特のたいへん興味深い見方だが、アニマとアニムスのことはちょっと考えをめぐらすくらいでは、わかるようでわからない。

なぜわかりにくいのか。男性の無意識にひそむ女性にまつわるイメージがアニマとして作用し、女性にひそむ男性的なるものがアニムスとして作用するというのだが、というこことはアニマとアニムスも、もとはといえば何かの元型が分かれたもので、そこにはプレ男性的でプレ女性的な混淆《こんこう》性があったのかと思いたくなるからだ。また、アニマとアニムスが民族や部族や村落共同体を通してしかあらわれない集合的無意識の所産だというなら、なぜその後の神話や伝説が男性的な原理や父権的な原理に加担して伝承されるようになったのか、その非対称性が説明しにくくなっていくからだ。

もっともユングは、元型が集団的にしかあらわれないとは見なかった。個々人の宗教体験やヴィジョン（幻想）や夢にもあらわれるとみなし、古今東西の多くの図像や造形にそうした元型が投影されてきたと考えた。その証拠を『心理学と錬金術』（人文書院）をはじめとする著作で広範囲に並べもした。

しかしながら、アニマとアニムスを深層交差させるイメージに両性具有があるとしたら、もっと両性具有についての「語り」や「描き」が豊富にのこっていてもよさそうなのである。けれども残念ながら両性具有像というもの、意外に少ない。男女合体神や部分的に男女の部品がくっついているようなイメージに偏っている。これはどうしたことなのか。

こうしてジューン・シンガーが本書で涙ぐましい探索と推理を展開することになったのだった。

両性具有の原イメージが歪《ゆが》ませられていった背景には、いくつかの要因が蟠《わだかま》る。どういう要因か。本書がこのようにまとめているのではないが、ぼくなりに考えてきた三つの大きな要因をあげておく。

第一には、古代社会の構成が母権制から父権制に大きくシフトして、グレートマザーの思想が散逸していったため、その煽《あお》りをくらって、もともと奇形っぽく扱われていた両性具有が蹴散らされていったということが影響した。バハオーフェンの『母権制』（白水社）が、この背景を読み解いた。

第二には、ユダヤ・キリスト教文明が父権制とともに男性原理による信仰組織をつくりあげ、精神界に対しても「父と子と精霊」という確固たる系譜を確立したことが大きかった。

第三には、男女一対の思想が「光と闇、精神と肉体、永遠と現在、天国と地獄、熱と冷、物質と霊魂」といった二項対比と結びついて強化されていっただろうことがあげられる。この強化のシナリオに対抗するにはグノーシスやカバラのような神秘思想が用意される必要があったのだが、それはあまりにも少数派にとどまったため、顔を出すたびにオカルティズムの戯言《たわごと》として隅っこに追いやられたきらいがある。

母権制が父権制にとって代わられたこととグレートマザー信仰の衰退とは、コインの両面である。そうではあるが、母権制の撤退と、グレートマザーの弱体化によって両性具有を軽視するようになったことは、必ずしも重ならない。母系社会は両性具有的であるというよりは、ミトコンドリア・イヴの系譜が顕現していたということであって、性《セックス》と性別《ジェンダー》が超越されていたということをあらわさない。

ユダヤ・キリスト教が「文明の力としての父性原理」を確立していったことは、いまでは欧米社会史の常識になっているほどで、そこに一神教の君臨が加わっていることを強調すれば、とくに説明を加えることはないのだが、あまり議論されていないことがある。それは「交換の原理」と「父性による家族原理」の相性がすこぶるよかったということだ。「交換の原理」とは、物々交換から貨幣や通貨による交換に及んだ市場原理を支えた原理のことである。そこにはさまざまトークンが機能していて、たえず通貨の多様な代用品が介入した。穀物、威信財、不動産、美術品、雇用契約書、人や家屋の担保、技術力などだ。とくに「女性」が交換の対象になったことは、父性原理の構成を強化した。レヴィ＝ストロースの構造主義はそこを解読したものだった。

第三の、男女一対の思想が「光と闇、精神と肉体、永遠と現在、天国と地獄、熱と冷、物質と霊魂」といった巨《おお》きな二項対比のアクシス（軸）に搦《から》めとられていっただろうことは、よくよく考えるべきことである。

性と性別については、進化と分化の生物学や染色体のメカニズムをあきらかにする遺伝学などをもってすればそこそこ理解できるものの、そうした科学をもてなかった時代社会では、父と母の、兄と妹の、姉と弟の、夫と妻の、家族と集落の、労働と出産の、生産力と軍事力の、衣装と言葉づかいの、婚姻と葬制などの、対比的な関係で説明するしかなかったはずである。

こうした対比は「光と闇、精神と肉体、熱と冷、物質と霊魂」といった対比の属性として語りやすい。そうこうしているうちに、男女の対比性はしだいに「男らしさ」と「女らしさ」の様態として広がっていった。

では、男女の対比の「その前」はどうなるか。グレートマザーや両性具有はどう想定できるのか。いきおい「光と闇、精神と肉体、永遠と現在、天国と地獄、熱と冷、物質と霊魂」の「その前」に想定された神々との関連で語られることになる。こうして両性具有の存在は文明の盛衰が激しく回転していくなか、しだいに語られるべき根拠地を失っていったのである。

以上、三つの要因はそのいずれもが世界大の影響力をもってきたものばかりである。つまり、両性具有を抑制してきた潮流が世界大の波及力をもったのだった。このこと、大いに再考されることだった。

ここで、もうひとつ話題にしておかなければならないことがある。それは両性具有は文芸や美術ではどのように描かれてきたのかということだ。

両性具有のイメージやキャラクターは、ながらく誤解されて表現されてきたのだろうと思う。とくにヨーロッパ文学ではデカダン趣味として扱われてきた。

たとえば、サドやスウィンバーンの性的偏向者、生理的な半陰陽を好むペラダンやゴーティエの作品、ボードレールの理想化されたレズビアン、血を好むワイルドのサロメの描写、マラルメのエロディアードというふうに、極端に描かれてきた。白洲さんが例にあげたバルザックのセラフィタの描き方などは、スウェーデンボルクに借りた記述であったことも手伝って、めずらしくバランスがとれていたほうだった。

こうした文芸的な極端な流行に、宗教史学のミルチャ・エリアーデは苦虫を嚙みつぶしたような言い方で、多くの近代文学では男女両性にまたがる両性具有のイメージは過度にエロティックな描写にさらされて、両性の全体性にはとんと及ばなかった、デカダン趣味は両性具有に新しい人間性を見いだそうとはしなかったと嘆いた。近代文学が描いたエロスは「男女のいずれもが一個人の中に出入りする自己様式的な官能を求めたものにすぎなかった」と切り捨てたのである。

エリアーデには、本来の両性具有のイメージの原点は「古代の人間が霊的達成に至ろうと努力した理想状態をあらわしていた」と見えたのである。『悪魔と両性具有』（せりか書房）などに詳しい。このことについては、本書のシンガーも同じ気持ちで議論している。ヨーロッパの両性具有事情に業を煮やしてなのか、途中からはインドや中国の東洋における両性具有のありかたに視座を移していた。

ヨーロッパの芸術的表現力が両性具有を「奇妙なエロス」として強調した理由は、これまでの文学史や美術史では説明できていない。できればフェティシズムやフェミニズムがそこを突っ切ってほしかったが、残念ながらそこまで研究が進まなかった。いまはQ（クィア）からの切り込みが期待されるところだ。

話を東洋に転じて、今夜のアンドロジェニックな千夜千冊を了《お》えておく。

古代ヴェーダの祭祀や古代ヒンドゥ教の典範には「梵我《ぼんが》一如《いちにょ》」という哲学が際立って控えている。大宇宙としてのブラフマン（梵）と小宇宙としてのアートマン（我）は、互いに対応しあう「一如の状態」をめざしているという考え方だ。ここから、ギリシア・ローマ神話やユダヤ・キリスト教とはかなり異なるトリムールティ（三神一体）の神々が想定された。トリムールティは世界をつくりだすエンジンの機関名である。

こうしてごく初期のヒンドゥ哲学（バラモン哲学＝サンスクリット哲学）で、ヴィシュヌ、ブラフマー、シヴァという天界の三神が組み上げられた。ヴィシュヌは「形のない形而上的なコンセプト」であるブラフマンと同一視され、ブラフマーは方位に向けた四つの顔をもつ創造主とみなされ、シヴァは時にブラフマンともアートマンともなりながら、何度にもわたる再生と破壊を辞さない力を漲《みなぎ》らせる神となった。

力の象徴ともなったシヴァ神はその後はリンガ（男根・男性原理）を強調することになるのだが、ここでもヒンドゥ哲学はシヴァのリンガを愛をもって受けとめる者として女神シャクティを用意して、その和合を悦《よろこ》んだ。

ここからの解釈の発展は興味深い。シヴァとシャクティは合体したまま顕現するという姿をしばしば見せていったのである。シヴァとシャクティの合体のシナリオはもっぱら「タントラ」（tantra）と呼ばれた。タントラにおいては、顕現がもたらすシナリオの行き先は両性具有像そのものではないものの、東洋的な両性具有のありかたを語るヒントがもたらされている。

それというのも、東洋的なイコンには「変容」がつきもので（変化《へんげ》という）、とくに観音像などは男性性から女性性へ向かって根本変容を見せたのだった。シヴァ神と観音との習合もおこっている。このあたりのことについては、彌永信美《いやながのぶみ》の大著『大黒天変相』や『観音変容譚』（法藏館）が詳しい。

こうしたことが見られるのは、ひとつには東洋では「多神多仏」が溢《あふ》れたままに離合集散をくりかえしてきたからで、その離合集散のなかに何度にもわたって両性具有観が出入りしたからだった。またもうひとつには、サンスクリット語では文法的な性別（gender）は男女の性（sex）の記号にはなっていないということが手伝っていた。

初期ヒンドゥ哲学の一派から自立していったヨーガ哲学においても、両性が具有される場面が頻繁に語られてきたのだが、そこにはチャクラ（cakra）という「輪座」が重視されていて、シヴァやシャクティにあたる性的エネルギーが動きだすには、単独では作用できず、必ずやしかるべきチャクラを通過した。

このような考え方は、一見するとカバラのセフィロートにも見られるように思えるかもしれないけれど、実はそこは異なっていた。東洋思想では性的エネルギーが西洋錬金術のように物質を変質させたり、金（黄金）を生成したりするようなことを計画しなかった。すなわち「交換」とりわけ「等価交換」を促進するしくみを語ろうとはしてこなかったのである。東洋的両性観には経済力は乏しかったのだ。

道教（タオイズム）においても、両性具有的な発想が頻繁に出入りした。道教では世界の始原や帰一を「太極」におくが、その太極はじっとしていない。たちまち陰陽の「道」（TAO）の作用で動きだす。

その陰陽のあらわれのひとつが女性的な「陰」と男性的な「陽」となる。けれどもその陰陽の作用は、つねに陰陽の両方を胚胎《はいたい》させる太極から生ずるのである。『易経』にはまずもって、陽を代表する「乾《けん》」と陰を代表する「坤《こん》」が世界の品定めをすることが述べられているのであるが、発信する乾と受容する坤は、相互に作用することがないかぎり乾坤一擲《けんこんいってき》をおこさないとみなされたのだ。

これは、ヨーロッパ的な両性具有観や男女一対観とはずいぶんちがっている。また、仮に「陽なる乾」をアニムスとみなし、「陰なる坤」をアニマとみなしたとしても、この陰陽型のアニマとアニムスは太極への回帰をめざして、異常や異様をよろこばない。陰陽タオイズムにあっては、こう言ってよければ、サディズムやマゾヒズムはほとんど称揚されなかったのだ。

さて、一通り東洋思想を渉猟したジューン・シンガーは本書の後半部からは、以上のような両性具有に及ぼうとする考え方が、一転して今日のシステム思考やジェンダー思考に寄与しうるのではないかという展望のもと、いくつかの仮説を試みる。ユング心理学の治癒効果についてもふれられる。

ただし、ぼくとしてはあまり合点のいかない説明が多く、残念ながらその案内をする気がないのだが、なかでバックミンスター・フラーの**シナジー思考**が両性具有的であろうというくだりは、少し説得力をもっていた。シナジー思考は複合的な相乗効果をもたらすエネルギー活用をおこすにはどうすればいいかということをフラーが案出したもので、シナジー(synergy)とは、システムを構成する部分の総和とは異なるエネルギーのことをいう。

実際にシナジーというエネルギーがあるわけではないのだが、今日の科学でいえば「複雑系」がもたらす創発現象に近いのかもしれない。また本書にも少し述べられているのだが、自己組織化やオートポイエーシスの行く末の発想につながる可能性があるのかもしれない。しかしながら、そうした創発現象や自己組織化の動向やオートポイエーシスの展開が両性具有の構想に近いとみなすのは、あまりに元型的ではないし、両性具有的でもないと思われる。

かくして、本書はめずらしい試みの一冊であったにもかかわらず、わが両性具有幻想を十分に満たしてくれるものではなかったのである。とはいえこのような試みが、たとえば白洲正子の両性具有譚《たん》の先や彌永信美の仏教神話学の延長に、さらにポリフォニックに花咲いてみてほしいとも思うのだ。

第一八二〇夜　二〇二三年三月三一日

参照千夜

八九三夜：白洲正子『かくれ里』　一五六八夜：バルザック『セラフィタ』　一七一〇夜：ヴァージニア・ウルフ『ダロウェイ夫人』　一一八夜：世阿弥『風姿花伝』　七九九夜：プラトン『国家』　八三〇夜：ユング『心理学と錬金術』　三一七夜：レヴィ＝ストロース『悲しき熱帯』　一〇二六夜：バハオーフェン『母権制』　一一三六夜：サド『悪徳の栄え』　七七三夜：ボードレール『悪の華』　四〇夜：ワイルド『ドリアン・グレイの肖像』　九六六夜：マラルメ『骰子一擲』　一〇〇二夜：エリアーデ『聖なる空間と時間』　三五四夜：バックミンスター・フラー『宇宙船地球号操縦マニュアル』

家父長的なるものからの脱出へ。
母系と父系の融合へ。

リーアン・アイスラー

聖杯と剣

われらの歴史、われらの未来

野島秀勝訳　叢書ウニベルシタス（法政大学出版局）　一九九一

Riane Eisler: The Chalice and the Blade 1987

長らく「男と女の世の中」だった。シャンソンやファドや歌謡曲はそう唄ってきた。けれども、そんなふうにお茶を濁しているわけにはいかない。その「男と女」とは遺伝子のことか性器のことか、意識のことかなりふりのことか、それともIDカードのことか、セックスのことかジェンダーのことかと問わねばならなくなった。

男と女のあいだにはグラデーションやスペクトラムがあり、そのグラデーションを男と女に小分類して説明することなど、不可能だ。ゲイも「やおい」もトランスジェンダーもそんな分類的な説明では収まらない。四一四夜の『性の起源』において性別《ジェンダー》のルーツにスピロヘータがかかわっているだろうことを紹介しておいたけれど、X染色体とY染色体の確立さえ入れ子的なのだ。一人に一つのジェンダーをあてはめること自体にモンダイがある。ぼくにしたところで幼年期からこの日まで、定型の男女意識を保持しつづけたとはまったく言えそうもない。

おとといの土曜日、イシス編集学校の関西支部の連中が大阪は谷町のホテルの三階ホールに集まって、「奇内花伝組」を旗揚げした。この日はぼくも大きな書を寄せ（それを「ジャムループ教室」出身の石田加奈がバティックに表具した）、「きららひびき教室」の日高裕子の明るいけれども芯のある名進行に合わせて、大川雅生や木村久美子とともにリアル稽古をつけたり、千夜千冊解読をしたりするお役目を引き受けた。

その旗揚げ初会講の第二部で、校長（ぼくはここでは校長とよばれている）に尋ねる質問がいくつか出て、いくつか答えた。そのなかに「校長は精神的な愛を重視していて、肉体的な愛情はあんまり求めていないようですが、そうなんですか」というものがあった。いえ、ぼくは肉体的な快楽も大好きです、と答えた。が、この答えには少し解説がいる。今夜、なぜ本書をとりあげたかはそのなかで説明する。

ぼくにとってまず精神と肉体を分けて、快楽をこのどちらかに分別してしまうというのが耐えがたい。いつからそのように思ってきたかというと、おそらく少年期からそうだった。とはいえそんなふうに感じるのはぼくのどこかがおかしいのであって、この感覚は何だろうと困っていた。

ユング派のジューン・シンガーが書いた『男女両性具有』（人文書院）という本がある。性意識にはそもそもアニマとアニムスが混じっていて、容易には分断できないという主旨だ。当然だ。身体の特徴のどこかに両性具有の兆候があるわけではない（まったくないかどうかも、わからない。たとえばぼくのペニスは短小仮性包茎だが、いったいこれは何かと言われるとよくわからない）。

おそらく意識の本体がそもそも両性具有的なのだろう。ただし、これをもって「男っぽい」と「女っぽい」の両方が共存していたなどと単純に考えてもらっては困る。そうではなくて、両極には男性性と女性性はあるのだろうが、そのあいだが何通りものグラデーションになっているという、そういう両性具有だ。そのグラデーションの目盛りはどのようにでも針が動く。

ここに動いているのは超越的男女感覚だ。それがＰとＶとＡに片寄っていくのではなく、ＰにはＶもＡもあり、ＶにＰを感じることもある。それどころか、男や女がどんな恰好《かっこう》をしていて、その襟元や袖口がどのように動き、今日はこんなアクセサリーが揺れているというただそれだけで、この目盛りは右にも左にも動く。

だからセックスが好きかと言われれば好きだと答えるが、そのセックスはこよなく多様なものであり、セックスが嫌いかと言われればそういうときもかなりあり、それはそのセックスが多様なはかなさを失っているからだった。

いまでもよく憶えているが、少年の頃、従姉妹《いとこ》の細長い指こそがこの世で一番美しいものだと感じていた。マニキュアも何もない少女の素の指である。けれども長じて、誰かのマニキュアの指の動きだけを見て、ときどきぐらぐらっとした。その指が世界になってしまうのだった。

男らしさや女らしさは一定のものではない。男も女も紅い指先や白足袋の足元から変じて生成されている。それをふだん、われわれは特定のジェンダーや職能性で抑えつけてきた。そこで、しばしばぼくが主宰する会にはみんながうんと好きな恰好をしてもらいたいと期待する。好きな髪形で、好きなアクセサリーをつけ、好きな品格で来てほしいと期待する。

むろん男性諸君に対しても同じ気持ちがあるので、牧浦徳昭には何かにつけては着物を着てもらう。いや着物とはかぎらない。かつてよく会っていた「ロック・マガジン」の阿木譲には黒い革パンがよく似合っていて、それを穿《は》いてこないときはなぜ革パンを穿いてこなかったのかと失望したものだった。

こうしたことは何を暗示しているのだろうか。ロラン・バルトが少女の恰好をしてスカートを穿いて写っている一枚の写真を見たとき、太田香保が「これってひょっとすると松岡さんの謎を解く写真ですね」と言ったのが当たっている。ぼくは少年の頃に少女の恰好はしなかったし、少女の恰好をしたいとも思わなかったけれど、自分の中に少年とともに少女が遊んでいるのをずっと感じていた。それとともに小さな剣士や中くらいのタカラヅカやでっかい恐竜や空飛ぶトンボにもなっていた。そういう憧れとともに、われわれの身体意識はめまぐるしく男女感覚を交差させていたはずなのである。

そこで本書の話になるのだが、この本についてはかつて『ネオテニー』の著者のアシュレイ・モンターギュが「**これは『種の起源』以来最も重要な著作だ**」と称《たた》え、ダニエル・エルズバーグが「おそらくわれわれが生き残るために最も大事な鍵となる本」と絶賛した一冊だった。

著者のリーアン・アイスラーはウィーン生まれだが、六歳のときにナチスの迫害を逃れて両親とともにキューバに渡り、十四歳までをハバナで過ごし、そのあとアメリカに移住するとカリフォルニア大学で社会学と人類学に打ちこんだという経歴の持ち主だ。一貫して、男と女が別々の歴史観や社会観にあることから脱出する方向を探究した。聖杯と剣の対立と葛藤からの脱出である。

本書のアイスラーは古代から今日におよぶ歴史を総点検し、文明が家父長的に流れてきた理由をつきとめ、父系的なるものと母系的なるものの融合を模索する。

いろいろ書いてあるけれど、主としては、歴史のなかで**マトリズム**（母性性＝聖杯）と**パトリズム**（父性性＝剣）がどのように分断されたのかということと、それにもかかわらず、その後の神名やイコンや器物表現には、分断以前のシンボリズムがどのように活発に再生されていたかを議論している。そのあたりに主旨がある力作だ。われわれは何に支配されるのかという問題を扱った本なのだ。

類としての人間の社会と文化はマトリックにもパトリックにも支配を受けてきた。族長的にも家父長的にも専制的にも封建的にも、その支配は長かった。しかしそれ以上に問題なのは、性差についての固定観念がわれわれの日々の個人史にもあらわれてきたことだ。とりわけ重視した問題はその支配された相手に応じて、自分の性意識が形成されてしまっているということである。性意識に過剰な男性不信や女性蔑視や、その逆の「やらずぶったくり」があらわれたことだった。

本書が話題になったのは、内なるマトリズムとパトリズムの分断からの脱出と変更を高らかに提言したからだった。これは自己組織《セルフ・オーガナイゼーション》化の奨めでもあった。

ふつうならば、こういう提言は往々にして自分の家族的な桎梏《しっこく》からの個人的な脱出のススメになるのだが、父親をナチスに連行された少女時代をもつアイスラーは、個別の母親性や父親性だけに限定しなくともいいのではないかと考えた。それどころかもっと大きなものからの脱出を試みるべきだと訴えた。

アイスラーの提案は大きかった。まずもって**父母性**をひとつかみにしなさいと言う。父親と母親を分けて認識しないほうがいいと言うのだ。つまりはわれわれが支配されたのは、少年少女期からもっと多様に分散されていたもので、それがたまたまマトリズムやパトリズムが集約されて限定されたジェンダーに象徴されてしまったのだから、そこから脱出しなさいと言うのだ。反撃もそこから開始する。

反撃にあたっては、家父長制を支えてきた「男性支配制」(androcracy)に抗して、新たな結びつきを模索する「**女男結合制**」(gylany)に向かうべきだと主張した。gy は女をあらわすギリシア語の gyne、an は男をあらわすギリシア語の andros、この二つをつなぐ"l"は linking になっている。いささかわかりにくい造語ではあるが、アイスラーのたっての思いが伝わってくる。

あらためて問いなおしてみると、われわれは文明の歴史のなかでかなり危うい性意識をもちつづけてきた。家父長制やそのあとに続いた近代国家システムは、その危うさをガチガチの鋳型の上にかためて、そこからさまざまな歪んだセクシャリティを取り出して、人間の自由な活動性を抑圧し、興味本位な陳列棚をつくりすぎてきた。

けれども、最初からそんなふうにするつもりではなかったはずである。母系のコミュニティ、遊牧的な日々、アンドロジニックな幻想、瞑想エクスタシーなどは当初に芽生え、その後も折りにふれ出入りしてきたはずだった。

しかし、いつしかそれを語る力や準《なぞら》える力を失っていったのである。それでも、それらの感覚や造形や歌謡は芸術や芸能には多様に残響していたのだから、何もかもを忘れたわけではない。アイスラーはそれを歴史的に回復したいと考えて「女男の結合する社会」を構想し、ぼくはぼくで、少年少女が思春期に感じる超越的男女感覚を維持したほうがいいと考えてきたわけである。

アイスラーには『聖なる快楽』（法政大学出版局）という著書もある。「性、神話、身体の政治」のサブタイトルがつく。フェミニズムの思潮を踏まえながら「性」と「聖」の新たな協調を謳《うた》ったもので、おおらかな著作ではあるが、試みとしては本書同様に壮大な意図にもとづいていた。けれどもそういう試みは、ボーヴォワールの『第二の性』なら視野に入れていただろうものの、なかなか試みられてはこなかったのだ。本書も同断だ。モンターギュが「『種の起源』以来最も重要な著作だ」と持ち上げた気持もわからなくはない。

ところで本書には、性の歴史の誤謬《ごびゅう》があるとすれば、それはたいてい「理性の過誤」がもたらしたものだろうという主張が通っている。その理性は歴史でいえば近代の理性ということになるが、それはたいていアニミズムやシャーマニズムを肯定しなかった。アイスラーはそこからやりなおしたかったのである。

ぼくもずっとそう思ってきた。ただアイスラーと少しちがうのは、アニミズムやシャーマニズムを原始古代にばかり求めなくてもいいだろうというところで、"gylany"をおこしたいのなら、アスリートやポップアーティストやファッション感覚が持ち出すアニマやシャーマンでもいっこうにいいはずなのである。

第九〇五夜　二〇〇三年十二月八日

参照千夜

四一四夜：リン・マーグリス＆ドリオン・セーガン『性の起源』　一八二〇夜：ジューン・シンガー『男女両性具有』　一〇一〇夜：阿木譲『イコノスタシス』　七一四夜：ロラン・バルト『テクストの快楽』　一〇七二夜：アシュレイ・モンターギュ『ネオテニー』

ジェンダーを回復させる科学と、
LGBTをまたいでいく思想群について。

エヴリン・フォックス・ケラー

ジェンダーと科学

幾島幸子・川島慶子訳　工作舎　一九九三

Evelyn Fox Keller: Reflections on Gender and Science 1985

この本の日本語訳を企画した川島慶子に原書を薦めたのは、川島が所属していた東大の科学史科学基礎論研究室の招待で来日していたトマス・クーンだった。クーンを呼んだのは佐々木力《ちから》である。

川島はクーンに「アメリカでは七〇年代にフェミニズム運動の火の手が上がって、さまざまな分野で変革がおこりましたが、科学史ではどうだったのですか。運動の成果を科学史に生かした研究はあったのでしょうか」と質問をした。このときクーンが「私はそのことの専門ではないが」と断って、ひょっとしたらこの本を読むといいでしょうと紹介したのがケラーによる本書である。川島は科学社会学とフェミニズム理論が出会うと、そうか、こういうすばらしい本が生まれるのだと知って、ずっとのちに翻訳本の刊行を工作舎に持ち込んだ。

翻訳を始めてみると、けっこう大変だ。そこでリリーフとして幾島幸子が登場する。幾島はぼくの昔からの仲間の一人で、出会った頃は平井雷太夫人だった。その後、フォーラム・インターナショナルの同通（同時通訳）軍団の猛者《もさ》たちと交わり、工作舎を舞台に翻訳の技を磨いた。とても凝縮した英文で書かれた本書が、こうして陽の目を見た。

いったいジェンダーは科学になるのだろうか。いや、科学はジェンダーの考え方に抑圧をもたらしてきたのだろうか。それなら逆にフェミニズム思想は科学になんらかの訂正を迫れるのだろうか。科学におけるパラダイムのあり方を考えてきたクーンは、そうした問題意識はケラー以前にはなかったのではないかと言ったのだった。

著者のエヴリン・フォックス・ケラーはハーバード大学で理論物理学と数理生物学を専攻し、ノースイースタン大学やカリフォルニア大学バークレー校で数学・人文科学・科学史・女性問題を教え、その後はMITに招かれて科学・技術・社会をまたぐ学際的プログラム（STS）の教授を務めた。

STSにとりくんでいたせいもあってか、ケラーにはユニークな著書が多い。専門書のほかに『遺伝子の新世紀』（青土社）、本書、『生命とフェミニズム』（勁草書房）、『機械の身体』(青土社) があり、加えてバーバラ・マクリントックについての評伝『動く遺伝子――トウモロコシとノーベル賞』(晶文社) を書いているのが目立つ。トウモロコシの遺伝研究をやりとげてトランスポゾン (動く遺伝子) の発見に至った細胞遺伝学者マクリントックについての、感動的な評伝だ。

DNAの構造が知られる前にトランスポゾンを突きとめていたにもかかわらず、マクリントックにノーベル賞が授与されたのは四十年後の八一歳のときだった。ケラーはこのじれったい男性中心的な科学界の状況に地団駄を踏んだのである。

そんなケラーについて、イアン・ハッキングはこんなふうに評した。「男性にケラーのような本が書けない理由は、理論的にも生物学的にもまったくないけれど、これまでそういう男性はいなかった。そのような勇気をもった男性も、おそらくいなかった」。

ケラーが本書を書くに至った経緯は、次のようなことだ。数理生物学者として完全に満足していたとはいえないまでも、それなりに没頭していたケラーは、長きにわたって科学が「知の頂点」にあると信じて疑わなかった。それが七〇年代半ばのある時期、大きな疑問に出くわした。

科学は合理を重視する。そのためにロゴスを駆使した。数学がロゴスの武器となり、合理を検証できたことを雄弁に語ってきた。そのようになったのは、古代ギリシアの自然哲学をもとに真理を唱えることを「知の理念」としたからだった。真理を誇り、非合理を説き伏せた。

この基盤をつくったのはソクラテスとプラトンとアリストテレスだ。その中心にいたプラトンは『国家』において「知る」ことは真実に向かって努力することであり、その努力の道筋そのものが精神そのものであると説き、『饗宴』においてはその精神はエロスに導かれると説いた。いったい、このエロスとは何なのか。

このことが気になったケラーは、あらためてプラトンの『パイドロス』を読んで驚いた。本質の世界へのステップとして重大な意味をもつエロスはホモセクシャルなものだったのである。そこには成人男性と青少年との「愛」が育まれていた。ここにおいてケラーは忽然《こつぜん》として、これまでの科学、および現在の科学は**マスキュリニティ**(男性性)によってどのくらい束縛されているのか、そこを確かめてみたくなった。

こうして、ジェンダーと科学をテーマにした論文をいくつか書くことにした。ケラーがそういう関心をもっていると知ったかつての指導教授は、あるとき「女性についてどんなことがわかったのかな」と尋ねてきた。ケラーはむっとして「女というより男について、それより科学について多くのことがわかってきたわ」と答えた。

科学とは人間社会がつくりだしたさまざまな慣習や知の体系によってつくられたもの

であって、論理や経験則だけで規定できるものではない。

　同じようにマスキュリニティとフェミニティ（女性性）は社会や文化によって規定されたカテゴリーであって、生物学的必然性にもとづくものではない。仮りに「女、男、科学」の三項になんらかの関係があったとしても、それは経験的事実と感情と社会的要素がないまぜになった複雑なダイナミクスのなかから鬱勃《うつぼつ》として生じてきたもので、男と女の力関係によって決まるものではなかったはずである。

　科学は、文明の進展にともなって歴史のひだひだの中に人間の織り目と社会の裂け目をつくっていった。結合と分断をつくっていった。その歪みは学問の価値観に及び、それを担う男と女をまたぐ性（ジェンダー）に及んでいったにちがいない。

　そんなふうに考えはじめたケラーは、このような結合と分断の編み目と裂け目をまとめようとした西洋的なシステムを「科学―ジェンダー・システム」と名付け、ちょうど七〇年代半ばに立ち上がってマスキュリニティとフェミニティにゆさぶりをかけていた第二波フェミニズム思想をいささか借りながら、科学の来し方行く末を考えるようになったのである。

　とくにプラトンからベーコンに及ぶ科学理念的な「来し方」を入念に検討することにした。プラトンは理念・理性・精神を「愛によって導かれる知」によって組み立て、これを上方に向けた。上方にはイデア（理念）があった。だからイデアは上位が下位を組み下ろすように階層的につくられたものだった。ということは知も愛も、つまりは哲学（フィロ・ソフィア＝知＋愛）も、その階層性を反映していたわけである。では、ベーコンはどうだったのか。

近代科学の父とされるフランシス・ベーコンは経験科学の基本をつくりあげた。この「経験」は科学史では実験科学のことだとされてきたが、むろんそうでもあろうが、ケラーがベーコンを読みこんでみると、精神が自然を経験するためのしくみのことだったことが見えてきた。自然は法を内包しているものの、ベーコンにとっては精神をもたないものだったので、そこを経験や実験によって埋めるべきだったのである。作動中の自然を制御すること、それがベーコンの経験科学だった。

このことをベーコンは「精神と自然の、貞節で合法的な結婚」と言っている。えっ、結婚？　そうなのだ。ベーコンの経験科学は、まるでプラトンからルネサンスをへて三段跳びをしながら「愛」（エロス）についての片寄った加担が新たな様相で移植された結婚のようなものだった。それにしても「結婚」とはどういうことなのか。経験科学は、本気でそんなこと（結婚）を意図したというのか。自然が男で、経験が女だとでも言うつもりなのか。それとも逆で、女である自然を男である経験科学が征していったと言うのだろうか。

ベーコンは『時間の雄々しき誕生』(一六〇二年頃の著作だが、一九六四年にやっと英語化された)のなかで、自分が構想した科学が精神と自然の関係を受容と服従の関係とみなしているものであることを述べ、それによって精神のフェミニティを合理のマスキュリニティに変容できると誇っている。

このことを突きとめたケラーは、ベーコンの経験科学には「**性的弁証法**」がメタファーとしてはたらいていたことを確信した。どうやらわれわれの科学の基礎は十七世紀のベーコン的プラトン主義によって立ち上がってきただけではなくて、近世ヨーロッパの男性科学者たちに及んだ長大なエディプス・コンプレックスがのたうっていたのだった。

ケラーがなぜフェミニズム思想に傾倒したのか、科学についての疑問をフェミニズムによって解読したいと思った成果はどこにあったのかということを、いまさらあれこれあげつらうことは必要だろうか。

ケラーの本には、当初の疑問が男性主義による科学支配に対する関心に端を発したわりには、フェミニズム思想やフェミニズム用語が躍動していない。マクリントックら何人かのとびぬけた女性科学者を熱く擁護しようとしている(贔屓《ひいき》にしている)ことは隠せないが、そのことについてさえ、いちいちフェミニズムの言説で裏打ちしようとはしていない。ケラーの書くものは、たいていは今日の科学の限界を稀にみる洞察力で突き止めようとするか、そうでないときはフェミニズム思想の引用というよりも、むしろポール・ファイヤアーベントのアナーキーなセンスや、イアン・ハッキングの「介入の思想」に反応して綴《つづ》られている。

だから次のように告げるのも忘れない。科学が科学自身の呪縛から脱するには、科学が実は男性優位的な支配思想に保護されながら成長してきたことを白状すべきで、そうしないかぎりは呪縛からの脱出は図れないだろう、と。

本書の第七章は「現代物理学における認識の抑圧」というもので、ケラーの稀に見る洞察力がキラリと光る。科学が創出されるときの理論やイデオロギーを独自に問うたもののひとつで、自然法則に「内省」があるのかどうか（呪縛を白状する用意があるのかどうか）を訝《いぶか》っている。科学がつくりだす自然法則は柔軟で啓蒙的である。かつては神に擬せられたその法則の主は、生産的で機知に富み、複雑さの中から単純なしくみを発見して、その普遍性を誇る。だったら量子力学ではそこはどうなの?と、ケラーは問うた。

量子力学においては、量子のふるまいを知ろうとする者（観測者）の問題と、世界を量子力学的に眺めることであらわれる法則の問題とを、一連の系統的記述であらわす。シュレディンガーの波動方程式やハイゼンベルクのマトリックス式（行列式）は、その系統的記述の数学化である。

このようなあらわし方をもつ科学は「知る者」と「知られる世界」を分断しつつ結合しようとする。そのため、量子のふるまいについての説明は統計的解釈によってしかあらわさない。量子力学ではそういうふうにしたことを、そのつど変化する「確率振幅」という現象のせいだと言おうとしてきたのだが、それが自然の現象だと言い切れるのかどうかといえば、実ははっきりしない。

ケラーはそこを分け入って、この葛藤から脱するにはいったん量子力学が離脱してきたもともとの原郷を問題にするしかないのではないかと考えた。原郷とは古典力学のことだ。ニュートンやデカルトによって確立した整合のとれた力学だ。この古典力学による力学像は絶対空間と絶対時間という、はなはだ抽象的な座標（デカルト座標）の上に成り立っている。これはツルツルの時空間だ。

なぜそんなツルツルの時空間が古典力学のすべてを包み込めたかといえば、それを用意したのが原郷のそのもともとにあたるベーコンやプラトンの理念時空で出来上がっていたからだった。もともとのもともとがツルツルを志向した。古典力学はツルツルの理念時空でなければならなかったのだ。

ケラーは、それならそこには「知る者」のエロスが発していたのだとみなした。このことを起点にして古典力学が成立したとみなした。

ところが量子力学は、意外にも「知る者」が量子現象のすべてを知りえないということ、確率的なことしか知りえないということを持ち出した。それなら科学はツルツル以外の世界観に到達したということなのである。

けれども量子力学者たちは、なぜかそうは白状しなかった。ツルツルはツルツルで十分に成り立っているけれど、それとは別なミクロな世界（量子の世界）では、「知る者」は知りえないことに出会うのだと（観測者はすべての動向の確認に立ち会えないのだと）、そう解釈したのだった。

科学史の名著『コスモスの崩壊』（白水社）を書いたアレクサンドル・コイレは「こうして世界は真っ二つに分割された」と書いた。古典力学と量子力学が二つの世界を別々に描いたのではない。ケラーも、これは主体（サブジェクト）と対象（オブジェクト）を二分した見方であったと書いた。そうだとしたら、ツルツルの時空を成立させた科学とまったく同じ見方が、姿を変えて量子力学の解釈にもちこまれたのである。量子力学がそうなったのではなく、量子力学の解釈がそうしたのだ。

以上のような量子力学についてのコメントは、ありそうでいて、実のところはなかなか見られない。古代ギリシア哲学を背景にしたベーコン＝ニュートン型の古典力学と波動関数をもってあらわす量子力学とを串刺しにするコメントはめったにない。なぜならケラーが言うように、そのような見方をするには「私たち自身の内部の分裂」を受け入れる必要があるからだ。

けれども、そんなことは、多くの科学者には（また、多くの男たちにも）容易に肯《がえ》んじられない見方なのである。科学は自分たちの「内部の分裂」を白状しない。なぜなら科学者は次のように自己保身しているからだ。ケラーは次のようにパラフレーズしてみせている。

科学的知識は、第一に情緒的色合いを帯び、それゆえに汚染された他の知の様式から切り離されることによって、第二に自然界の対象物と超越的に結合することによって、客観化される。この科学精神と自然との祝福すべき結婚は、世俗的な性交によってではなく、自然または神との直接的な融合によって成就されるのである。このことは科学的精神のみが能力を備えていることである。

ちょっぴりフェミニズムっぽい言い回しが顔を出しているが、そこは愛嬌だ。ケラーはやや微笑んで、そしてその直後、量子力学の解釈に蔓延する誤りは波動関数そのものに一種の客観的で物質的なリアリティを付与させてしまったことにあると、毅然として言ってのけた。相当に勇気のある指摘だった。

ほんとうのところ、量子力学はわれわれに何をもたらしたのだろうか。ひとつはプラトンにまでさかのぼる人間の夢——理論と現実の完全な一致——は実現不可能であることを告げたのである。そしてもうひとつには、われわれは量子力学のような最高の科学的成果においてさえ「認識の抑圧」に耐えているままにいるということだ。

さあ、如何なものか。諸君はケラーのような異議申し立てを、どのように理解するだろうか。揺れるジェンダーをもって科学のパースペクティヴに異議申し立てをするスタンスを、どう評価するだろうか。ぼくははっきりしている。エヴリン・ケラーのような科学者がもっともっとほしいと思うばかりなのである。

さて、今夜話題にしなければならないもうひとつの問題は、仮称「ジェンダーの科学」のようなアカデミックな展開の可能性があるのかどうかということだ。

アカデミズムの正当性をあまり信用してこなかったぼく自身はこのことにあまり関心はないのだが、かつてのフェミニストやケラーの指摘のように、学問に男性的思索のアドバンテージがはたらき、マクリントックが女性であったためにその科学的成果が過小評価されてきたようなことが多々あったとすれば、この問題はいったん吹きさらしの舞台に掲げられるべきである。

けれども思うに、どんな学問的思索もその成果の表明も、男によって語られようと女によって語られようと、たいていは過小評価や誤解や曲解を受けるようになってきたとも言うべきで、それをジェンダーのプリズムに当てながら議論しようというのは、さあ、どうか。かなりムリが出てきそうだ。
それよりもぼくが期待するのは、男と女の二つっきりのジェンダーにこだわらずにこれをまたぐような思索や、既存のジェンダー思考をさまざまに逸脱するような表現の試みにこそ、実はアカデミズムの陥穽《かんせい》から脱するヒントが芽吹いているのではないかということだ。ジェンダーを連続的に破っていく思想が待たれる。

第一八二二夜　二〇二三年四月二二日

参照千夜

一三三四夜：イアン・ハッキング『偶然を飼いならす』　七九九夜：プラトン『国家』　二九一夜：アリストテレス『形而上学』　一八一二夜：ファイヤアーベント『方法への挑戦』　一〇四三夜：シュレディンガー『生命とは何か』　二三〇夜：ハイゼンベルク『部分と全体』

第二章
母・女・差別

エーリッヒ・ノイマン『女性の深層』
ヨハン・ヤコプ・バハオーフェン『母権制』（上下）
リュス・イリガライ『性的差異のエチカ』
ジュリア・クリステヴァ『恐怖の権力』
上野千鶴子『女は世界を救えるか』
トリン・T・ミンハ『女性・ネイティヴ・他者』
ジュディス・バトラー『ジェンダー・トラブル』
小谷真理『女性状無意識』
ダナ・ハラウェイ『猿と女とサイボーグ』

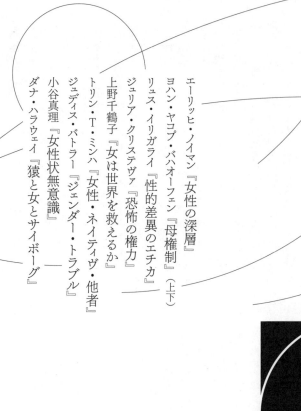

《魔笛》が物語る
グレートマザーの変容と両義性。

エーリッヒ・ノイマン
女性の深層
松代洋一・鎌田輝男訳　紀伊國屋書店　一九八〇
Erich Neumann: Zur Psychologie des Weiblichen 1953

森に迷いこんだ異国の王子タミーノは、夜の女王の娘パミーナの絵姿を見てたちまち激しい恋情を懐《いだ》く。夜の女王はパミーナが邪悪なザラストロの手に奪われていったことを嘆いて、なんとかタミーノに救出を頼む。タミーノは陽気な鳥刺しパパゲーノを連れて、魔法の笛と杖を与えられ、ザラストロの神殿めざして救出に向かう。

御存知、モーツァルトの《魔笛《まてき》》である。話は意外な展開を見せて、タミーノはザラストロがほんとうは叡知《えいち》と徳目をもっていて、邪悪なのは夜の女王のほうであることを知る。ザラストロは夜の女王からパミーナを守るために神殿に匿《かくま》っていた。こうしてタミーノとパミーナは初めて出会うのだが、幾多の試練が待っていた。それでも二人は試練を乗り越えて結ばれ、夜の女王の一党は滅びる。ザラストロの僧たちは光輝の合唱をする。

《魔笛》にさまざまな物語要素が混在していることは、いろいろ指摘されてきた。たとえば、夜の女王がヨーロッパ伝統の魔法使いの形象であること、パパゲーノが『ピーターパン』のティンカーベルなどにつながる妖精であって典型的なトリックスターの意義をあらわしていること、ザラストロがゾロアスターであって、かのニーチェのツァラトゥストラであることなどは、やかましい連中にとっては大事な議論のアイテムだろうが、ここではさておく。今夜はちょっと別の視点から《魔笛》の話をしながら、本書の意図と限界を覗いてみたい。

音楽業界では《魔笛》は同情されてきた。エマヌエル・シカネーダーの原作台本はプロットの数々の平仄《ひょうそく》があわないものになっていて、モーツァルトがこんなちぐはぐな台本に曲をつけることになったのは大変だったろうというのだ。劇場支配人でもあったシカネーダーが途中で台本を変更したために、モーツァルトが半ばまで作曲したものを、一度は最初から、途中でも何度か作り直したこともわかっている。

一方こうした音楽業界の同情とは裏腹に、シカネーダーの「作りそこね」の部分とモーツァルトが加えた物語解釈と変更にこそ、われわれの意識の表象にひそむ重要な深層を浮かび上がらせるヒントがあるのではないかという見方もあった。本書のエーリッヒ・ノイマンはこの立場にたっている。

もともとこの**物語の母型**には二つのものがある。ひとつは善良な妖精と邪悪な魔法使いという童話的な対比で、もうひとつは主役を振られた男女が苦しみつつも愛を深めていくという母型だ。

このばあい、ふつうならば女王が善良な妖精の代表で、魔法使いは悪の帝国を支配する。また童話的対比のなかの男女の愛の出来事の進行は、たいていは男の子（男性性）が不幸な女の子（姫）を救うというふうになる。

ところが、おそらくモーツァルトの強い意図か何かの勘によるものだったと思われるのだが、《魔笛》においては男女の立場がひっくりかえされて、夜の女王が悪の体現者となり、魔法使いが光の司祭になった。女の子のパミーナは幸福の側にいて、男の子のタミーノが苦悩者にまわった。因習や誤解にとらわれていたのは男性性だったということになった。男性的人物と女性的人物との対比が逆転したのである。

モーツァルトがそのような意図をもったのは、しだいに近づく死の意識につきまとわれ、フリーメーソンの秘儀に憧れていたため、こうした男性性と女性性の逆転によって秘儀の様相を入れこんだというふうに推測されている向きもあるようだが、フリーメーソンの影響がどれほどあったかという問題は定かではないので考えないことにする。

では何を考えたいかというと、男と女の役どころの交替が何をもたらしたのかということだ。男性性と女性性が入れ替わることによって物語の継ぎ目にあらわれたテキストの重層性が立ち上がり、そこに、われわれが注目すべき「父なるもの」(パトリズム)と「母なるもの」(マトリズム)の対立と超越という普遍的課題が、シカネーダーやモーツァルトの作業をこえて立ちあらわれたということを重視してみたい。


一〇二六夜でバハオーフェンの『母権制』をとりあげたときにあらかた述べておいたように、われわれの社会が母権社会を母体にしながらも、これが父権制とその強化によって組み替えられてきたことは、いまでは半分くらいの常識になっている。

では、そうやって確立した父権社会が今日なお大半の資本主義社会に罷《まか》り通っているからといって、そこに母権的なるものがあらわれていないかというと、そんなことはない。むしろ父権社会であればこそ「**母なるもの**」の姿と形はさまざまな表象をともなって、たとえば童話や文学や歌や映画のなかにたちあらわれ、そうでないばあいは解釈にはいろいろ問題もあるけれど、フロイトやユングがそのことを指摘しつづけたように、男女の心理に閉じこめられたものとして鬱積し、発現し、また解離されてもきたはずなのである。

父権社会の奥に眠る「母なるもの」は、一様な姿や形をとりにくい。それを古代このかたのグレートマザーの変容の系譜というふうにまとめることもできる。このグレートマザーはときには母性の深さとして、ときには「父なるもの」との対決者として、またときには愚かで恐ろしいものとして、その力を見せる。

本書の著者のエーリッヒ・ノイマンはそういう**グレートマザーの変容**に関心をもった。作りそこねの《魔笛》に登場する夜の女王は、はからずもグレートマザーの変容を巧まずしてあらわしていた。

ノイマンは少し変わった経歴の持ち主で、青年期は小説を書いたり、カフカの研究などをしていたりした。一九二七年にエルランゲン大学を出たのちベルリン大学へ転じて医学、とりわけ医療的心理学を学ぶうちに、自身の血にひそむユダヤを強く感じてパレスチナに移住を決意した。

その後、ユングに出会うのだが(だからユング心理学のアニマとアニムスの関係に関心をもったのだが)、そこでまた決意してテルアビブに赴いて開業医となると、そこを永住の地にしてしまった。そのときバハオーフェンの『母権制』とロバート・ブリフォールトの『ザ・マザーズ』にヒントをえてグレートマザーの研究に打ちこんだ。

そのようなパレスチナやテルアビブに住みこんだノイマンにとって、人間の内なる

「母なるもの」と「父なるもの」の根本関係を見ることは、ユダヤの歴史の謎の解明そのものとつながるものとなり、キリスト教がそのユダヤ的なるものの何をどのように換骨奪胎したのかを見極めるための最大のテーマとなった。

こうしてノイマンはまず『意識の起源史』（紀伊國屋書店）という大著を書いた。この大著でノイマンは、人類の歴史に表象された意識のほとんどが「母なるもの」を父権制が転換したことによって生じたとみなした。そうしたあげくに組み上げられてきたのが近代ヨーロッパの社会意識だという見方に達した。戦後まもなくの一九四九年の執筆だから、この手の議論をなしとげたにしてはかなり早い。

ついでノイマンは、そうだとしたら近代社会ではグレートマザーはどこへ行ったのかということを探しはじめた。本書や『グレート・マザー』（ナツメ社）や『アモールとプシケー』（紀伊國屋書店）はその探索の途次で書かれた。たいそうフェミニンな二冊で、その優美な意志についてはエラノス会議での発表もあった。しかし一九六〇年、研究の後半は中途のまま五五歳で死んでしまった。ノイマンは、男性の自己発見はけっして意識の起源には至らないことを次世代の宿題にのこした。

ラディカル・フェミニズム以降、ノイマンやユング派が持ち出す男性性と女性性のあいだの亀裂や逆転や変換をめぐった解釈は、フロイトの解釈とは少し異なってはいるものの、もはや生ぬるい見方になっている。フロイトがそうであったように、かえって女性を蔑視したことにもなりかねない。

それはそうであるのだが、しかしながら《魔笛》において夜の女王がアニムスに憑依《ひょうい》して、自分を男性的なるものと区別できなくなっているという事情や、そこにグレートマザーのやや否定的描像が投影されてくる事情については、ノイマンのアプローチが先駆的だった。

夜の女王の矛盾が最も端的にあらわれるのは、タミーノに魔笛を渡し、パパゲーノにグロッケンシュピール（鉄琴）を手渡しているところである。このことは、もし夜の女王が無意識の象徴や「母なるもの」の体現者であるとすると、辻褄《つじつま》があわなくなる。夜の女王はタミーノとパパゲーノに武器を渡すことによって、ザラストロの殺害を命じたからである。これを本来の解釈に戻すには、夜の女王には復讐の女神エリーニュスのような「恐るべき母の代理性」が混在したと考えるしかない。

逆に、ザラストロが全き善意の王であるわけもない。ザラストロはパミーナをいちはやく攫《さら》っているのだし、いくらその後にパミーナに敬虔《けいけん》で善意に溢《あふ》れた言葉を投げかけていても、それがすべて虚偽かもしれないということを拭えない。

このような夜の女王とザラストロの矛盾を解決するには、ここにパトリック（父性的）な男性性の原理とマトリック（母性的）な女性性の原理をめぐる混在と逆転がおこったことを認める以外はない。いわば、この物語がゼウスの姉のデーメーテルとその娘のコレーの略奪と奪還という母型から発しながら、どこかで脈絡を取り替えたと解釈せざるをえない。そうなってくる。

あらためて《魔笛》に注目してみると、夜の女王とザラストロは一人の人格（意識）として描かれていないことに気がつく。夜の女王は娘のパミーナと一対であり、ザラストロは彼に仕える黒色のモノスタトスとやはり一対の人格（意識）なのである。

そうだとすると、夜の女王は奪われた娘と一体化したグレートマザーからなんらかの理由で分離した女性原理の変形であって、ザラストロはモノスタトスと一体化していた男性原理の片割れである。少なくともノイマンの解釈に則れば、そのようになる。それがモーツァルトとシカネーダーとのやりとりのなかで、夜の女王とザラストロという対比に遠心分離した。

おそらくはオペラという格別に立体複相的な様式がそのような捩《ねじ》れた分離を可能にしたのであろう。しかしそのことは、かえってこの物語の細部にさまざまな交換や変換をおこさせた。それだけではない。さらには《魔笛》にはもうひとつの母型があったろうことを憶測させる。ユング的にはもうひとつの**元型**（アーキタイプ）があったということになる。

ノイマンはその母型が、もともとオシリスとイシスの物語であったろうと推理した。そのオシリスとイシスがその人格の内部でそれぞれ一対化を分娩《ぶんべん》し、そこに夜の女王とザラストロの関係の物語上の逆転移がおこったのである。

こうしたノイマンの推理はユング心理学の延長にあるようでいて、それを逸脱するところがあって興味深いのだが、本書とともに考えるべきはフロイト心理学における「母なるもの」をめぐる解釈の欠如と、そこからの逸脱やフロイト批判であろう。ぼくも本書の次にクリスティアーヌ・オリヴィエの『母の刻印』(法政大学出版局)を読んだ。イオカステーの物語をめぐりながら、母なるものの役割を探って、マトリズムの深みに向かっていた。痛烈なフロイト批判であって、ラカン派の解釈による逸脱だった。

このようなノイマンとオリヴィエの〝両読み〟をさらに発展させるには、ラディカル・フェミニズム以降のジェンダー思想を借りる必要があるのだが、さあ、ここからが実はけっこうきわどい戦線なのである。母性論というもの、フェミニンな視野からだけでは語れないところが多々あるからだ。

たとえば、息子や娘の意識に投影された母である。この「投げかけられた母」はときにグレートマザーとは似ても似つかぬ怪物性すらもってしまうのだ。

このことについては、初めて萩尾望都《はぎおもと》と出会ったときに交わした話題でもあった。ノイマンの深い読者でもあった彼女は、女性の深層にこそあらゆるイメージ・キャラクターの根っこがひそんでいるのね、で、その根っこにグレートマザーを見つけても、それはときどき裏返っているものなのよねと呟《つぶや》いていた。たしかに『イグアナの娘』はそのことを告げる作品になっていた。

第一一二〇夜　二〇〇六年三月三日

参照千夜

一五〇三夜：ジェームズ・バリ『ピーター・パンとウェンディ』　一〇二三夜：ニーチェ『ツァラトストラかく語りき』　一〇二六夜：バハオーフェン『母権制』　八九五夜：フロイト『モーセと一神教』　八三〇夜：ユング『心理学と錬金術』　六二一夜：萩尾望都『ポーの一族』

イシスとデーメーテルが、崇められていた時代。
はたして母権社会はあったのだろうか。

ヨハン・ヤコプ・バハオーフェン

母権制（上下）

古代世界の女性支配――その宗教と法に関する研究

吉原達也・平田公夫・春山清純訳　白水社　全二巻　一九九二〜一九九三

Johann Jakob Bachofen: Das Mutterrecht 1861

エンゲルスは「本書はモーセ五書以来の不動の書となるだろう」と絶賛した。ニーチェは「ここに永遠回帰がある」と唸《うな》った。ベンヤミンは「これは学問的予言だ」と書いた。それぞれ手放しで称賛しただけではない。エンゲルスはバハオーフェンを下敷きにして『家族・私有財産及び国家の起源』に着手し、ニーチェは永遠回帰論に手を染め、ベンヤミンは「忘却」とは何だったのかを考察して、現在においてはどこをパサージュすべきかを決断した。

臼井《うすい》隆一郎によると、一九八七年にバーゼルで開かれた没後一〇〇年記念の「バハオーフェン展」では、会場となった歴史博物館の壁面にバハオーフェンの多彩な呼び名をあらわす言葉が垂れ幕としてずらりと掛かっていたという。曰《いわ》く、母権研究者、法律学者、民族学者、神話学者、大収集家、旅行家、刑事裁判所判事、州議会議員、文化ペシミスト、進化論者、独立独歩の人、新プラトン主義者、詩人、控訴審裁判所所長、古代研究家、バーゼル人……。

が、そこまでするのなら、ローマ法の専門研究家、お墓好き、恐妻家、ベルリン大学の古典文献学者、ゲッティンゲン学派から逸脱した男、マザコン……といった言葉もぶらさげておいてほしかった。バハオーフェンの関心はとても広かったのだし、その風が届いた領域も各種各論、多彩多岐にわたった。

ベーベルがバハオーフェンの影響のもとに『婦人論』を書いたのもよく知られているし、モルガンの『古代社会』がバハオーフェンを下敷きにした記述によって、その後のレヴィ＝ストロースの文化人類学の支点をつくったことも有名だ。

一八四二年、バハオーフェンは南エトルリアを旅行して墳墓芸術と出会った。このときのバハオーフェンの肩書きは法律学者で、専門がローマ法だったから、象徴解釈については深い関心をもっていた。しかし、南エトルリアの墳墓に見たものはかつて観察したり想像をめぐらしたりしていたものとはまったく異なるものだった。その装飾絵画群は秘教オルペウス教を暗示しているようだった。

バハオーフェンはロマン主義の申し子だ。ドイツ・ロマン主義に共感をもっていたし、ロマン主義者たちがギリシア神話のなかのオリュンポスの神々のもつ激しい明るさに疑問をもっていることも知っていた。けれども当時は古代ギリシア以前の神話のことなど誰もろくすっぽ知ってはいなかった。

装飾絵画にオクノスという縄ない人の像が描かれていた。従来の図像解釈では推理のつかない意味がひそんでいるようだ。あきらかに何かの理由によって冥府的なるものを天界的なるものに編み変えているような、女性的世界を男性的世界に転換しているような象徴作用が読みとれる。そこで各地の**オクノス像**と比較してみると、そこには暗黒の地下から生と光への生誕をおこす何かの転換がおこなわれていることが見えてきた。それは「何かの世界」とオリュンポス型の明るい神話世界とのあいだを示す、いまだ過渡期的なものにすぎない秘儀を感じさせた。

バハオーフェンは興奮した。文献を読みなおし、ギリシア神話の隙間を読み抜き、各地の古代遺跡をまわり、図像を精密に比較した。

こうして「何かの世界」をめぐる最初の直観に達したのだ。この「何かの世界」こそ、いまだ想定されることのなかった「知られざる母権社会」というものではないか。それは歴史明示の以前の暗示の世界であり、昼の前の夜の世界であり、太陽神信仰的ではなく月神信仰的ではあるまいか。その社会は天界的ではなく冥府的であり、男性的なものを排して女性的なるもので埋めつくされていた世界ではあるまいか。とくに女神デーメーテルの由来と特徴が鍵を握っているようだった。推理の翼は次々に広がっていった。バハオーフェンはしだいに確信をもちはじめた。

これは先ヘレネー社会文化ともいうべきものの先行を裏付けるものではないか。**グレートマザー**（太母神）とその一族の時代があったことを告げるものではないか。それがしだいに縄になわれ、変化していったにちがいない。それなら、その時代にはもっと社会的な意味での、共同体のなかでの**母系的家族**といった形態があったろう。それならば、ひょっとすると**女人統治**《ギュナイコクラテイ》もあったかもしれない……。

ここからのバハオーフェンは一瀉千里《いっしゃせんり》だ。オシリスとイシスの神話の解読を手がかりに、デーメーテルの物語を膨らまし、先ヘレネー社会の全貌の解明に立ち向かう。要約すれば、だいたい次のような古代社会の変遷と転移を読みとった。

原始、最初に自在で無規律な乱婚的な社会があったにちがいない。とりあえず「**ヘテリズム**」と名付けた。ヘタイラ（遊女）の社会という意味である。ヘタイラは職業的遊女のことではなく、婚姻することなく多数の男性と交わる女性のことをいう。

なぜヘテリズムがあったかといえば、原初的な母性の原理がその社会におおらかに通用していたからである。なぜ原初的な母性が社会に通用したかといえば、母胎こそが最大の生産の大地であったからである。女性が産むものは男児であれ女児であれ、すべてを優先する大地の産物だったのだ。だから太母グレートマザーのもと、ヘタイラは自由気儘《きまま》にふるまっていた。そこには夫も父もいなかったのである。兄弟も息子もいなかった。ただ「ジェンダーとしての男たち」がいただけだった。

この時代はまた、いっさいの人為的なルールもほとんどなかったろうとバハオーフェンは法律学者らしく書いている。あるとすれば、女性が産むリズムや産屋や子の育ちかたに何かの準ルールが付与されていただけだろうと推理した。この産むリズムに即して、うっすらとした月神信仰が芽生えたのである。

グレートマザーとヘタイラの社会に、しばらくするといくつかの片寄りが生じた。とりわけ男性による女性の共有に片寄りが出てくると、怒りや嫉妬や歪《ゆが》みが生じた。ここにおいてヘタイラは「女」となって特定の男たちを排撃するようになる。これがバハオーフェンの考える「**アマゾンの時代**」という社会だ。

アマゾン（アマゾネス）はしばしば特定の武装した勇猛な女族のことだとおもわれがちであるが、そういう時期はあったとしても後期のことで、初期においては女性が「女」を自覚して「男」をつくっていく社会だった。けれどもそこに「男」が対抗してくれば、女たちも武器をとる。

アマゾンの社会は不安定である。何度もグレートマザーの社会に戻りながら、しだいに新たなライフスタイルを試みていったのだろう。やがて社会はしだいに変化する。とくに戦争をおこした部族はしだいに疲れ、安定した社会を望むようになる。おそらくはこうして征服した土地で最初の集落都市の建設がおこなわれ、それぞれが家をもって定住をしていった。

それとともに男たちの女性濫用も終息してくると、そこに初期の一夫一婦制が生じてきたにちがいない。こうして**婚姻をともなう女性支配**が確立していった。すなわちグレートマザーを中心とした母権社会の確立である。乱婚は許されず、しかし女性原理が社会を貫いていた。これがバハオーフェンのいう「デーメーテルの社会」にあたる。

社会史において古代母権制とか母権社会とか母系制とよんでいるのは、この時期のことである。それにともなって農耕技術が発達し、祭祀《さいし》が複雑になり、月神信仰が深まっていく。だからきっと**デーメーテル的母権社会**は長かった。今日、各民族各部族の神話や伝承に偉大な太母神や儀礼を管理する女神が登場していることが見てとれるのだが、それはほとんどこの「デーメーテルの社会」の名残りを暗示する。

さて、問題はこうした母権社会がどのようにして**父権社会**に取って代わられたのかということだ。事情はかなり複雑多岐にわたっていた。

ひとつには家族社会のあいだに強弱が出てきて、その格差が定着し、さらに他の部族を併呑《へいどん》するようになってきたのだろう。これは都市国家や国家の原形態になっていく。もうひとつには、家畜や農産物などがふえて、女性が産み出す生産力とともにこうした別種の「力」に託す社会性が出てきたのであろう。そうなれば男性の管理力や労働力に「力」が移行する。またひとつには、男性間に構想や闘争や、さらには戦争に類する争いがおこり、そこに新たな勝者と敗者を分けるルールが発生したのであろう。こうして、生産物との関係で太陽神信仰が強まったのだ。

バハオーフェンはこういう時代を**「アポロンの社会」**と名付けた。アポロンはすでに家父長制が芽生え、それが部族社会や民族社会に浸透しつつあることを物語る。

とはいえ、「デーメーテルの社会」が「アポロンの社会」にすぐ代わったわけではない。バハオーフェンは、ここがなかなか独自の想定だったのだが、途中に**「ディオニュソスの社会」**を入れた。女性によるディオニュソス信仰が広まった過渡期の時代という想定だ。ディオニュソス（バッカス）は酒神であって享楽の神であり、さらに重要なのはファロス（男根）の象徴であることだ。そのため、まだグレートマザーのもとにいた女性たちもついつい男性愛の獲得をめざすようになったのである。

この変化はたいへんに興味深い。女性がアプロディテ的な美しさや官能をめざす転換がおこったからである。この転換がディオニュソス信仰の拡張とともにおこったのではないかというのが、バハオーフェンの自慢の推測だった。このことと併進してしだいにアポロン信仰が広まり、それが男性支配型の社会を準備したというのである。

ごくごく大まかな展開仮説を紹介したにすぎない。『母権制』に書かれていることはこんなことばかりでなく、実に豊富な神話社会の読み替えに満ちている。ただそのようなことは、いまではバハオーフェンを踏み台にさまざまな神話学も文化人類学も樹立されているので、他の充実した本を読めば、たいていはどこかにバハオーフェンの成果と限界が組みこまれているともみなされる。

最後にふれておきたい。こうした仮説を提起したバハオーフェンではあったが、母権制社会に理想を見たわけではなかったということである。むしろ父権制社会の確立こそ人類の進歩だったとみなした。

思うに、おそらくバハオーフェンは母権社会も父権社会も認めるトレードオフの感覚が妙に発達した知的巨人だったのである。それゆえニーチェのごとくバハオーフェンから強い社会論を引き出すことも可能だったし、ユング派のように、またエーリッヒ・ノイマンがそうであるのだが、母権というより「母性の社会」をそこに想定してその「力」の蘇生を今日に期待することも可能だった。

ぼくとしては、母権であれ母系であれ、もっと世界中の神話がフェミニンな視点で徹底して読み替えられることを期待したい。マッチョな神話は聞きあきた。バーバラ・ウォーカーの『神話・伝承事典』(大修館書店)などはフェミニズム型神話解釈の最たるものであるにもかかわらず、ギリシア・ローマ神話の読み替えだけで、キリスト教の切り崩しに終わっていて、そこが惜しかった。母なるものが、ヒンドゥ・ブッディズムやイスラム神の あいだを、できれば日本神話を駆けめぐってほしいのである。

第一〇二六夜　二〇〇五年四月十八日

参照千夜

一〇二三夜：ニーチェ『ツァラトストラかく語りき』　九〇八夜：ベンヤミン『パサージュ論』　三一七夜：レヴィ＝ストロース『悲しき熱帯』　一一二〇夜：エーリッヒ・ノイマン『女性の深層』

如何にしてラディカル・フェミニズムは「男の思想」を食い破ったのか。

リュス・イリガライ

性的差異のエチカ

浜名優美訳　産業図書　一九八六

Luce Irigaray: Éthique de la Différence Sexuelle 1984

フェミニズムがこんなに多様で執拗《しつよう》、あれほどラディカルで狭隘《きょうあい》、かつまたみごとなほどに痛快で放埒《ほうらつ》なものになるとは七〇年代には予想できなかった。

一九七三年のことだったか、当時のウーマンリブの活動に十八歳ほどで身を投じていた木村久美子が桑沢デザイン研究所をやめて工作舎にやってきた。言葉の端々にリブ、リブという響きが入る。マッチョな男主義のつまらなさを実感しているようで、理論的戦闘性に憧れてもいるらしかったが（ちょうど中ピ連が話題をさらっていた）、当時のぼくにはまだウーマンリブ（ウィメンズ・リベレーション）の運動理論というものがどういうものかの見当もつかず、せいぜいボーヴォワールで応じるのが関の山だった。田中美津《みつ》をやっと読んだばかりのころで、日本ではフェミニズムという用語は流通していなかったのではないかと思う。

そのあと、大和書房のベティ・フリーダン『新しい女性の創造』と自由国民社によるケイト・ミレット『性の政治学』を読んで、これはただならないものだと驚いた。フロイト一派やD・H・ロレンスやノーマン・メイラーが勝手なセックスロール（性役割）というイデオロギーをつくったというのでこっぴどくやっつけられていた。

その後、工作舎には木幡和枝率いる同時通訳者の女性たちと、男には頼みがいがないという気概の十川《そがわ》治江や田辺澄江や松本淑子たちが出揃って、一挙にラディカル・フェミニンな空気と言質が渦巻いた。日々の活動はたいへんおもしろかった。しかしフェミニズムの理論がどういう展開を見せていったのかを、ぼくがそれなりに知るようになったのは八〇年代に入ってからのことで、それも上野千鶴子の懇切な説明をうけてからのことだった。

フェミニズムとは何かということを手短かに説明するのはムリだ。おそらくムダも多くなる。カバーすべき領域が縦横に織りなされて、一概にも一様にもならない。

今夜の千夜千冊はリュス・イリガライの『性的差異のエチカ』という一冊をとりあげるけれど、この本を案内するにもイリガライの『検鏡』『ひとつではない女の性』などの他の本のこと、イリガライがこのような本を書くにいたったフェミニズム前史のこと、ラディカル・フェミニズムやポストモダン・フェミニズムのこと、その後のフェミニズム思想によってイリガライがどのように受け取られたかということ、そういうことをある程度は説明する必要がある。

フェミニズムは**女性学**（ウィメンズ・スタディーズ）であるが、女性一般のための思想ではない。奪還や復讐もこもる。女性がどのように生まれ育ったか、どのような言語文化を受けたのか、男性によってつくられた思想とどのように交差したかということが、かかわってくる。イリガライはベルギー出身でフランス国籍をとっているのだが、そのこととフランスにボーヴォワールが先行していたこととは無縁ではない。

といったようなことを前提にして話すには、フェミニズムの流れがある程度は見えたほうがいい。ただ、そんなことはぼくには荷が重すぎるので、ここでは別の本を借りてその露払いの真似をしておきたい。

江原《えはら》由美子と金井淑子《よしこ》が編集構成した『フェミニズムの名著50』（平凡社）という本がある。女性中心の執筆陣四〇人以上を配して、十八世紀末のメアリ・ウルストンクラーフトの『女性の権利の擁護』から一九九四年刊行のテレサ・デ・ラウレティスの『愛の実践』までの、約二〇〇年にわたるフェミニズムの流れの名著中の名著五〇冊を解説した。

よくできているだけでなく、当時の新鋭研究者が執筆しているのが新鮮だった。江原・金井にはこの本の前身にあたる『フェミニズム』（新曜社）という本もある。いずれもフェミニズムを「二十世紀最大の知の革命」として跡付ける。

フェミニズムの流れは第一波フェミニズム、第二波フェミニズム、現代フェミニズム、日本のフェミニズムというふうに分けられる。

第一波フェミニズムは近代フェミニズムの夜明けを告げた時期のムーブメントで、書名で追っていくと、劈頭《へきとう》にはイギリスのウルストンクラーフトの『女性の権利の擁護』（一七九二）がまず掲げられる。フェミニズムの古典中の古典だ。フランス革命の引き金となった啓蒙《けいもう》思想と人権思想に刺激をうけつつもルソーの『エミール』を痛烈に批判したもので、ルソーが男子のエミールには教育を施しながら、将来の妻になるソフィには男の歓心を買うだけの躾《しつけ》をしたにすぎなかったことを突いて、女性にはもっと多くの権利があるのではないかと切りこんだ。

ウルストンクラーフトについては、アナキズム感覚に溢れていたウィリアム・ゴドウィンとの恋愛も興味深く、ここに近代フェミニズムの出奔があったわけである。同時代のブルーストッキングの動向も無視できない。

ついでジョン・スチュアート・ミルの『女性の解放』（一八六九）が火をつけた。妻のハリエット・テイラーの女性解放観の影響が大きかったといわれるが、ミルの基本思想は個人の自由競争を発展させるには、女性の隷従を放っておいては自由社会にはならないというものだった。

この二冊に並ぶのが、大正十二年に山川菊栄《きくえ》が邦訳して日本の婦人運動家にもよく知られたベーベルの『婦人論』（一八七九）と、マルクス主義フェミニズムのバイブルとなったエンゲルスの『家族・私有財産・国家の起源』（一八八四）である。エンゲルスのものは普遍的一般者である労働者として女性をとらえた記念碑で、とくに「家族」「結婚」「私有」から女性を解放しようとした。

第一波フェミニズムの最後にはヴァージニア・ウルフの『自分だけの部屋』（一九二九）があがる。『オーランドー』の作者でブルームズベリー・グループと交流したウルフは、本人は孤高の生き方をめざしていたが、その後のフェミニズムのひとつの特色となる文学批評の方法をもたらした。

フェミニズムには男性がつくりあげた片寄った議論の仕方にどうやって切り込むかという視点が強くはたらく。とくに男が文学作品のなかでどのように女を描いたかということは、小説が世の中に与える影響が大きいだけに、恰好《かっこう》の批評対象になる。たとえば家父長としての父親に対比される娘の描き方、たとえば薄幸の女の主人公のセリフ、たとえば動物のように扱われる女の性、たとえば女どうしの関係の薄っぺらな描写。

とくに、女にとってはたいしておもしろくないポルノグラフィがなぜできたのかというようなことは、フェミニストの恰好の分析対象になった。のちにこうした文学批評の方法を、エレイン・ショウォールターは「ガイノクリティシズム」と名付けた。

第一波フェミニズムがリベラル・フェミニズムの幕を上げたとすれば、**第二波フェミニズム**は男が勝手につくりあげた「女らしさ」の欺瞞《ぎまん》をことごとく引っ剝《ぱ》がす作業にとりくんで、勇ましい。本格的思想戦線の時期である。ウーマン・リブ、ラディカル・フェミニズム、マルクス主義フェミニズム、ポストモダン・フェミニズムに及ぶ。先頭を切ったのはシモーヌ・ド・ボーヴォワールだった。

ボーヴォワールが『第二の性』(一九四九)で突き付けたメッセージが「女は女に生まれない。女になるのだ」と「女とは他者である」というものだったことは、あまりにも有名だ。とくに「女は他者化された性である」という見方には劇的な哲学が秘められていた。この本は一〇〇〇ページをこえる大著で、かなり多様な問題を議論していた。井上たか子や金井淑子はいまこそ再読の必要があるのではないかと訴えている。

ベティ・フリーダンの『新しい女性の創造』(一九六三)やケイト・ミレットの『性の政治学』(一九七〇)がフロイディズムの限界を暴いたことは先にも書いた。男性がでっちあげた女性心理には与《くみ》せないというものだ。

フロイトによれば、少女はクリトリスを小さなペニスとして享受して男子に似た感情をもつのだが、その後、男子にくらべて劣ったものしか貰《もら》えなかったとして母を憎み、ペニスの持ち主としての父（あるいは夫）への幻想をもつ。やがてこの幻想は男子を産みたいという欲望に変じて、自分を子宮をもった母体として意識するようになる。一方、男の子はペニスをもたない母を通して女を見るようになり、やがて自分が父によって去勢されるのではないかという不安を感じて、これを超越しようとする。この過程で一方ではエディプス・コンプレックスが生じ、他方ではエディプス（オイディプス）としての主体の確立がめざされる。

こんな図式化が得意なフロイト理論の波及は、フェミニズムからすると「あんたたち、ちょっと待ちなさいよ」という体《てい》のものだった。ペニス願望を女性に挿入したフロイト理論で組み立てた精神分析療法こそ、女性を抑圧していると批判された。

フロイトを否定的に見るフェミニストは少なくないが、しかしでは女性のための心理学や精神分析をどのように組み立てるかというと、一筋縄ではいかない。シュラミス・ファイアストーンの『性の弁証法』（一九七〇）はフロイディズムを全否定することなく生物学も視野に入れ、ジュリエット・ミッチェルの『精神分析と女の解放』（一九七四）は家族意識が「性」を形成する要因を視野に入れて、欲望と歪曲《わいきょく》の正体を研究しようとした。これらはその後に「ジェンダー」（性差・性別）という概念を持ち出す準備になっていく。ペニスやヴァギナに特定された欲望の歪曲ではなく、心身と社会におけるジェンダーの発生と転移こそが問題になっていったのである。

フリーダンが一九六六年に設立したNOW（全米女性機構）や一九七三年の女性銀行などの動きは、日本ではウーマンリブとしてうけとめられ、女性差別反対運動、人工妊娠中絶合法化運動、ピル解禁運動などに広がっていった。

七〇年代の左翼運動とフェミニズムの交差も激しかった。その関係はのちに「妻（フェミニズム）と夫（マルクス主義）の不幸な結婚」とも譬《たと》えられたけれど、性の抑圧の問題をもっと社会的な階級の抑圧や資本の抑圧や民族の抑圧とも関連づけないかぎりフェミニズムは成長しないのではないかという潮流となり、これらはマルクス主義フェミニズムとしてひとつの思想の流れを築いていった。

このあとフェミニズムはありとあらゆる領域にその翼をひろげはじめた。アン・オークレーの『家事の社会学』や『主婦の誕生』（ともに一九七四）は家庭の秘密を暴いてその本質を追求し、エレーヌ・シクスーの『メデューサの笑い』（一九七五）は女はもっと快楽について書きなさいと挑発し、メアリ・デイリーの『教会と第二の性』（一九六八）『父なる神を超えて』（一九七三）はもっぱら父性に集中されてきた神の問題を広範囲なシスターフッドに取り戻す宣言をものした。

そうしたなか、ナイル・デルタの農村に生まれたナワル・エル・サァーダウィが書いた『イヴの隠れた顔』(一九七七)は、医師となりマルクス主義者ともなった著者がうけたアラブ社会での体験をもとに、新たな問題提起をフェミニズムにもたらした。彼女には幼いとき、親類の女たちに体を押さえられて生殖器を切除された割礼体験があった。この本はぼくも読んでゆさぶられた一冊だったのだが、サァーダウィが古代ファラオーの時代にひそむイシス信仰に寄せた思いなど、なかなか複雑なものを感じた。

サァーダウィの一冊が世に問われた一九七七年、今夜とりあげたイリガライの『ひとつではない女の性』(日本語訳は勁草書房)が刊行された。イリガライはその三年前、博士論文『検鏡、他者としての女』(もう一人の女性について)で衝撃的なデビューを飾っていた。『検鏡』はあっというまに一一ヵ国語に翻訳されたせいもあってその反響たるやすさまじく、それに応えて『ひとつではない女の性』が書かれたのだが、この時期は第二波がラディカル・フェミニズムからマルクス主義フェミニズムまで出揃った時期にあたっていた。ここから**現代フェミニズム**が始まっていった。

リュス・イリガライの思想はいくつかの軸をもっている。ヨーロッパにおける男による女の支配の歴史を書きなおすことが最も大きなテーマのようではあるが、それとともに『フェミニズムの名著50』で中嶋公子《さとこ》が要約して指摘したように、特筆すべき三つの狙いを完遂しようとしていた。

第一には、「女のセクシャリティは複数にまたがっている」を主張した。そのころフロイト理論の解釈をめぐってアメリカのフェミニストたちは膣《ちつ》よりもクリトリスの役割を重視する向きが多かったのだが、ボーヴォワール派のイリガライはむしろ二つの外陰唇に着目し、女の自体愛は男の自体愛と異なって、快楽のための媒介を必要としないことを訴えた。それが「他者はすでに女の内にある」「女の性器はつねに二重、さらに複数である」という表現になった。「女は他者を所有し支配することはない」という思想が突き出されていた。

第二に、言葉のもつ性別が何を意味するのかを徹底して探求した。男が築いた哲学や学問が本来の性別を無視し、男根的な言説に片寄っていることをプラトンにまでさかのぼり、デカルトやスピノザをへて現代思想にいたった思想潮流には「女がいない」ということを告発した。その後のフェミニズムでは、これを「**エクリチュール・フェミニン**」**の試み**と名付けている。

第三に、女が商品化されてきたことと闘った。「女の市場」や「商品としての女」はなぜ生まれ、なぜ放置されつづけたのか。イリガライはレヴィ＝ストロースが社会成立の基盤に「女の交換」があったと解析したこと、マルクスが社会成立の基盤に「商品の交換」があったと分析したことを両睨《にら》みして、家父長制にひそむ女の売春婦性の発生にひそむ問題に注目し、すべての女がそのことを拒否した社会がどういうものであるかを展望しようとした。

こうして『性的差異のエチカ』となったのである。本書はロッテルダムのエラスムス大学での数度にわたる講義をもとにしたもので、邦訳も「ですます調」になっていて、タイトルが恐持《こわ》てしているわりにはたいへん読みやすい。

本書は一種の講読形式をとっている。テキストとして選ばれているのはプラトン『饗宴』のディオティーマの話、アリストテレス『自然学』第四巻、デカルト『魂の情念』、スピノザ『エチカ』第一部「神について」、ヘーゲル『精神現象学』第四部「精神〜男と女」、メルロ＝ポンティ『見えるものと見えざるもの』の「絡み合い・交叉配列」、レヴィナス『全体性と無限』第四部「エロスの現象学」などである。

それぞれおもしろいが、今夜はそれらを横断してイリガライが訴えてきたところを、ごく少々つまんで紹介してみたい。思いきった要約にした。訳文は浜名優美《まさみ》のものをそのままつかうけれど、順序はいくぶん入れ替え、接続詞を補い、若干の字句を省いたり言い換えたりした。ざっと、こんな感じである。

◆人間の思想や歴史をいいあらわすあらゆる場面において、人間すなわち男は理論的・

道徳的・政治的な言説の主体でした。そこに述べられる性はヨーロッパではつねに男性的――父親的なのです。それゆえ女性がこれらの成果を思索し体験するには、この性的差異をふくむ空間と時間の問題系を全体として再検討する必要があります。

◆男性的なものと女性的なものを結びつける絆は、神聖なものと人間的なものの結合であるはずです。したがって**性の出会いは祭りや祭りの挙行**であって、仮面をつけた関係や論争的な関係や主人と奴隷の関係ではありません。

◆そもそも**女は「場」そのもの**なのです。女は無限大と無限小のあいだの通路と移行を引き受けるのです。女性性器は質料でも形相でもありません。容器なのです。男の側には誘惑、愛撫、勃起、射精、そして胎児への退行があります。男は子供の「彼プラス1」なのです。女は男性性器に形を与え、内側から男性性器を彫刻します。こうして女は容器そのものとなり、性行為の能動的な場となります。

◆男性性器は外在性としてあらわれています。それは自己を通して自己を愛することができるでしょう。また、その性器を見せることができるあの奇妙さをもとに、無限に代用物を形成していくでしょう。女性性器については事情は同じではありません。女は欲情を抱いている自分を見ることはできません。女は自分が産む子供を通して自己を愛するのです。いいかえれば女には、女自身にほかならぬあの住居を自分を包むように裏返す能力が欠けているのです。それゆえ、女は自己を愛するためには、男の回帰に自分が従属していると思わないようになる必要があります。

◆ひとつの形態が、つまり女どうしの愛という形態が潜在状態として未決のままに残っています。しかし女たちのあいだの愛が生じうるためには、女たちのあいだにひとつの象徴体系が創出されなければなりません。その入口が女たちのために生かされるには、なんらかの具体的な言語能力が必要です。男はそういう言語の家をつくり、その代理をつくってきました。女はその家を建てるのに役立ってはいますが、そのような家をもってはいないのです。**女性に有性化した語法がないために、女たちはいわゆる中性の言語を練り上げるために利用されてきたのです。**こうして、女性的なものは象徴の内部での媒介として役立ちながらも、象徴の分配、交換、製造に近づくことがなかったのでした。とくに母親と娘との関係で象徴のなかに隠されてしまうのでしょう。

◆私の言葉が意味をもつのは、私の言葉が私の知覚されたものから出発して他者に触れるということであり、また私の言葉が私（男／女）に触れてから他者に触れつつ、その知覚の可能な住まいを組織するということです。私の言葉を他者が聞きとれば、他者は私が住まうことを私に与え、与え返します。他者の輪郭を敬いながら達成するこの身ぶりは、「愛撫の触覚」とよばれることがあります。この触覚は二人の他者を結びつけたり、二人の他者の結び目をほどいたりします。口唇性が存在する以前に、すでに触覚が存在するのです。

◆愛撫のはかなさは、いまここで他者の皮膚へ接近することとは別の未来へと通じています。他者の皮膚に固執することは、愛される女を誘惑の瞬間をこえて動物性へと送りかえす危険があります。逆に、触覚による究極の共感においては、感じるものと感じられるものは、足が地につかないほどのめまいに達し、まだ固有の形をもたないものに沈みこみ、誕生がまだその**アイデンティティのなかに封印されていない初歩的な流出の最も奥深いところへ回帰する**に至ります。そこではどんな主体もその支配力と論理の道筋を失います。

◆こうして愛される女の、そして愛する男の、新たな誕生、新しい曙がついにやって来ます。まだ彫刻されていなかった顔の開花です。

◆愛される女は深海のなかを流れ、夜よりももっと根源的な夜のなかに沈み、あるいは一枚の割れた鏡の断片として飛び散った自己をふたたび見いだすのです。薔薇の花びらの肉、これは再生した粘液状のものによって感じられるのです。愛される女のもろさと弱さとは、愛する男が権力のない愛される者として、そのもろさと弱さにおいて自己を愛するものにほかなりません。

◆愛の行為とは、外に向けての爆発でも内側への破裂でもなく、止《とど》まることです。自己とともに、また他者とともにとどまること——愛の行為を成り行きにまかせながら。他者を生成の力のなかに存在させ、とどまらせておくこと、控えめでしかも執拗な女でありつづけながら他者を放っておくこと、それこそ、愛する女が応じなければならない賭けなのです。

イリガライの思想については、フェミニストのあいだでいまだ評価が定まらないようだ。初期にジャック・ラカンに入門していたことに限界を感じる向きもあるし、本人が「私はフェミニストではない」と言ったせいでもある。しかし、イリガライはまさにラディカルなフェミニストだった。

フランスのフェミニズムは八〇年代に向かうにしたがって、ボーヴォワールの後継者を自任するクリスティーヌ・デルフィらの社会学系のグループと、アントワネット・フークらの精神分析系のグループが大きな潮流をつくった。それに対してイリガライ、『内部』や『メデューサの笑い』のエレーヌ・シクスー、『セメイオチケ』や『ポリローグ』のジュリア・クリステヴァがいた。アメリカではこの三人をフレンチ・フェミニズムのビッグスリーとよんでいる。

イリガライ自身はそうしたグループ動向やフェミニズムのなかでの立ち位置にこだわっていない。『海の恋人、フリードリッヒ・ニーチェについて』『そして一方の女性は他方の女性がいなければ動かない』『基本的情念』『空気の忘却、マルティン・ハイデガーの場合』『話すことは決して中性ではない』などを著したあと、チェルノブイリの原発事故のころからはエコロジーにも関心を示した。最近はカトリックの女性団体との女神をめぐる共同研究に入っているらしい。

第一一二七夜　二〇〇六年三月十五日

参照千夜

八五五夜：ロレンス『チャタレイ夫人の恋人』　一七二五夜：ノーマン・メイラー『ぼく自身のための広告』　八七五夜：上野千鶴子『女は世界を救えるか』　六六三夜：ルソー『孤独な散歩者の夢想』　一七一〇夜：ヴァージニア・ウルフ『ダロウェイ夫人』　七九九夜：プラトン『国家』　八四二夜：スピノザ『エチカ』　三一七夜：レヴィ＝ストロース『悲しき熱帯』　二九一夜：アリストテレス『形而上学』　一七〇八夜：ヘーゲル『精神現象学』　一一三三夜：メルロ＝ポンティ『知覚の現象学』　九一一夜：ジャック・ラカン『テレヴィジオン』　一〇二八夜：ジュリア・クリステヴァ『恐怖の権力』

「父」と「負」をめぐるおぞましさ《アブジェクシオン》。
そこを「母なるもの」が逆襲していきたい。

ジュリア・クリステヴァ

恐怖の権力

アブジェクシオン試論

枝川昌雄訳　叢書ウニベルシタス（法政大学出版局）　一九八四

Julia Kristeva: Pouvoirs de l'horreur 1980

ジュリア・クリステヴァはこの本を書くあいだずっと二つの書物を念頭においていたらしい。フロイトの遺作となる『モーセと一神教』とセリーヌの小説『夜の果てへの旅』だ。いずれも二十世紀の超問題作であるが、「父性」と「負性の反作用」を描いていて、共通していた。

クリステヴァはこの超問題作を「浄《きよ》め」と「穢《けが》れ」が両義的にあらわれているテクスト、あるいは「魅力」と「嫌悪」が両義的にあらわれているテクストととらえ、そこから人間にひそむ裏腹な関係を問いただしていく。

問いただしは本書の副題の「アブジェクシオン試論」という言い方に集約される。本書は一行目から最終行まで、**アブジェクシオン**を徹底的に問題にして、それ以外の問題は扱わない。

アブジェクシオンが何を意味するかはこのあとすぐ説明するが、そこで検証されるのは、たとえば穢《けが》れの儀式、よそよそしい言葉、内部と外部の境目、脆《もろ》さ、汚物に対する嫌悪感、セリーヌの文学、男根の意味、エディプス・コンプレックスのこと、男女の性的関係、ドストエフスキー『悪霊』の登場人物の心理、ナルシシズムの本質といったことで、クリステヴァはこれらがいずれもジェンダーとセクシュアリティの本質にかかわるアブジェクシオンだとみなしたのである。

そして、このアブジェクシオンを問いただすことが「恐怖の権力」の正体をあきらかにする有効な方法になると考えた。

アブジェクシオンとは「おぞましさ」という意味だ。「おぞましさ」には多くの具合があるし、さまざまなおぞましい候補がある。

ごく素朴な「おぞましさ」は、嫌いな食物、汚物、はきだめ、死体などに対する嫌悪感としてあらわれる。生理的な経験にもとづく「おぞましさ」だ。幼児に共通しているものもあれば、ヘビに対する恐れのように人類共通らしいものもある。しかし、なぜそれらがおぞましいかはわからないときも多い。大嫌いな人物はおぞましいが、その嫌悪の理由がつきとめにくいときもある。写真や映像として見せられたものがおぞましいことも少なくないが、なぜそのように感じたのか、いつもすぐに目をそむけたためによく見ていなかったということもある。その目のそむけかたはまことに速い。それとともに、少女の多くに経験があるように、父親がおぞましいと感じることもあるし、室生《むろう》犀星《さいせい》の『杏《あんず》っ子』のように自分の娘がおぞましいこともあれば、自分こそがおぞましいと感じるときもある。

おぞましさとはまことに広い心情あるいは心性なのだ。けれども、その理由を明確にすることは、案外むずかしい。クリステヴァはこのような「おぞましさ」の根底にある作用をまとめて**アブジェクシオン**（abjection）と名付けた。たんなる嫌悪感ではなく、嫌悪していているにもかかわらず、その嫌悪が当人の感情や心に入ってくるぎりぎりのところで弾きとばされたり隠されたりしてしまうような、そういう「おぞましさ」がアブジェクシオンだ。この命名にはちょっと仕掛けがあった。

アブジェクシオンはフランス語の“abject”から派生した言葉で、「分離するためにそこに投げ出した」という原義をもっている。そこから一般的には「放擲《ほうてき》」とか「棄却」という意味となった。

クリステヴァはここに、あえて“abjet”という一字ちがいの造語を孕《はら》ませた。これは“abject”からクリステヴァが勝手に派生させた概念で、察するとおり、“objet”とは微妙に裏腹の関係をもつ。すなわち“objet”（オブジェ）が「対象」をあらわすのに対して、“abjet”（アブジェ）は「いまだ対象になっていない」というニュアンスをもった。そうすると、このような“abjet”を含むアブジェクシオンは、二つの意味が相反して絡みあう。ひとつは「禁忌しつつも魅惑される」という意味へ、もうひとつは「棄却する」という意味へ。これらが二つながら孕む。

こうすることで、アブジェクシオンとは、身に迫るおぞましいものを棄却しようとしている一方で、その棄却されたものが自分にとって実は身近なものであったという意味作用をもつとともに、それに関して自分の中身をさらけだすこと自体をおぞましく思えているというニュアンスもつきまとうというような、そんな状態や作用をあらわすことになったのだった。

クリステヴァは、禁忌していたのに魅《ひ》かれる作用が秘められている問題に注目したわけである。避けたり棄却したりしようとしているのに惹《ひ》きつけられるもの、「**浄め—穢れ**」や「**魅力—嫌悪**」といった対比的で裏腹な関係がアンビバレントに襲ってくるようなもの、それをアブジェクシオンとよんだのである。

さて、そのように見てみると、アブジェクシオンは必ずしも個人の生理的な基準によって対象化されたものだけでなく、そこには社会や歴史や民族や家庭が"abject"していたものもありうることになる。話は俄然《がぜん》、類的な様相をおびてくる。また女性に根ざした何かを暗示するように思われてくる。

八九五夜にやや詳しく書いておいたように、フロイトが『モーセと一神教』で悪戦苦闘したのは、ユダヤ人がモーセを捏造したかもしれないことと、フロイト自身にひそむ父親像とのあいだに、なんらかのつながりがあるかどうかということだった。そこには、ユダヤ人という民族の起源にまつわるアブジェクシオンが、フロイトという個人の父親とのあいだに生じたかもしれないアブジェクシオンと強くつながりうる可能性（あるいは危険性）が暗示されていた。

フロイトは『トーテムとタブー』で、原初の社会では女性を独占し、生まれた子供を次々に追い払ってしまう暴力的で嫉妬深い父親をとりあげていた。

バハオーフェンふうにいうなら、母権制が解体して父権制が確立する移行期にあたる。このとき、追放された兄弟たちは力をあわせて父親を殺害し、次の共同体をつくろうとする。けれどもそのままでは兄弟たちはふたたび権力を争うことになり、また女性を取りあうことになるので、兄弟同盟のルールと近親性交を戒めるタブーをつくり、そこに父親に代わる動物などのトーテムをつくって、これによって新たな社会組織に向かっていくとした。

原初の父殺しがその後の社会の道徳や宗教をつくったという説である。フロイトはこの一連の動きに、はからずも父をめぐるアブジェクシオンを組みこんでいた。

セリーヌの『夜の果てへの旅』（一九三二）は千夜千冊にはまだとりあげていないが、セリーヌ自身をモデルとした青年バルダミュの遍歴をあつかった衝撃的な作品だ。デビュー作でありながら、既存の文学価値を「負」の領域からゆるがすとともに、俗語を露悪的に、かつ縦横無尽に駆使した文体によって、都会的な現代人の意識にひそむ多様でアンビバレントな感情を引き出して、多くの読者を震撼《しんかん》とさせた。はなはだペシミスティックで、かつかなりアナーキーな作風で、ぼくは三四二夜で紹介した間章《あいだあきら》に薦められて読んだ。

その次の、さらに自伝的な『なしくずしの死』（一九三六）では、主人公フェルディナンの少年期がやりきれないほどに暴露され、それをあらわす破格の文体と隠語卑語の乱打によって、自己暴露されたセリーヌがテクストそれ自体のテクスチャーとさえなった。

クリステヴァがセリーヌに注目した理由には、セリーヌが反ユダヤ主義者であって、強大な父とアブジェクトな母をもっていたこと、つねに文体が恐怖と汚辱と死と追放を滲出《しんしゅつ》させていることが出入りしている。クリステヴァもブルガリア生まれのユダヤ人だったのである。セリーヌがフーコーと同様にもともと医者だったということにも親近感があったようだ。

セリーヌは、パリの商業地区の貧しい家に育ち、見習い店員をはじめ職業を変え、軍隊に入れば入ったで負傷して、アフリカのカメルーンへ赴任するとそこで風土病にかかったりしていた。やがて大衆科学雑誌の編集体験などをへて、三十歳で医学博士となってからは、終生、開業医として暮らした。セリーヌは医者でありながら（いや、医者であるがゆえ）、自身と社会のあいだに蟠《わだかま》る「おぞましさ」を文学にすることを決意する。文体が生体そのものとなって「おぞましさ」を生むように綴《つづ》ってみせる。医者セリーヌは医者フロイトと一脈通じる立場にいて、自身の内なる嫌悪を社会と人間のあいだを波打つ「おぞましさ」に混濁させていったのである。

クリステヴァはこうしたフロイトやセリーヌの問題意識や文体感覚を例にしつつ、実**はアブジェクシオンには「恐怖の権力」の正体があるのではないか**と喝破する。フロイトもセリーヌも得体の知れぬアブジェクシオンの侵犯によって医学や文学を成立させていた。クリステヴァはそこにピンときたのだ。

クリステヴァはなぜ「恐怖の権力」としてのアブジェクシオンの特色などということ

を追究したのか。ここにクリステヴァの女性性や原郷体験のようなものが浮上する。
それを摑《つか》むには、多少ともクリステヴァの生い立ちの履歴と彼女が提起しつづけた問題の遍歴を知っておいたほうがいい。クリステヴァの思想遍歴そのものにアブジェクシオンの秘密が痛打されている。ちょっとだけフランス現代思想の流れをまぜておく。彼女が颯爽《さつそう》とパリの思想の舞台に登場してきたときは、ポスト構造主義が最後の爛熟《らんじゅく》を迎えていた時期だったのである。

ジュリア・クリステヴァは一九四一年にブルガリアに生まれたユダヤ人だ。幼少時からフランス人の修道女のもとでフランス語とフランス文化にふれた。

一九六六年に給費留学生としてパリに留学して、ルシアン・ゴルドマンやロラン・バルトのセミネールに学んだ。フーコーの『言葉と物』、ラカンの『エクリ』が出版された年だ。翌年、バルトのセミネールで知り合ったジェラール・ジュネット（のちのナラトロジスト）の紹介でフィリップ・ソレルス主宰の「テル・ケル」の活動に加わり、ソレルスと結婚した。のちに子も産んだ。ソレルスはポスト・ヌーヴォーロマンの旗手で、ダンテやサドやアルトーやバタイユの文学のまったく新しい解読者でもあった。バルトが『モードの体系』を、ジャック・デリダが『エクリチュールと差異』を発表した年にあたる。

こんなスリリングな知的環境のなか、クリステヴァはテクスト理論の研究に着手する。

ミハイル・バフチンの対話原理やポリフォニー理論にとりくみ、われわれの知を埋め尽くしてきたテクストの正体に関心をもった。

テクスト理論（テクスト批評）というのは、もともとは聖書や公文書の本文校訂の作業に始まったもので、手稿・印刷指定原稿・校正・書き込み・訂正などをへて「理想のテクスト」がめざされているとき、どの立場にもとづいてテクストを正当化するかということが問われるのだが、そのテクストの前に立ったときの一種の立場の相互性を研究することをいう。

たとえば、作者や執筆者の制作意図にそってテクストを理想化しようとすれば作者や執筆者の制作意図の定義が必要となり、現存するいくつかのテクストのうちのどれを正当化するかという判定をしようとすると、それらのテクスト間の関係を説明しなくてはならなくなる。現代思想におけるテクスト理論は、こうした書誌学的な問題からスタートしたのだが、そこに構造主義以前と以降における決定的な相違が生まれた。

構造主義以前、テクストは作者が完結させた自立的なものであるという見方がゆるがなかった。作者と読者は画然と仕切られて、混同されることはなかった。それが構造主義以降には、そんな前提が崩されていった。

ロラン・バルトの説明を聞くのがわかりやすいだろう。「テクストとは多次元の空間であって、そこではさまざまなエクリチュールが結びつき、異議を唱えあい、そのどれもが起源となることはない。テクストとは無数にある文化の中心からやってきた引用の織物である」。

学問とか思想とか小説といっても、結局はそこにはテクストという言語群があるわけで、そうだとしたら、われわれはつねに「テクストの前に立たされた意識」にすぎないか、「そのテクストと意識のあいだに立たされている存在意識」ということになるわけなのだ。

若きクリステヴァはこの見方を鋭く強調し、積極的に拡張していった。そのうえで、われわれ自身の存在にまつわる「**間テクスト性**」(intertextualité) という状態に注目した。英語ならインターテクスチュアリティである。

これは自立したテクスト相互間の関係のみならず、一連のテクストの内部で生み出される副次的なテクストの動向に留意したもので、たとえば、あるテクストが歴史を記述しているとき、そのテクストには「歴史をそのように読んだ」という潜在的なテクスト性も浮上しているとも考えられるのだが、クリステヴァはこのような可能性があることをバフチンの研究から取り出し、この主テクストと副テクストともいうべきテクスト間に一種の構造が生成されてくるのではないかと考えた。

このとき、一方のテクストを「**ジェノテクスト**」(生成するテクスト＝ジェノタイプ＝遺伝型)、他方のテクストを「**フェノテクスト**」（現象するテクスト＝フェノタイプ＝表現型）と名付けることにした。また、この二つのテクストは相互に密談をしているのではないかと見た。クリステヴァ自身はこう書いている、「いかなるテクストもさまざまな引用のモザイクとして形成され、テクストはすべてもうひとつのテクストの吸収と変形になっていく」。

当時、この見方はかなり冒険的な見方だとうけとられたのだが、いまでは「テクストにおける相互編集性の発見」だったということになる。クリステヴァが「引用のモザイク」と言っているのはまさしく編集作用のことなのである。

ついでクリステヴァはこうしたテクスト理論を深めるとともに、記号学と心理学に深入りし、「サンボリック」と「セミオティック」ということを考えつづけ、そこからジェンダーの背後にある「母なるもの」とは何かということを突きとめようとした。「サンボリック」は生産物としての秩序のことを、「セミオティック」は生産物を生みだす生産そのものの秩序のことをいう。テクスト相互の背景にジェンダーの海を見たのだった。

クリステヴァ以前の記号学や言語学や心理学では、記号や意味を生みだす秩序については、サンボリックなプロセスばかりが重視されていた。しかしこの見方は狭く、生まれていくものばかりが強調されすぎている。いっさいの象徴がそこに集中して、生んだものへの注目がない。さきほどのフロイト理論でいえば、暴虐な父を殺して子が成長していくプロセスばかりに光が当たっている。これでは、そこでの「負の父」と「大いなる母」とが描けない。

クリステヴァはプラトンの『ティマイオス』を読みこんでいるうちに、生成には三つの仕組みが作用していることに気がついた。三つの仕組みとは、次のことをいう。

①生成するもの（＝生産物）
②生成するものを受けいれているもの（＝コーラ）
③生成するものに似せて生じてきたもの（＝モデル）

これがヒントになった。この見方こそは何かを保存しているのではないか。このうちサンボリックなのは③であり、セミオティックなのは、おそらく②であろう。プラトンおよびティマイオスは、②の作用を「コーラ」（場）とよんでいた。それならこれはきっと「母」ではないか。**コーラは生成する場を用意する母なるものではないか**。そうだとすると、これは次のように配当できるのではないか。

①生成するもの（＝生産物）＝子
②生成するものを受けいれているもの（＝コーラ）＝母

③生成するものに似せて生じたもの（＝モデル）＝父

あまりに図式めいてはいるが、これはフロイトの理論の読み替えである。脱構築だ。フロイトがサンボリックな父プロセス（生産物としての秩序）に加担しすぎたことに対する母セミオティック（生産物を生みだす生産そのものの秩序）のほうからの逆襲である。かくして、クリステヴァはまったく独自の思想に入っていく。

クリステヴァは一九六九年に『ことば、この未知なるもの』や『セメイオチケ』を書き、一九七〇年には『テクストとしての小説』をまとめて、もっぱら記号学あるいはテクスト理論研究者としての姿をとっていた。しかし一九七五年に出産を体験すると、自身の思想を新たな胚胎《はいたい》に向けて大きく組み直していった。それが『ポリローグ』（一九七七）であって、本書『恐怖の権力』（一九八〇）だった。

この組み直しの中核となったのはあきらかに「母」である。それとともに「負の父」の役割をアブジェクシオンとして描出しきることだった。

これでだいたいのことが見当ついたと思うのだが、クリステヴァは「いまだ主体ならざる父」が「いまだ対象ならざる母」を棄却していったプロセスを明示化することによって、母なるものの奪還を画したのだった。以降、「想像的な父」というアブジェクシオンを伴わない父親像を想定しつつ（ソレルスのことかもしれない）、さらに深層意識の底辺を邁《まい》進《しん》して「母なる起源」の解明に向かっていく。クリステヴァはジェノテクストそのものの発露に生きることを決意したようなのである。多くのフェミニストたちがギョッとした。

第一〇二八夜　二〇〇五年四月二二日

参照千夜

八九五夜：フロイト『モーセと一神教』　九五〇夜：ドストエフスキー『カラマーゾフの兄弟』　八七〇夜：室生犀星『杏っ子』　一〇二六夜：バハオーフェン『母権性』　三四二夜：間章『時代の未明から来たるべきものへ』　五四五夜：フーコー『知の考古学』　七一四夜：ロラン・バルト『テクストの快楽』　九一一夜：ジャック・ラカン『テレヴィジオン』　一三〇二夜：ジェラール・ジュネット『フィギュール』　九一三夜：ダンテ『神曲』　一一三六夜：サド『悪徳の栄え』　一四五夜：バタイユ『マダム・エドワルダ』　七九九夜：プラトン『国家』

この知力、この啖呵、このユーモア、この配慮。上野千鶴子で、なにか問題ある?

女は世界を救えるか

上野千鶴子

勁草書房　一九八六

さっき、そうか本人にどの本をとりあげたらいいか尋ねてからにすればよかったと悔やみつつ、一冊で十年ぶんの上野千鶴子高速遍歴が読める『差異の政治学』(岩波書店)にしようかと迷った。これなら「失われた日本の十年」を越えた加筆もあるので、紹介するにふさわしい。

が、これはやや堅すぎるし、ぼくの紹介では妙味がつかないと気づき、ここはもっと煽情《せんじょう》的に、たとえば『スカートの下の劇場』(河出書房新社)のほうがいいか、いやいや、きっとあまり知られていないだろう京大俳句会時代の句集『黄金郷』(深夜叢書社)が意外だからいいかとも思ったのだが(この「あとがき」は秀逸だ)、これはフェアプレーじゃないと諦めた。そこでうんと原点回帰して、想い出すだに懐かしい『セクシィ・ギャルの大研究』（カッパ・サイエンス）をぼく自身が久しぶりに読み返す機会にもなるのでそうしようかと、まあこんなふうに右往左往したすえに、本書『女は世界を救えるか』になった。イヴァン・イリイチのヴァナキュラー・ジェンダー論の批判を主旨とした著書だが、フェミニズムがどのように人類学に挑んできたかがよくわかる。それになんといってもタイトルがいい。上野千鶴子以外につけられない。

上野千鶴子という思想運動体はとうてい一冊では語れない。「乳頭を尖らせゐたり月十夜」「エンサイクロペディア海の深さを藍で知る」のハイジン上野ちづこから、「ハラワタが煮えくりかえる思いです」「私は中途半端は許さない」と東大のゼミで学生たちを叱りまくっているキョージュ上野千鶴子までの、ようするに、どんな場面でも一人勝ちしつづけている上野千鶴子（これらは遥洋子の言いっぷり）を、どうして一冊で片付けられるものか。

それでもぼくには、黒の薄もののジョーゼットを着た千鶴子さんと祇園《ぎおん》祭の宵々山《よいよいやま》の夕闇を腕を組みながらそぞろ歩きをした感触もある。これをどこかでいかさないで上野千鶴子を語らない手はないし、ドイツや大学や自宅から送られてくるぼくの著書についての感想ＦＡＸも何枚かがあって（とても律儀なのである）、たとえば『山水思想』については、なるほどそこを見ているのか（ぼくの立脚点の孤絶性など）という上野流の指摘も温かく感じていて、つまりはぼくなりのわずかな体感と資料も、あるにはあるのだ。

けれども、さあ、そのように妙に個人化したりしていると、論点が拡散していくばかりか、きっと邪心のせいで足をとられるにちがいなく、それにお前はいったい上野千鶴子をちゃんと読んできたのかという非難もおこりそうなので、やっぱりこれはなかなか論評しがたい相手なのである。

上野千鶴子が、女は世界を救えるかどうかについて何を言っているのか（フェミニズムに対してどんなスタンスにいるのか）はあとでそそくさ語ることにして、その前に文章や文体について感想をのべておく。これが一番最初に感じたことであるからだ。

ともかくチャーミングである。賢くスマートで、大胆で高速で、それでいてちゃらんとコケットリーで、ぽらんと軟派の遊びをいつだって挟んでいる。そのちゃらんハードもぽらんソフトも、どこで浮いてどこで沈むかが、よくよく研ぎ澄まされている。総じて快速感がある。ふつうは「文章が速い」という感覚はそれを読んだ者には文字面の表面速度のようなものがそのままに伝わってくるのだが、上野千鶴子の文章は「文意」こそが速かった。

文意には主題を展開するための論理と、その背後で一定ないしは特定のスピードで動くようになっている時代や社会に関する文意がある。この二つの文意が同時に動く。そんなふうに説明すると、きっと複雑で学問的な一人よがりの文章を想像するだろうが、いやいや、そうではない。まことに明達、配慮もゆきとどく（この配慮はトーリいっぺんではなく、とことん配慮だ）。しかも大事な説明はゼッタイに省かない。その説明にさしかかるリリースポイントも外さない。直球もカーブもシンカーも投げ分ける。

わかりやすいところで、『スカートの下の劇場』の次の一節をあげておく。男はなぜスカートの下のパンティに異様な関心を示すのかということを書いてきて、それにしてもなぜパンティはあれほどに肌や性器にへばりつくようになったのかという疑問を呈したうえで、ストリッパーのバタフライに言及したくだりである。

バタフライが意味しているものは、機能性ではなくて、シンボル性です。ストリップティーズは、男のもっている女性の身体に対するファンタジーに合わせて、女が演技します。そのファンタジーの求心点は当然女性器ですから、その周縁からまわりこんで行って、最後に求心点にストンと入る。その焦らしのテクニックの中で、最後に取り去る小さな布切れがバタフライです。つまり最後の部分を隠す、取るために隠す装置です。

パンティの起源はそれしかないのではないか、と思えてくる。そうでも考えないと、ブルマー型のパンティからいまのようなタイプのパンティへの変化は、断絶が大きすぎます。

機能とシンボル、男の幻想と女の演技、周縁と求心、隠すことと取ること、断絶と装置——。この、一見なんでもなさそうな短い文章に、これだけの要素と対比と用語の錬磨がびっしり詰まっていて、しかも読ませた以上はどんどんと先に進む。

この立体的な進行はあだやおろそかには書けない。並大抵ではない。女が得意とするパンティの話だからこんなふうにわかりやすいわけではない(女だってパンティの知に得意とはかぎらない)。何を書いてもこの程度のわかりやすいポリフォニックなロジックが展開されている。

ではあえて、従軍慰安婦問題を深めに扱った『ナショナリズムとジェンダー』(青土社)の最終節から、引いてみる。こういう文章だ。

フェミニズムは国家を超えたことがないという歴史にもとづいて、フェミニズムは国家を超えられない、と宣告すれば、わたしたちはふたたびさまざまな国籍のもとに分断されることになる。もはや「シスターフッド・イズ・グローバル」という楽天的な普遍主義に立つことは誰にも不可能だが、ジェンダーという変数を歴史に持ち込んだのは、そのもとで階級、人種、民族、国籍の差異を隠蔽するためではなく、さらなる差異――しかもあまりに自然化されていたために差異としてさえ認識されていなかった差異、いわば最終的かつ決定的な差異――をつけ加えるためではなかったか。

ポストモダンのフェミニズムのもとでは、ジェンダーのほかに人種や階級という変数が加わった、と言われるが、むしろ人種や階級という変数がジェンダーという変数を隠蔽してきたことを、フェミニズムは告発したはずだった。人種や階級という変数は、新たに発見されたのではなく、ジェンダー変数を契機として、より複合的なカテゴリーとして「再発見」されたのである。

この文章は、この著書一冊が綴《つづ》ってきたさまざまな議論を説明したうえでないと、ここだけ読んでも仕方がないのだが、それでもこの一節だけでも、**「国家・国籍」と「フェミニズム」との拮抗《きっこう》関係**が何を隠蔽したのかという主題の見方と、その主題を動かす変数を何においたかという見方が、二つながらすぐ飛びこんでくる。

加えて、この二つの見方の選び方によって、歴史社会的な問題の所在が微妙だが劇的に変わっていく姿が強く鮮やかに見えるようになっている。したがって、ちょっと乱暴だが、この一節の文意だけを見て、仮にそのままこの著書の最後の一節を読んだとしても、きわめてダイナミックな論旨が急速に浮上するようになっているのだった。『ナショナリズムとジェンダー』は次のように結ばれる。

国民国家を超える思想は論理必然的にこの結論へとわたしたちを導く。「女」という位置は、「女性国民」という背理を示すことで国民国家の亀裂をあらわにするが、そのためには「女＝平和主義者」という本質主義的な前提を受け容れる必要はない。「国民国家」も「女」もともに脱自然化・脱本質化すること――それが、国民国家をジェンダー化した上で、それを脱構築するジェンダー史の到達点なのである。

なんだかこれだけ引用しているだけで、なるほど、うーんと唸《うな》ってしまってヤバいのだけれど、ともかくも上野千鶴子はこのように文意の構造が論理的でいて、また論理官能的なのである。

こういう書き方、すなわち、どんな一節にも全体の視点の複合性がどの議論のところで立ち止まろうとしているかということを明示していく書き方は、上野の才能そのものだといえばそれまでだが、いやそれだけではなく、ここには上野が選んだ思想運動と表現活動のいっさいの方略と適合する何かがひそんでいるともいうべきである。

ぼくは想像するのだが、上野はそうとうに早くから、自分が関心を寄せる主題をいったいどのように扱ったらいいかという検証をしたはずだ。そのために俳句も集中して詠んだのだろうし、いまだ用語もイデオロギーの形も明確にはなっていなかったフェミニズムの奥にまで踏みこんでいったのだろう。

こういうことは、ほんとうならすべての学者や研究者が新しい領域に踏みこむには必ずなすべき準備である。パンクロックを語るにはパンクロックのなかで獲得できる言葉を発明しないかぎりは何もあらわせないのだし、ブルセラ文化を語るにはその文化に内属する用語のシソーラスがいる。しかし、こういう準備をちゃんとやっている研究者はまことに少ない。仮にそれをやっていたとしても、それらが分析対象に属する用語にとどまっていて、研究者の身体言語になってはつかわれない。

それを上野はたえずやってのけている。たえず、である。これなら文意の達人になりえるのは当然なのだ。

というわけで、上野の文章は学習するに足る文章なのである。『女は世界を救えるか』にもそれは横溢《おういつ》した。だから、ここで内容をかいつまんでも達意は伝わらない。読んでもらうにしくはない。とはいえ、それではぼくの千夜千冊者としての役目は務まらないので、ここでは本書の中の上野千鶴子入門に最もふさわしいところだけをちょっとだけコンデンスして、以下に紹介しておくことにする（上野調にはとうていなりません、あしからず）。

人類学がある。これは西欧近代の植民地主義的な拡張が産み落とした科学のひとつで、たえず対象社会の側からの批判とエスノセントリズムの側からの告発をうけてきた。人類学は「外なる他者」の視点から脱中心化をおこす運動になったのだ。

しかし、それでも人類学には決定的な何かが欠けていた。何が欠けていたかは、しばらく研究者のあいだでもわからなかった。フェミニストによる人類学がここで立ち上がる。**「内なる他者」をもって男性中心主義に刃向かった。**その刃が届く範囲は、たんに男性中心主義の批判にとどまらずに、社会を認識するとはどういうことかという問題に対して、初めて**「視点の複中心化」を迫る**ことにもなった。

こうなるとフェミニズムという新たな思想自体も「学の風雨」にさらされる。研究は二つの方向に分岐した。ひとつは、いったい男性優位社会とは何だったのか、それが長きにわたって一定の普遍性をもったのはなぜだったのかという研究だ。もうひとつは、それでも男性優位社会が見落としたものがあるはずで、それを発見して社会的な見方を再構成しようという研究だ。

この二つの方向の対比は、「異文化という他者」と「女という他者」がもたらすものが、従来の人類学ではとうてい処理しきれないという事態をあからさまにした。ここで「女という他者」と「内なる他者」という視点がフェミニズムの根幹で発議されるトリガーになっていく。これは当然ながら、男たちによる人類学ではとうてい発議できないものだった（この事態の詳細な説明をした五〇ページほどは、人類学とフェミニズムの最もわかりやすい適確な解説になっている。ぜひ読まれるといい)。

さて、このような事態のなかで、「ジェンダーの文化人類学」とも名づけられるような新しい見方が浮上してきたわけである。この見方は、多少は時代の波に乗り(男女雇用機会均等法などの)、またたくまに研究者や論者がふえていった。議論は、「性差を調和すべきか、補完しあうべきか、配当を考慮すべきか、戦うべきか」という選択問題から、新たな社会観の創出へと向かっていった。

ここまではよかったのである。ところが、そこにイリイチをはじめとする「ジェンダー誤答」がいくつも出現してきたのだった。「ジェンダー誤答」の中心には「経済中性説」があった。この中性説が、とくに日本で垂れ流された。たとえば、この仮説はそれまでフェミニズムにとんちんかんな反応しかできなかった議論者たちの溺れる者の藁になった。また、ジェンダーの問題の大半を経済制度問題に押し流してしまった。さらには家族労働の意味がしだいに肥大して社会のサイズを超えていってしまった。こういう過誤がおこっていったのである。

では、どのように考えればいいか。ここでやっと女は世界を救えるかになるのだけれど、この問いは、しかし上野千鶴子にとっては実に単純な問題なのである。男が「われわれが救えなかった世界を、女が救ってくれるのか」と尋ねようものなら、男が救えなかった世界を女が救えるはずはなく、女性の能力の過大評価は、その過小評価と同じくらい危険なものだと、そう返されるのがオチなのだ。

女性原理というものがあるとしても、それはそもそもが社会文化が配当してきたものだった。そんな旧来の社会や制度が祭りあげた女性原理に、女が閉じこめられる理由《いわれ》はなく、また、それを気負って引き受ける理由もない。**ただの男が救えない世界が、ただの女に救えるはずもない。**

たしかに「男と女」という性差をめぐるカテゴリーは、象徴体系のメタファーとして「考えるのに適している」（レヴィ＝ストロース）だろうが、それをそのまま一人一人の「個人」にまで突き落とせば、このメタファーも象徴性を失ってしまう。ということは、「女は世界を救えるか」という問い自体が、はなっから機能しえない混乱を孕《はら》んでいるだけなのだ。

上野千鶴子は、そこで、こう言うわけである。「もしも女に世界が救えるというのなら、男にだって世界は救えたんじゃないのかよ！」。いや、これはぼくが勝手につくったセリフだ。きっとこんなタンカも切れるだろうけれど、上野はもっと正確に、もっと高速丹念に、こう書いた。

フェミニズムはもはや「女の思想」であることを超えている。女と男と世界の関係をつくり変えたい男や女たちがフェミニストと呼ばれるべきであり、だからフェミニストの男や女もいれば、反フェミニストの男や女もいる。「女は世界を救えるか」と問う前に、「わたしは世界を救えるか」（救う気があるのか）と男も女も、自分に問いかけてみるべきだろう。

第八七五夜　二〇〇三年十月二三日

参照千夜

四三六夜：イヴァン・イリイチ『シャドウ・ワーク』　三一七夜：レヴィ＝ストロース『悲しき熱帯』

ヴェトナム↓アメリカ↓セネガル↓ヴェトナム。
言葉とカメラは何を凝視できるのか。

トリン・T・ミンハ

女性・ネイティヴ・他者

ポストコロニアリズムとフェミニズム

竹村和子訳　岩波書店　一九九五

Trinh T. Minh-ha: Woman, Native, Other 1989

映像は二一世紀の水墨的日常を切り取ったような印象だが、好んで紡ぐ言葉の位置とその文体のぐあいはたいそう多声的で、どんな単語の束も途中に挟みこんだ一節も、何かと何かの「あいだ」に息づいている。

この息づかいは、トリン・ミンハがハイスクール期にヴェトナムを離れてアメリカに移ったころから自分の見方を「女性形であらわしてみたい」と思いつづけたことからくるもののようで、とても新鮮だった。日本では早くに今福龍太《いまふくりゅうた》や笠原美智子がその鮮度に気付いていたように憶《おも》う。

ミンハの息づかいは映像も言葉もとても独特なので、うまく説明ができないのだが、本人は“nourricriture”という造語をもって当てている。「育む」(nourriture)と「書く」(écriture)とが混ざったのである。お察しのとおり、これはロラン・バルトからのインスパイアだと思うのだが、本人はエレーヌ・シクスーやジュリア・クリステヴァの言葉づかいがめっぽうお気にいりで、その共鳴に入り浸っていたようだ。

男がつくった映像と男が弄してきた言葉を裏返したい。当初はそういう気持ちだったのだろう。こんなことを書いている。「私のゲームのルールの一つは、彼の言葉を反響させ、それを彼が思いもよらなかった耳障りな音にしてしまうこと、つまり彼の言葉をあちこちに撥《は》ね返らせて、その言葉を通してその言葉の裏で言われていること、言われてきたことのほとんどを明らかにすることだ」。

こうしてミンハは「ネイティヴ」の本来を問い、映像とテキストのどんな場面にも「他者」がめくれあがるようにした。

トリン・T・ミンハは一九五二年にハノイに生まれた。一世紀に及んだフランスのインドシナ支配が終わり、北緯一七度線によるヴェトナム南北分断がおこる端境期だ。北は中国的共産主義、南はアメリカ的帝国主義が渦巻いていた。

少女期をサイゴン(現ホーチミン)で過ごした。小学校・中学校はフランス語の学校だった。サイゴンにはアメリカ文化が押し寄せつつあった。ミンハは何を感じていたか。一九七〇年が十七歳で、このときなお戦火の渦中にあったヴェトナムを去ってアメリカに移住した。その詳しいいきさつは知らない。本人が詳《つまび》らかにしていない。

イリノイ大学で作曲、民族音楽、フランス文学を学び、パリでも一年間音楽学を学んだようで、七七年にはセネガルの首都ダカールの国立音楽院で三年ほど音楽を教えながら、フレンチ・フェミニズムにふれ、思索に励んだ。読むかぎりはシクスーの影響が強い。やがて民族と植民の交差点ともいうべきダカールでの経験は、ミンハに「何が文化をアイデンティファイしてきたのか」「そのうちの何がまやかしだったのか」ということを気づかせた。

かくてミンハは16ミリカメラをみずから担ぐのである。その作業はセネガルの五つの部族を追った人類学的なドキュメンタリー映像作品《ルアッサンブラージュ》(一九八二)となり、三年後には矛盾と葛藤に充ちたアフリカ文化の混在力に向かって《ありのままの場所》(一九八五)を撮った。撮家《さっか》誕生である。

ミンハは自身にまぶされてきた「分断されたルーツ」と、むりやり付けさせられた「多様な仮面性」にも目をむける。この問題意識は《姓はヴェト、名はナム》(一九八九)となった。その目は中国で共産的幻想を抉《えぐ》る《核心を撃て》(一九九一)にまで進んだ。

ドキュメンタリーづくりのかたわら、ずっと小文を綴りつづけていた。これをまとめたエッセイ集が『女性・ネイティヴ・他者』(一九八九)や、『月が赤く満ちる時』(一九九一)である。いっさいの冗漫が排除され、ミンハならではのジェンダーとエスニシティをめぐる複雑性が綴られている。

当時の印象を思い出しておきたい。ミンハのようなアジア人の表現者が登場してきたことは、ラディカル・フェミニズムの流れから見ても、ポスト構造主義との切磋《せっさ》琢磨《たくま》からしても、新鮮だった。イリガライ、バトラー、パーリアとはまったく異なる抵抗の多義性が、アートとともにあらわされていたからだ。

ポストコロニアリズムと闘ったミンハは、西洋的にミンチボール化していくフェミニズムは気にそぐわない。むしろ複合と折り重ねをおこしたい。そういう風を孕ませるアーティストとして登場してきたのだった。

ぼくは当時、ミンハと同い歳の崔在銀《チエ・ジエウン》が勅使《てし》河原宏《がはらひろし》のもとでアジア的な芽吹きをインスタレーションしていたこと、ミンハよりは少し若いけれどもニューヨークでメディアアートに旋風をおこして去っていった三上晴子《せいこ》が深い閃光を放っていたこととともに、ミンハを見ていたものだ。そこにはときにアフリカの土を焼いていた小川待子の陶芸作品が交差し、山口小夜子《さよこ》の脱エスニック・モードの主張などが美しい戦車のように横断していた。けれどもそこには何かが足りない。荒木経惟《のぶよし》やロバート・メイプルソープやシンディ・シャーマンがいないのだ。そのうち石内都や長島有里枝の写真群に出会った。ネイチャー・マザーがアートに滲み出し、日本海が東アジアと欧米のマザーズを引き取りはじめたのである。

二一世紀になると、ミンハは日本にも接近した。近松や俳諧を理解し、《四次元》という日本文化をめぐるドキュメンタリーも撮っている。この活動がどういうものになっていくのか、ぼくはまだ見定めていないけれど、ここから先は日本のアーティストやポッププレイヤーの出番なのではないかと思っている。とくに日本のトランスジェンダーたちにひそむ「日本のエスニシティ」が抉られるのを見たい。

第一八二六夜　二〇二三年五月三一日

参照千夜

七一四夜：ロラン・バルト『テクストの快楽』　一〇二八夜：ジュリア・クリステヴァ『恐怖の権力』　一二七夜：リュス・イリガライ『性的差異のエチカ』　一八一九夜：ジュディス・バトラー『ジェンダー・トラブル』　一八二七夜：カミール・パーリア『性のペルソナ』　一一〇五夜：荒木経惟『写真ノ話』　三一八夜：パトリシア・モリズロー『メイプルソープ』　九七四夜：『近松浄瑠璃集』

二十世紀の男根思想は、L《レズ》とQ《クィア》からしか語り抜けられない?

ジュディス・バトラー

ジェンダー・トラブル

フェミニズムとアイデンティティの攪乱

竹村和子訳　青土社　一九九九

Judith Butler: Gender Trouble 1990

高校のある日ダイヘンを知った。「代返」である。授業の冒頭、担当教師が名簿の名前を次々に呼び上げて出欠をとるのだが、本人の出席を装うために欠席者に代わって「はーい」と返事をしてみせる。大学になると、一人で何人ものアブセンスをプレゼンスに変える代返のセミプロがいた。

千夜千冊を書いていると、ときどき奇妙な「代返」をしているような気分に陥る。千夜千冊は著者の意図にどう乗れるかを課しながら一冊ずつ書いてきた。そういうことをしていると、著者の代弁をしているのか、不在の著者の偽装をしているのか、あるいは不足を補っているのか、一緒にどこか遠くへ行こうとしているのか、いろいろなモードが混ざっていくのだが、これが「複合代返」っぽいのである。

千夜千冊は書評ではなく、批評（批判）でもない。その書物や著者に出会って自分がいくつもの仮想状態の織り目をくぐることをできるだけ重視する。それゆえこの代返的な行為はある意味では必須作業であった。編集的プレゼンスもそこで試される。

ところが代返がなかなか利かない相手が稀《まれ》にいる。当人がすでにプレゼンスとアブセンスの検討を思想的に済ましているような、そんな用意周到な相手だ。ジュディス・バトラーはその代表的な一人だった。次の文章を読んでいただきたい。

…構造主義には「法」を単数とみなす傾向がある。レヴィ＝ストロースの影響だ。『親族の基本構造』では、親族関係を強化すると同時に差異化する役目を担う交換の対象は、女である。女は結婚という制度を通じて、父系的な氏族から別の父系的な氏族へと贈与される。

…ここには交易をスムーズにする機能的な目的もあるが、この贈与を通して差異化される各氏族の内的結束を強めるという象徴的で儀礼的な目的もある。花嫁は、男によって構成される集団の関係項として嫁ぐ。花嫁はアイデンティティ不在の場所となることによって男のアイデンティティを反映する。

：レヴィ＝ストロースにとっては、男性的な文化アイデンティティは父系氏族のあいだの差異化という目にみえる行為をつうじて確立されると解釈されるのだろうが、すでにイリガライが指摘したように、この男根ロゴス中心主義による機構が依拠しているのは、表にはあらわれない否認された差延の機構なのだ。父系氏族関係の基礎にあるものは、抑圧されたホモソーシャルな欲望なのである。
：「象徴的な思考が出現するには、女が言葉と同じように交換される事物となることが必要なはずだった」というレヴィ＝ストロースの悪名高い主張は、この文化人類学者が現在から過去をみるという無色透明な観察者の立場に立って想定されただけの文化の普遍性から導き出されたものにすぎない。ラカンがレヴィ＝ストロースをとりこむときに焦点としたことも、文化を再生産するときにはたらく近親姦の禁止と族外婚の規則だった。

これは主著『ジェンダー・トラブル』第二章「禁止、精神分析、異性愛のマトリクスの生産」の冒頭節「構造主義の危うい交換」の一部を、ぼくがひとまず編集要約してみたものだ。読んでもらって感じられたと思うが、おもしろい代返にはなっていない。すでにバトラーが構造主義からポスト構造主義にかけての代返をいくつもの織り目をもってなしとげてしまっているからだ。

バトラーを代返しにくい理由は、こちらのほうがずっと重要な理由になるのだが、バトラーがフェミニズムとジェンダーをめぐる社会スクラムを自身で突破して、その突破のプロセスでフェミニズムとジェンダーをめぐるトップレベルの議論をなぎ倒し、それで勝ち誇るというのではなく、そのため生じるだろう軋轢《あつれき》の残滓《ざんし》を、バトラー自身のアイデンティティを語るうえでのトラブルにしてみせているからである。

すでにして『ジェンダー・トラブル』というタイトルの「トラブル」が用意周到だった。能動的なトラブルが呈出《ていしゅつ》されている。おそらく、バトラーがレズビアンとしての自分の存在の語り口をあえて「クィア」(queer) にもちこんでいると同時に、LGBTQをめぐる議論のアリバイをLGBTQ＋の「＋」にまでぎりぎりに押し切っているせいである。L(レズビアン)でありながらLにとどまらず、トラブルを辞さないというより、自身のアイデンティティはもちろん、あなたがたもトラブルをもってしかジェンダーを語れませんよということを迫るのだ。

第二章はこのあと、「ラカン、リヴィエール、仮装の戦略」「フロイトおよびジェンダーのメランコリー」「ジェンダーの複合性、同一化の限界」「権力としての禁止の再考」というふうに進む。レヴィ＝ストロースの短慮が告発され、ラカンもフロイトもちょいちょい手玉に取っていく。第三章ではクリステヴァも俎上《そじょう》にのせる。

ポスト構造主義に対する短慮の攻め方や手玉の取り方は必ずしもうまくない。英語圏で「ジュディスの悪文」と言われてきたような、パイ捏《こ》ねめいた書きっぷりのクセがあるし、あまりにポスト構造主義に加担しすぎて書いているとも思う。フーコーとデリダに本気で加担したことがフレンチセオリー（ポスト構造主義フランス派）全体の検討に及びすぎたせいだろう。

なぜバトラーは代返を許さないのか。「女というカテゴリー」を安易につかってきた歴代数々の言説を問い上げ、フェミニズムが陥った狭隘《きょうあい》な思想状況を問題にするときの、その自分の立場そのものすら安全なところにおかないようにしたからだ。

バトラーはL（レズビアン）のようだが、その言説はLGBTQ＋の「Q」（クィア）を深掘りした「＋」（プラス）に向かう〝うっちゃり型〟の言説が多い。これでは代返できない。そんなことをすると、当人たちのプレゼンスとアブセンスがどんどん嘘くさくなっていく。

本書は、バトラーが誰にも代返をさせないリクツを提示した一書だったと思われる。レジーナ・マーラーが、『ジェンダー・トラブル』を「ジェンダー学の最高の入門書」と称《たた》え、「大学のカフェではこれしか読むな」と言ったというのも頷《うなず》ける。

ジュディス・バトラーのことは本書を読むまでほとんど知らなかった。その後、いくつかの著書や論文を読むうちにその生い立ちや生き方も少しは知るようになったけれど、そのたびに関心が募った。

ジュディスは一九五六年にクリーヴランドのアシュケナージ系ユダヤ人の家庭に生まれた。少女時代は生家近くのシナゴーグで、ラビが導く言い分に親しんでいたようで、うっすらとではあろうが難解なスピノザ神学がもたらす魅力についてもそのとき知った。ユダヤ教改革派の熱心な信者であることは、その後も続いているようだ。

ベニントン・カレッジ、イェール大学ではスピノザ、カント、ドイツ観念哲学を専攻し、途中フルブライト留学によってドイツに滞在したおりに、ハイデルベルク大学でガダマーの講義を受けている。かなり難解なコースを選んだものである。

一方、在学中からフェミニズムをめぐる言説、とくにポスト構造主義のフェミニズムを「わかったふり」をして扱う言説に真っ向から疑問を抱いていた。そこには自身がレズビアンであることが如実に投影していた。いつから、どんなレズビアンであったのかはわからない。

博士論文は『欲望の主体：ヘーゲルと二〇世紀フランスにおけるポスト・ヘーゲル主義』にまとまった。なんともガチガチな主題を扱ったものだ。

一九八七年にプリンストン高等研究所に入ったのちにジョージ・ワシントン大学の哲学准教授になったころ、『ジェンダー・トラブル』を書いた。それからはジョンズ・ホプキンズ大学をへてカリフォルニア大学バークレーだ。いまでもバークレーで教えているのではないかと思う。

ご覧の通りピカピカのキャリアだが、そんなアカデミックな鎧《よろい》が自分の身を語るにはなんの力ももっていないばかりか、ジェンダーにまつわるどんな思想の鎧もジュディス自身の「性」(sex)にまつわる説明になりえないことを感じて、デビュー著書に『ジェンダー・トラブル』という穿《うが》ったタイトルを選んだのかとさえ思わせる。もしそうだとしたら、自分のプレゼンスとアブセンスのアリバイ議論を勝負無用の「トラブル」に持ち込む方法をもって、自身がかかえる存在の問題の説明に挑むことにしたわけだ。このことは、サブタイトルに「フェミニズムとアイデンティティの攪乱《かくらん》」というフレーズを付したことに端的にあらわれている。

あらためて言うまでもなく、シモーヌ・ド・ボーヴォワールが一九四九年に『第二の性』(新潮文庫・全五冊)を問うて、「ひとは女に生まれない、女になる」と書いたことは、時代を画する乾坤一擲《けんこんいってき》だった。ようやくジェンダーは構築されるものか、もしくは自由意志で入手できるかもしれないものとなった。

この真摯で精妙な乾岬の装置をめぐって、多くの共感とともにいくつかの疑問がフェミニズム思想として提出されてきた。ボーヴォワールの議論だけでは、なぜ男性的なものが身体をもたない普遍性を騙《かた》り、女性的なものは否認されてもかまわないような肉体性を付与されていくのか、明確にはならないとみなされたからだ。

さまざまな議論が提出された。ベティ・フリーダンの『新しい女性の創造』（一九六三・大和書房）の刊行を合図にして、七〇年代になるとケイト・ミレットの『性の政治学』（一九七〇・自由国民社）、シーラ・ローバトムの『女の意識・男の世界』（一九七三・ドメス出版）、ジュリエット・ミッチェルの『精神分析と女の解放』（一九七四・合同出版）、エレーヌ・シクスーの『メデューサの笑い』（一九七五・紀伊國屋書店）、リュス・イリガライの『ひとつではない女の性』（一九七七・勁草書房）などが、連打された。

これらを通しておおざっぱには、第一波はリベラル・フェミニズムの議論を生んで、女性の権利の保護や女性差別の改善や撤廃を訴えた。第二波はウーマンリブの運動である。ウーマニズムとも言われ、いくつもの波頭が立ち上がった。アリス・ウォーカーは「フェミニストはラベンダー、ウーマニストはパープル」と言った。ブラック・フェミニズムも台頭した。

第三波ではインターセクショナリティや多様性が主張された。キンバリー・クレンショーが黒人の女性同性愛に対する差別をとりあげ、レベッカ・ウォーカーはこのままではセクシュアル・ハラスメントなんてなくなりっこないと訴えた。

こうしたなか、リュス・イリガライの見方がとくに戦略的だった。イリガライの言い分は、われわれは女性器をもつ女性にしか担えない「女性的なもの」(féminin)を放てばいいじゃないかというものだ。

バトラーはボーヴォワールとともにイリガライの言説を点検し、ジェンダー概念を根本的に問いなおしている。われわれがセックス化され(性別を受け)、ジェンダー化され(男女の文化性を付与され)、人種化されたアイデンティティをもつようになった理由を、根本的に問いなおした。

問いなおすにあたっては、すでに多くの男性的ロジックによって確立してきた「主体」「自己」「言語」「精神」「身体」「性」「欲望」「社会」「結婚」といった概念とその傘下でぬくぬくと棲息《せいそく》している思考癖の数々を、できるかぎり洗いなおす必要があった。

この男根ロゴスっぽい思考癖は一夫一婦制を保持し、同性愛を差別してきたものだ。ジェンダーやセックスの通念を頑《かたく》なに守りぬいているものだ。ゲイやレズビアンを異常扱いしてきたものだ。それが社会哲学的な「言語」「自己」「身体」の隅々にまでこびりついている。だからできれば一新したいけれども、なかなかそうはいかない。これらは文明や社会によって裏打ちされてきた。根こそぎ洗い落とせば、まるごと底が抜ける。ここは脱構築するしかないと思われた。

そこで、その作業にあたってはポスト構造主義がもたらした思想の意匠を借りたのだが、さきほども示唆しておいたように、大著『性の歴史』（新潮社・全四冊）を綴りつづけたゲイの思想家フーコーへの深い共感はべつとして、そんなことを細部にわたってしないでもよかったとも思う。それはともかく、バトラーはボーヴォワール、イリガライ、ポスト構造主義を次々に脱構築するうちに、新たなジェンダー思想の新境地をもつに至ったのである。それは「**パフォーマティヴィティ**」（performativity）によって性の行為遂行性を前面化するという試みだった。

日常言語学の研究者ジョン・オースティンは『言語と行為』（大修館書店）を著して、言語行為論（スピーチアクト理論）を提案していた。言語は状況の言明や事態の記述のために発進していっただけではなく、依頼や警告や拒否を告げる「行為の遂行」をもたらそうとするものとしてパフォーマティヴに発達したという考え方をまとめたものだ。

たとえば「早くおいでよ」「明日は用事があるんで」「それ、取ってくれますか」といった言葉は、その場の状況を説明しているとともに、その言葉によってなんらかの行為が生じることを示している。「ここに第一五回高校ラグビー全国大会の開会を宣言します」という言明は、「宣言します」と言うこと自体が「宣言する行為」そのものになっている。

かねてジェンダーが言語や言説で組み上がってきたと実感していたバトラーは（いいか

えれば、文化的な書き込みに先立つ「自然な身体」は存在しないとみなしてきたバトラーは)、このオースティンの見方をジェンダー思想にあてはめ(デリダも『言語と行為』を脱構築する試みをしていた)、ジェンダーは言語そのものの呪縛から脱出して、むしろパフォーマティヴィティ(行為遂行性)として認識されるものになるべきだとみなした。

このアイディアは、本書の第一章に初めて出てくる。「ジェンダーは結局、パフォーマティヴなものである。つまり、そういうふうに語られたアイデンティティを構築していくものである。この意味でジェンダーは〝おこなうこと〟であるが、しかしその行為は〝行為の前〟に存在すると考えられる主体によっておこなわれるものではない」というふうに。わかりにくい説明だが(翻訳もややわかりにくいが)、あらかじめ〝行為の前〟に用意をされているのではないものが、行為遂行に向かってあらわれることがあるもので、そこにはジェンダーの本質に近いあらわれ方が出ているというのである。ジェンダーがパフォーマティヴに議論されるべきだというのは、ここだった。

バトラーはジェンダーやセックスの議論は、「言語」や「身体」や「自己」についての従来の男性的な扱い方を離れて(この「離れて」のために脱構築のプロセスを踏んだ)、自分がパフォーマティヴになっていくときをめがけて、持ち出すべきだろうと主張した。

バトラーはオースティンから言語にひそむ「行為遂行性」という視点を借りながら、

「ジェンダーを行為として語る」という可能性を示唆し、それをもって「ジェンダーとセックスの非自然化」を企てた。またそれによって、ジェンダーが長らく「セックスの文化的解釈」のほうへ押しやられてきたことを砕きたかったのである。

この試みは成功したのだろうか。半分半分というところだ。本書からだけではこのことは見えてはこない。議論は続く著作『問題＝物質となる身体』（一九九三・以文社）、『触発する言葉：言語・権力・行為体』（一九九七・岩波書店）、さらには『自分自身を説明すること』（二〇〇五・月曜社）などに少しずつ継承されていった。

それで、どうなったのか。バトラーはケリをつけた。ジェンダーとセックスが何かを奪われたものになっていることに、ケリをつけた。もしくはたいていのジェンダーとセックスは誰かによって模倣されたものが投影したものであるかもしれない幻想にケリをつけた。加えて、そうしたジェンダーやセックスは二重の分断を受けたアレゴリーになっているのではないかということに踏み込んでいったのである。このアレゴリーはLGBTQ＋の「Q」と「＋」のところで〝おこなわれる〟ように仕向けておいたものだった。

なぜ「Q」や「＋」にアレゴリカルなことがおこるのか。それを理解するにはいったんバトラーから離れてバトラーを〝使う〟か、もしくはいまはまだ生真面目すぎるクィア・スタディーズが羽目をはずすのを期待してみる必要があるようだ。

バトラーを〝使う〟にあたっては、ちょっと参考になった例がある。バトラー、エルネスト・ラクラウ、スラヴォイ・ジジェクが三人相互にコメントを書き合った『偶発性《コンティンジェンシー》・ヘゲモニー・普遍性』（青土社）だ。このなかでジジェクがバトラーをゆさぶり、バトラーがこれに敢然と反論している論法を読んでいると、バトラーが偶発性《コンティンジェンシー》を自身の存在学で引き受けていることが見えて、おもしろかったのである。

第一八一九夜　二〇二三年三月十九日

参照千夜

三一七夜：レヴィ＝ストロース『悲しき熱帯』　一一二七夜：リュス・イリガライ『性的差異のエチカ』　九一一夜：ジャック・ラカン『テレヴィジオン』　八九五夜：フロイト『モーセと一神教』　一〇二八夜：ジュリア・クリステヴァ『恐怖の権力』　五四五夜：フーコー『知の考古学』　八四二夜：スピノザ『エチカ』　一七〇八夜：ヘーゲル『精神現象学』　六五四夜：ジジェク『幻想の感染』

ボーヴォワール　©Photo Researchers

クリステヴァ　© Sophie Bassouls

上野千鶴子　提供：朝日新聞社

バトラー　© Target Presse Agentur Gmbh

ボーヴォワールが先頭を切って「女らしさ」の欺瞞を引っ剝がし、クリステヴァが「おぞましさ」の正体を明らかにした。上野千鶴子はブルセラ文化を官能的に論じてフェミニズムの奥へと踏み込んで、バトラーはパフォーマティヴィティによって、「＋」という別様の可能性を浮き彫りにした。この哲学者たちの果敢な思想が、ラディカルでアンビバレントなLGBTQへの道筋を示した。

名うてのパンク・フェミニストが果敢に問うた、テクノガイネーシスな宣言書。

小谷真理

女性状無意識

勁草書房　一九九四

副題が二つある。というより副題が「女性SF論序説」で、本題の『女性状無意識』に「テクノガイネーシス」という言い換えあるいは翻訳がついていると言ったほうがいい。女性状無意識、女性SF論、テクノガイネーシス。加えて帯は「パンク・フェミニスト、鮮烈にデビュー！」となっている。

これだけぶっとんだタイトル・サブタイトル・キャッチフレーズが並んでいると、なまじの男性読者は怖気《おじけ》づく。実際にもぶっとんでいるし、かなりラディカルだ。根っこがついている。

小谷真理《こたにまり》はSF研究者であって、ラディカル・フェミニスト。アメリカ文学研究地図をすっかり塗り替えてしまった巽孝之《たつみたかゆき》君のパートナーでもある。本書が最初の著作だが、早くもエンジンは全開、日本の読者には不案内の「フェミニズム＋ＳＦ」という未到の分野を一気に駆け抜けた。そこには数多くの新概念の発明やら強力な文化装置やら、いつでも起爆するジェンダー化学の反応表が用意されていた。

用意は周到だ。そもそも「テクノガイネーシス」にして入念な本歌取りだった。ハーバード大学のフェミニズム文学者アリス・ジャーディンが、フランスの記号思想家ジュリア・クリステヴァの「アブジェクシオン理論」に影響をうけて、「**ガイネーシス**」（女性的なるもの）という言葉を造り出した。小谷のテクノガイネーシスはそれにもとづいての提唱で、父権的な社会が蔓延《まんえん》するなかで女性的な無意識の紐帯《ちゅうたい》が結ばれていく可能性を示していた。

長いあいだ、文明の基準や男性覇権社会の価値観のなかでは、普遍的すぎる母性、すべての他者をとりこむ包容力、あるいは基準をいちじるしく逸脱する狂気、説明のつかない無意識などは、しばしば社会の外部に押しやるべき面倒として片づけられてきた。中世の魔女裁判だけでなく、近代以降も「女子供の戯言《ざれごと》」として片づけられ、二十世紀後半になってもこの傾向と対決するためのウーマンリブ運動やフェミニズム思想が噴出してきた。

それなら、そのように外部に押しやられた意識をつなげたらどうなのか。あるいは、家庭という内部（実は外部的辺境）に押し込められた意識を外に取り出してみたら、どうなのか。男性から見れば、多くの家庭は基準社会の外部にあたっている。ジャーディンはこういう問題を引き取って、そこにはそのままこれらを連鎖させるべきメタネットワークがありうるのではないか、それは女性的無意識を象徴するガイネーシスになるのではないかと見た。

小谷はこのガイネーシスに、カリフォルニア大学で霊長類学を講ずるダナ・ハラウェイが一九八五年に提示した「サイボーグ宣言」のスピリット、すなわち科学技術や機械に接続された女性の戦闘性を加え、さらにこのあと説明するような著者独自の展望を混成させて、新たに「テクノガイネーシス」という言葉に昇華してみせたのである。

ここまでだけでも、男性軍としてはふうふう青息吐息であるけれど、著者はこんな程度の出だしくらいでは手をゆるめない。次から次へとバウンダリー・トランスグレッション（境界侵犯）を見せつけた。

アーシュラ・K・ル＝グウィンやジョアナ・ラスくらいならともかくも、ファンタジーとSFの区別もせずにほとんど女性SF作家の存在を意識して読んでこなかったぼくには、本書に登場する女性たちの勇猛果敢なバウンダリー・トランスグレッションの展開光景は、さすがに目が回った。

いつのまに、女性こそが文学の可能性と限界を語るに最もふさわしい発言者だという情勢になっていたのだろうか。少しだけ順序を追っておこう。

まずはエレイン・ショーウォーターが父権的文学規範の修正を追った。ついでパメラ・サージェントが『驚異の女性たち』のなかで、メアリー・シェリーの『フランケンシュタイン』に始まる女性SF史がありうることを指摘した。他方、これに呼応するかのようにして、陸続とサイエンス・フィクションに挑戦する女性作家が出てきた。そこで、ヴァージニア工科大学の英文学者マーリーン・バーが「女流SFとフェミニズム理論には相似的な進行があるのではないか」と指摘した。

たとえば六〇年代はベティ・フリーダンの『女性らしさの神話』に対応するにパミラ・ゾリーンの『宇宙の熱死』が、七〇年代はファイアストーンの『性の弁証法』やジョアナ・ラスの『フィーメール・マン』とが、またアリス・ウォーカーの『母の庭をさがして』に対応してマーシャ・ベネットの『シャドウ・シンガー』が、それぞれ共鳴した。

マーリーン・バーによると、多くのSFは「外部の他者」を描くわけだけれど、そこには現実を超えた出来事があまりにあらわれすぎて、文学的にはサブジャンルに追いやられるようになっていた。考えてみれば、そのように追いやられる宿命をもっていたのは、実は「外部の他者」の扱いを受けつづけてきた女性なのである。そもそもSFとフェミニズムは連関していたわけなのだ。

これはもはや、ぼくが以前に山田和子から聞いてきた女流ＳＦの動向とはずいぶん変わっていた。また、ぼくの家に何度も泊まりに来ていた山尾悠子のＳＦ感覚ともだいぶん異なっている。ぼくも、せっかく山田和子の懇切丁寧な〝説明〟をもらいながら、うん、それはそれとして、じゃあ一番やりますかと言って、彼女とは囲碁や将棋で遊びすぎたので（すべてぼくが敗れた）、そのころすでに以上のような急展開がおこっていたことに、だらしなくも気がつかなかっただけなのかもしれなかった。

ともかくもこうして本書は、第一部「セクシュアリティ」、第二部「他者たち」、第三部「女性的なもの」の構成のもと、まことに多様で一途な数々の作品をとりあげて、そこにテクノガイネーシスな読解を試みていくというふうに仕上った。

とりあげられた主要な作品だけでも紹介しておく。第一部では、タニス・リーが母神デーメーテルと娘神ペルセポネーの神話を模したロボット小説『銀色の恋人』、男性名ジェイムズ・ティプトリー・ジュニアで書かれた『接続された女』、男性読者や文学界からの猛反発を食らいながらも、サミュエル・ディレイニーによってサイバーパンクの先駆的作品と激賞されたコニー・ウィリスの『わが愛しき娘たちよ』などが俎上にのぼっている。

ここでは、ロボットあるいは幽霊あるいは娘との関係が描かれることによって、そこにリプロダクションされた幻想の正体とは何であったのかが追求される。

第二部「他者たち」の中心にあるのは、ル＝グウィンの傑作『闇の左手』だ。ル＝グウィンは山田和子が先駆的な翻訳をしていた。この作品は千夜千冊にいつか入れようと思っていたとっておきの一作なので、ここで紹介することは遠慮しておくが、いやいやひょっとして入れ忘れそうな気もするので少しは紹介しておくと、この物語は「冬」そのものを象徴するような惑星ゲセンに超能力者ゲンリー・アイが降り立って、そこが両性具有の星であることを知るという設定になっている。

ここの住民ゲセン人はケメルとよばれる発情期をもっていて、そのあいだに男性器か女性器のどちらかを発達させて生殖をする。ようするに乱交が許されている。しかし発情期以外はソメル期といって、ゲセン人は別の社会制度の裡《うち》にいる。アイはあれこれの経緯のうえで、両性具有者エストラーベンと逃亡を余儀なくされて奇怪な体験をしながら旅をするのだが、そこから大掛かりな異星間戦争がおこっていく。そんな話だ。

興味深い問題がいくつも含まれているのだが、そのひとつは異〝星〟間問題が異〝性〟間問題でもあったということにある。たとえば二人は「心語」によって〝会話〟をするうちに、アイの前ではエストラーベンがアイのアニマとなり、そこに兄の声を感じていく。アニマとは「男性の無意識に内在する女性性」をいう。よく知られているようにユング理論では、「女性の無意識に内在する男性性」はアニムスであるが、小谷の本書はこんなところでユング的な解釈などあてはめず、このような二人の心語コミュニケーションの背後に、この物語が分母的機能として設定していた二つの宇宙国家（共産主義的なエルヘンラング国と排他的なオルゴレイン国）の対立抗争が、二人の意識や無意識や性意識に静かに侵犯しつつあったことを指摘する。

本書が用意した「春と修羅」、つまりは相互侵犯的ジェンダー交流装置とは、このように、いかに強力であるかということだ。ちなみに『闇の左手』については、一九八六年に上野千鶴子の『女という快楽』（勁草書房）が、シャーロット・パーキンス・ギルマンの『フェミニジア』と鈴木いづみ『女と女の世の中』との比較を通して、すでに卓抜な分析を施していた。

第三部。ここでは最初にエコ・フェミニズムやベジタリアン・フェミニズムによるSFをとりあげて、そこからキャロル・エムシュウィラーの『カルメン・ドッグ』や、ピーター・グリーナウェイの《コックと泥棒、その妻と愛人》、ジャン＝ピエール・ジュネ＆マルク・キャロの《デリカテッセン》などの映像が告知したコンテキストを交えつつカニバリズムと女性の関係を論じ、後半になっていよいよテクノガイネーシスな論議の仕上げに向かっていくというふうになっている。

目からウロコだったのは、アメリカの「K／Sフィクション」と日本の「やおいカルチャー」を比較対照しながら、これを串刺しにしていったあたりだ。『スター・トレック』のカーク船長とスポック副官のKとSをとって「K／Sジン」とよばれる同人誌群がアメリカを席巻していたらしく、小谷はカークとスポックの「愛」に格別の関心を寄せるアメリカの動向と、六六一夜に紹介したような日本の「やおい幻想」がどのようにアヴァンポルノを突き抜けてテクノガイネーシスしていったかということを鮮やかに解読してみせていた。

そこで知らされたのがストーム・コンスタンティンの『肉体と魂の魔法』、とりわけ『ヘルメテック』である。この作品は環境機械型オルターナティブを推進するグリーン・テクノロジー派（略してテクグリ）と、ガイアを信奉する癒しを進めるナチュラル・テクノロジー派（略してナトロ）とが、互いに秘策をくりひろげて抗争するうちに、そこから人間人工知能状態ともいうべきが染み出してきて、オイディプス因果律の軛《くびき》を脱するところがかいま見えてくるという話になっている。

まあ、詳しくは本書を読むか原作を読まれるとよいが、ぼくは、そこに登場する十九歳の美青年ザンビア・クレヴクールの虜になりそうだった。ザンビアはさまざまなソフトテクノロジーと交差するうちに、なんと六つの膣《ちつ》をもつウルトラ女性になってしまうのだ。これはリュス・イリガライの「ひとつではない女の性」のみごとな逆証明とでもいうべきで、まことにテクノガイネーシスな象徴的キャラクターになっていた。本書はこのザンビアの〝個性〟をとりこんだ物語『ヘルメテック』を最後において、さしもの過激な記述を閉じていく。

本書は日本SF大賞を受賞した。ちなみに本人は押井守の大ファンで、またまたちなみにコスプレが似合うキャラでもある。

第七八三夜　二〇〇三年五月二八日

参照千夜

一〇二八夜：ジュリア・クリステヴァ『恐怖の権力』　一一四〇夜：ダナ・ハラウェイ『猿と女とサイボーグ』　五六三夜：メアリー・シェリー『フランケンシュタイン』　八七五夜：上野千鶴子『女は世界を救えるか』　九四三夜：『鈴木いづみコレクション』　一一二七夜：リュス・イリガライ『性的差異のエチカ』　六六一夜：榊原史保美『やおい幻論』　一七五九夜：押井守『世界の半分を怒らせる』

車椅子でもある父、猿と女である私。
いずれもサイボーグ・コンパニオンなのである。

ダナ・ハラウェイ

猿と女とサイボーグ

高橋さきの訳　青土社　二〇〇〇
Donna J. Haraway: Simians, Cyborgs, and Women 1991

コンパニオン・スピーシーズ（companion species）。

ダナ・ハラウェイのとっておきの造語だ。「人とイヌとはコンパニオン・スピーシーズだ」というふうに使われる。「伴侶種」と訳されてはいるが、日本で伴侶というと夫婦のような関係をさすことが多いので、あえて訳せば「同僚種」とか種をこえた「番《つがい》の創成」などと理解したほうがいいかもしれない。

ハラウェイが**コンパニオン・スピーシーズ**というコンセプトを持ち出すのは、もちろん無類の犬好きであるからで（カイエンヌが有名だ）、コンラート・ローレンツがそうであったように、ほとんど人と犬とを区別しないほどに暮らしてきた実感と自信があるようだ。

ラテン語のコンパーニオーは、もともとパン（食卓）を共にする仲間のことだ。

ハラウェイは一九四四年にコロラドのデンバーで生まれた。父親は少年時代に結核を患って大腿骨《だいたいこつ》や骨盤を蝕《むしば》まれて、成人になっても松葉杖を離せなかったのだが、地元紙のスポーツ記事やコラムを書くライターの代筆を長く続けていた。スポーツがもつ共同性やコンパニオン性に共感を示した。ハラウェイはこの父親を誇りにして、ことあるごとに自分のことを「スポーツ記者の娘」と言っている。ハラウェイにとっては、まずもってはこの父との関係がコンパニオン・スピーシーズだったのである。

父親は晩年になって松葉杖が使えなくなり、車椅子の日々をおくることになるのだが、ハラウェイは今度はその父を「車椅子になったサイボーグ」だと感じた。このことは何度も書いている。犬と父、そして私とサイボーグ。これがコンパニオン・スピーシーズの最初の一族なのである。

ハラウェイはイェール大学に学んで一九七二年に生物学の博士号を取得すると、ハワイ大学やジョンズ・ホプキンズ大学で教鞭《きょうべん》をとった。当初は実験生物学にとりくんで、八〇年代からは科学思想やジェンダー論に向かい、科学技術のあり方とフェミニズムを重ねる独特の思索と提起をするようになった。

科学が客観的な知識ばかりを抱きこもうとしていることに反旗を翻したのだ。客観知よりも大事なのは「状況とともにある知」(situated knowledge)で、ここからがぼくを大いに気にいらせたのだが、そうなっていくには科学者である自分を不確実なものとみなし、さまざまな相手《コンパニオン》と共犯的に思索していくのがいいと考えるようになったのである。

ここからの勢いは胸をすく。『犬と人が出会うとき　異種協働のポリティクス』(青土社)、『サイボーグ・フェミニズム』(水声社)、『伴侶種宣言』(以文社)、『猿と女とサイボーグ』(青土社)、『サイボーグ・ダイアローグズ』(水声社)などが連射された。

本書には一九七八年から一九八九年までに執筆した文章がイキのいい刺身のように並んでいる。生物学者としてのフェミニストが科学について発言したものとしては学術的にはごく初期にあたるものなのだが、そのラディカルな論旨と大胆でメタフォリカルな飛躍力は、たちまち評判になった。

中味は「猿」言説としてサル学や霊長類学を、「女」言説としてフェミニズム思想を、「サイボーグ」言説として道具や科学技術を組上にのせ、それを一挙につないでみせた。なぜ、そんなふうにしたのか。その答えは第九章に書いてあるのだが、既存のフェミニズムに限界を感じ、アカデミックなフェミニズムも運動するフェミニズムも「我々」とは何を意味するのかを問いつつも、ついつい「客観性」という奇妙な用語で折り合いをつけようとしてきたことに、業を煮やしたのである。

「我々」とは何かだって？　「我々」も客観だと言ってみたいだって？　もともとは「彼ら」が客観性を持ち出したのではないか。その客観性による説明は、「我々」には身体も生体もないかのようなロジックをつくっていたじゃないか。それが知識社会をくまなくつくりあげているストロング・プログラムというものだったじゃないか。しかしだからといって「我々」は、そこに我々ぶんの客観性をもって答えるだけでいいのか。逆に、我々ぶんの「フェミニズムの経験主義」で応戦するだけでいいのか。ハラウェイはこの議論の中心に鉄槌《てっつい》を加えることにしたのだった。

　こうしてハラウェイは「状況とともにある知」によって客観性を標榜《ひょうぼう》する科学をひとつひとつ検討していった。とくに得意な動物学や生物学において。そして、**「状況とともにある知」はもっとヴァルネラブルなのではないか**と問うた。

　少し見当がついたかもしれないが、ハラウェイがいう「猿」とは、サル学や霊長類学の観察結果をあらわしたテキストとロジックのことである。

　ハラウェイはロバート・ヤーキーズの類人猿における知性の研究、クラレンス・カーペンターのアカゲザルの群集心理の研究、ソリー・ズッカーマンのマントヒヒの雌雄における内分泌研究、セルマ・ローウェルのサルの権力関係の研究などをとりあげ、これらを通して、たとえば「サルたちの明白な一夫一妻制」といったありきたりな説明がサルたちの本来の行動の説明にはなってはいないと見破った。
またシャーウッド・ウォッシュバーンのラングールの研究について、オスが狩猟型でメスが子育て型とする見方や、父親づとめ《ファザリング》と母親づとめ《マザリング》を区分けする見方が妥当なのかどうかを問うた。子殺しにあたる行為も「殺し」とみなすのかどうかについても、疑念を挟んだ。ラングールの繁殖過程を調査したサラ・ハーディの『マザー・ネイチャー』には「初めて両性の立場から霊長類を分析！」というキャッチフレーズが刷ってあったのだが、ハラウェイは、この一見するとフェミニズム科学とみえる研究にも文句をつけた。両性を配慮したぶん、ハーディは組織理論の用語に走りすぎたというのだ。またスザンヌ・リプリーのラングールの研究では、逆に人間モデルのサルへのあてはめは過誤なのではないかと指摘した。

いっとき、ぼくを悩ませていた問題があった。いったいわれわれにおいては、どこがナマなのかということだ。眼鏡をかけた目はナマなのか。服を着た体はナマなのか。投薬しつづけている身はナマ身なのか。靴をはいた足はナマなのか。顕微鏡で見た精子は精子のナマなのか。数字の配列にした離婚曲線はナマなのか。それは科学にとってもナマなのか。マルクス主義で見た社会の姿はナマなのか。恋人の言葉が相手を夢中にさせたり失望させたりするのは、言葉のどこかがナマだからなのか。

ハラウェイは似たような疑問を別の問題にぶつけていた。オスの猛々《たけだけ》しさを「男の動物」として観察することはナマなのか。メスの柔らかさや子育てを女性の女らしさに結びつける見方はナマなのか。キャサリン・マッキノンが「女性とは、想像上の形象、すなわち他の者の欲望の対象が現実になったものだ」と言ったのは、何をナマの基準においた発想なのか。ハラウェイは自然や社会を純粋なジェンダーの目でナマに見ることそのものが不可能に近くなっているとみなしたのである。

本書にはハラウェイがドイツの『マルクス主義事典』の「ジェンダー」の項目のために書きおろした長めの論文も収録されているのだが、そこでハラウェイは自分が英語圏の人間で（それもアメリカ英語の常習者で）、そのためふだんからセックスとジェンダーを区分けしてつかっているけれど、それがはたしてドイツ語では“Geschlecht”の一語によってあらわされているものと同じ意味で感じられているのだろうかという自身への問いかけをおこしている。

いかにジェンダーの本来のままに言語をつかった思考が純度高く積み上げられていけるのか、その困難にもふれている。これがハラウェイの「猿」に次ぐ「女」だった。ハラウェイには科学者としての真摯な自負があるとともに、科学があまりに言葉と生体の関係をぞんざいに扱ってきたことへの怒りのようなものが滾《たぎ》っていた。科学者どうしが社会的合理や職能的合理の蓑笠《みのかさ》をつけていることに、おまえたちもストリップしてみなよと言いたい気分が漲《みなぎ》っていた。もっとうろたえなさいとも言った。

しかし、旧弊に座りこんだままの科学者は杳《よう》として動かない。ハラウェイはさらに次の果敢な作戦に出る。ええいっと、ぶっ飛んだ。あなたがたがそういう態度なら、われわれは自分たちのことを「言語をもったサイボーグ」とみなしたほうがいいのではないか。そのほうが手っとりばやいのではないか。そう出たのだ。これが有名な「サイボーグ宣言」になった。一九八五年に「社会主義評論」に書いたものだ。


サイボーグとは生物学的決定論の軛《くびき》を脱した**サイバネティック・オーガニズム**の総体をさす。道具や機械と共生するハイブリッドなキマイラのことである。

眼鏡をかけたらもうサイボーグ、靴を履いたらもうサイボーグ、ピアノを弾けたらもうサイボーグ、数字を読めるならもうサイボーグ、なのだ。ハラウェイは「サイボーグはポストジェンダー社会の生きものである」とさえ言った。こうしてハラウェイは「猿と女とサイボーグ」ではなくて、「猿と女のサイボーグ」になっていく。

よく耳を澄ましてみると、サイボーグはホーリズムには警戒しているが、関係をとりむすぶことは切望する。サイボーグはよろこんで部分とアイロニーと邪悪に関与する。サイボーグはとうてい公私の対立では構成されてはいない。サイボーグはよしんば家庭を創成することはあっても、よもや家庭から守られようとは思っていない。そんなサイボーグが敬虔《けいけん》主義者とはかぎらないのは、宇宙を構成しなおす気がまったくないからだ。サイボーグは軍国主義と家父長制資本主義とにうんざりし、いまさらエディプス・コンプレックスなんぞをあてはめられるのを毛嫌いする。つまりはサイボーグには父親が不要なのである！

　本書の後半からはこんな勇ましいサイボーグの呟《つぶや》きが聞こえてくる。ハラウェイの「猿と女のサイボーグ」は動物とも機械とも交わっているナマのサイボーグであって、いつだってどんな部分を強調することも、どんな矛盾を抱えることも、どんなにヴァルネラブルになることも恐れないサイボーグなのである。

　こうして「猿と女のサイボーグ」は、経験主義にも還元主義にも相対主義にも与《くみ》さずに、普遍的合理性よりもエスノフィロソフィーを、共通言語より言語混淆状態《ヘテログロッシア》を、新機関よりも脱構築を、統一方針より対抗的位置設定を、世界システムよりローカルな知を、どんなマスター理論より網の目状の記述を選ぶのだ。

　ところで、本書のなかでハラウェイが終始一貫して「部分」にこだわっていることがとても愉快だった。これは「全体」には流動も脱離もないという意味で、フェミニズムとしても、ジェネラルな思想としても、それから編集工学としても、とても重要だ。ハラウェイの言う部分とは「**位置をもっている部分**」である。その位置はどこかで必ず身体や生体にかかわっている。その部分には体のアフォーダンスがはたらき、ジェンダーのアフォーダンスが絡んでいて、したがって知のアフォーダンスが作用する。部分とはいえ、どこにも響く部分なのだ。もっといえばケイティ・キングのいう「文章の生産装置」にすら届いていく部分なのである。それをハラウェイは本書の冒頭ではボディポリティックスとも、本書の終わり近くではバイオポリティックスとも名付けた。つまりは〝そこ〟は免疫のようにどぎまぎできる部分なのだ。

猿と女とサイボーグ。いや、猿と女のサイボーグ。実にハラウェイは愉快だ。このサイボーグはいつも「感染性のベクター」(微生物や細菌)と「紐《ひも》めいた粒子」(クォークやスーパーストリングス)と「生体分子のコード」(遺伝子や神経伝達物質)のゆらぎをうけて、おやじの科学を内側から打倒しつつある。問題はハラウェイを継ぐサイボーグ派がまだまだ数が足りないということだ。LGBTQ+の「Q+」に託したい。

第一一四〇夜　二〇〇六年五月十一日

参照千夜

一七二夜：コンラート・ローレンツ『鏡の背面』　一八二五夜：サラ・ハーディ『マザー・ネイチャー』

第三章　ゲイ感覚で

植島啓司『男が女になる病気』
マルク・ボナール＆ミシェル・シューマン『ペニスの文化史』
ポール・ラッセル『ゲイ文化の主役たち』
オスカー・ワイルド『ドリアン・グレイの肖像』
ジャン・コクトー『白書』
アレン・ギンズバーグ『ギンズバーグ詩集』
ウィリアム・バロウズ『裸のランチ』
デレク・ジャーマン『ラスト・オブ・イングランド』
マヌエル・プイグ『蜘蛛女のキス』
伊藤文学『『薔薇族』編集長』
三橋順子『女装と日本人』
クレア・マリィ『「おネエことば」論』

なぜ古代スキタイに「女めいた男たち」がいたのか。

植島啓司

男が女になる病気

エピステーメー叢書　朝日出版社　一九八〇・一九八九

あるものを理解するために「それに似たものをさがす」という注意のカーソルの動きがある。ルイジとソージのカーソルが動くのだ。宗教文化の歴史では、そのあるものはたいてい各地に飛び火し、同位元素がつくられ、倍音をふやし、異性体を派生し、その他さまざまな似たものを招じ入れていく。

著者はそのようなことを求めて本書を書いた。ここでは「あるもの」とはヘロドトスやアリストテレスやヒポクラテスによって「エナレス」とよばれた風変わりな現象である。エナレスは病気だと思われた。これが表題の「男が女になる病気」にあたる。ホモセクシャルのことではない。それも多少は含まれるが、宗教人類学や医療人類学にとって謎に満ちている。

本書の叙述はそっけなく、断片的で、学術的文体としての統一もはかられていないけれど、示唆に富む。こういう書き方だったから、著者の狙いが絞れたのだろうし、こちらも推理の愉しみが広がった。植島啓司《うえしまけいじ》は宗教史学者であって、また名うての競馬狂いである。万馬券を何度かあてている。ジョン・C・リリーが来日したとき、記念シンポジウムが開かれて植島もぼくもパネルに招かれたのだが、その一週間ほど前に百数十万円の大穴をあてていた。この一冊にもそういう万馬券が入っている。

紀元前七世紀ごろから黒海の北側のステップ地帯にスキタイ人がいた。そこに奇妙な病気が流行しているという噂が古代ギリシアに届いていた。多数の男たちが生殖不能となって〝女〟として暮らしているというのだ。これがエナレスの噂である。

ヒポクラテスの説明では、スキタイ人は馬に乗るせいで関節に炎症が生じやすく、その治療法として両耳のうしろを瀉血《しゃけつ》することが奨励されていたのだが、しばしば血管を切ってしまうので、そのうち性交不能となり、その原因を神々に求めて然るべき定めにしたがって女性の服装をなし、女性として振舞うようになったという。

両耳の血管が生殖機能と直結しているだなんて、まるで中国医学の経絡《けいらく》のようであるが、植島はそのような考え方や治療法は古代エジプトをはじめ、各地にあったのではないかと見る。たとえばエンゲージ・リングを薬指にはめるのは、薬指が心臓につながっていると考えられたからだった。

古代、こうした「想像上の解剖学」はたいていは〝神聖病〟として認知されていく。エナレスも、スキタイ人のある者がシリアの町アスカロンのウラニア・アフロディテを祀《まつ》った神殿を荒らしたのが原因だとみなされた。ウラニア・アフロディテはキュプロスなどを中心に西アジア一帯に広まった女神信仰だ。ヘロドトスは、アスカロンの神殿には古代ギリシア文化に先立つ最古層の信仰があるとみなしていた。

エナレスの伝承は、ウラニア・アフロディテの信仰そのものになんらかの「男が女になる病気」の因子が孕《はら》んでいて、それがスキタイ人に広がって変形していったと読むことができる。そのためかどうか、スキタイのエナレスは女装した占い師として柳の枝をつかった特別の卜占術《ぼくせんじゅつ》を駆使するようになったという。

特別の卜占術とは怪しい占いということで、古代ローマでもビザンティン社会でもその後のキリスト教社会のなかでも、こうした得体の知れない占術はつねに禁止されつつも、流行してきた。

支配体制を整えようとする社会において、制度にあわない占いはつねに排除されてきた。しかし制度はイメージを制限しきれない。覆い隠せない。イメージは制限を食い破って人々の注意のカーソルの束となり、土地をまたぎ民族をこえて伝播《でんぱ》される。それが見える制度に代わって、ときには新たな見えない「思考の枠組」になっていく。

制度の本質は古今東西どこにおいても分類である。フーコーは分類が猛威をふるった最初の時代を古典主義時代においたけれど、実際には分類は古代制度にすでに顕著であった。制度とは、何をどこに分類するかだったのだ。分類に入らないものは「例外」や「化外」や「怪物」や「魔女」とみなされた。

人々のイマジネーションはタフなもので、そのように排除された非分類の系譜にこそ空想がはたらいていく。こうしてデーモンの一族や巨人の一族や土蜘蛛《つちぐも》の一族が想定され、それに似たものが付け加わっていく。例外は例外と縁組をする。たとえば昨今、われわれはオサマ・ビンラディンやサダム・フセインやオウム真理教が排除されたままであることを知っているが、時がたつにつれ、そこにはビンラディンやフセインやオウムの幻の系譜が想定され、きっとそれが増殖していくはずなのである。そうでなければ、たとえば菅原道真のように天神化《てんじんか》する。

それにしてもなぜエナレスに発したとおぼしい「思考の枠組」は、女装をともなったのか。女装にはどんな意味があったのか。

古代中世のスキタイ人の習俗は、今日なお中央コーカサス地方のオセット人にいくばくかが残っている。そこには柳の枝による卜占術が見られる。その占術は女性にのみ特有されていた。

オセット人の占術師はシャーマンである。シャーマンの習俗は世界各地でさまざまな風体になっているが、日本では「巫女《みこ》」とは綴《つづ》るものの、女もいれば男もいた。はっきり区別しにくいものも少なくない。男のシャーマンが神霊の象徴力をあらわすために〝神の妻〟となるために女の衣裳をまとったり、〝女の声〟を発したりもする。

とくに驚くべきは、なんらかの理由で女系が絶えたり女権が奪われたりした地域では、男が男のシャーマンを生むために、結婚あるいは擬婚をする例である。そんな例を考えてみると、スキタイの「男が女になる病気」は病気ではなく、エナレスというシャーマンのことだったかとも思えてくる。まだ古代ギリシアが遊牧民や西アジアの宗教儀式を知らなかったため、それが病気や〝神の病〟として解釈されたのかもしれない。

とはいえ植島は、事態はそんなに簡単ではなかったと考える。そこにはソージ君やルイジ君のふるまいを伴う擬婚や擬娩の習俗があって、それがさまざまな「それに似たもの」を呼びこんだのではないか。つまりここに異色のシャーマンの発生や、小アジアや遊牧民族における「ゲイの起源」を指摘することはできないだろうというのだ。

こうして本書は、そもそもイメージとメタファーがどのように形成され、それが「似たもの」を食べ、**「似たもの」を吐いていく精神の運動**として、世界各地にどのように異なった情報をふりまいていくかという事情の一端の解読に向かっていく。

江戸後半期、若衆女郎《わかしゅうじょろう》が流行したことがある。一種のトランスジェンダーだ。若衆が女郎を装ったのか、女郎が若衆を装ったのかというと、女郎が男装して見世《みせ》に出た。われわれはこのような現象をひとつの風俗か流行か、もっと悪いときは個性の開花か表現アイディアのように見てしまう。しかしそんなことはめったにないと思ったほうがいい。事情はつねに複合的で相互的なのだ。

「男が女になる病気」に単一の原因があるわけではない。それでも、そこからは「似たもの」が派生する。その「似たもの」には格別もある。その格別は、どこかにたまにはそれを引き当てる者がいる万馬券である。

第七六三夜　二〇〇三年四月二八日

参照千夜

二九一夜：アリストテレス『形而上学』　二〇七夜：ジョン・C・リリー『意識の中心』　五四五夜：フーコー『知の考古学』

こんな「面倒な一物」こそが、言いたいことをすべてカイチンすべきである。

マルク・ボナール&ミシェル・シューマン

ペニスの文化史

藤田真利子訳　作品社　二〇〇一

Mark Bonnard & Michel Schouman: Histoires du Pénis 2000

精神医学者と泌尿器科の性医学者の共著だ。だから内容は学問性に富んでいて、いかがわしいはずはない、などということはない。なんといっても主題がペニスだ。ふつうはパンツの右か左か下かに収まっているけれど、この子は「休息しているか、蘇生するか」というように極端にバイナリーな行動をとる。男はそのペニスを毎日何回となく小用のために指でつまんでいる。女性には考えられないことだろう。女性がヴァギナを一日何回か自分の手で触れているなど、よほどの理由がないとおこらない(?)。

そんな代物を、議論と考察の主題に書物のページに持ち出して、外見から内見まで舐《な》めるように点検し、しかもそこに託した古代以来の男性心理の怪しげな気分の本体を探ろうというのだから、まじめに書けば書くほどぶいぶいおかしいものになる。

冒頭、ペニスの解剖学が紹介される。その最初にこう書いてある、「ペニスをソーセージのように輪切りに切ってみると、上の方に包皮に包まれた陰茎海綿体とよばれる二つの管が、猟銃の銃口のように並んでいるのが見える」。なるほど、出だしとしてまことに解剖学ふうではあるが、なぜに「ソーセージのように」であって、なぜに「銃口のように」なのかというあたりが、すでに研究者にしてひくひくとしたペニスナイドだろうとしか思えない。

本書の著者たちの博覧強記は一読に値する。何から何まで書いてある。ペニスを崇拝するイシスの物語から神学者が夢精を禁止しなかった理由まで、勃起障害の精神医学からジミ・ヘンドリックスのペニスの型を取った模造品を愛蔵している女性フリークたちの話まで、これはきっと〝知茎〟の百科全書だろうと思いたくなるほどのペニスの、ペニスのための、ペニスナイドな博物誌なのである。

むろん初めて知ったことも数かぎりない。とくに割礼（circumcision）についてはいろいろ考えこまされた。ユダヤ教においてもイスラームにおいても、割礼することは唯一神との契約のスタートのしるしだったのだけれど、また、イシスがファルス（ペニス）を崇拝しているのは承知していたけれど、勃起したペニスをもった像に死者を蘇らせる呪力がひそんでいたとは思いもしなかった。

古代、ペニスはけっして不埒《ふらち》な一物ではなかった。ギリシア人は**ファルス**と、ローマ人は**ムチヌス**と、インド人は**リンガ**と、日本人は**陽物**《ようぶつ》とか男根とよんでこれをこよなく崇拝もしくは愛玩したものだ。ただし最初の男根崇拝は人間ではなく、牡牛や山羊の動物のペニスが信仰対象になっていた。

不思議なことに、この動物のペニスをつけた石像がやがて上部に人間の頭をつけ、ヘルメスやバッカスやアドニスとよばれているうちに、人間のペニスについての美意識というのか、価値観というのか、羞恥心というのか、そういうものが生じてきた。それまではペニスの大小など問題にもなっていなかった。それが変化してきた。いや、大きいほうが勝ったのではない。たとえば古代ギリシアでは小さなペニスと引き締まった尻こそが一対で称賛された。

反対に、大きなペニスと柔らかな尻という一対がソドミーや悦楽の象徴になった。アリストファネスが『雲』のなかで、「私の言うとおりに理性の正しさを信じれば（中略）、尻は盛り上がり、陰茎は小さくなるだろう」と書いているのは、いかにもありそうなことで、また、とうていありそうもないことなのである。ペニスには、たえず「大きいかどうか」「長持ちするかどうか」「いつダメになるか」という深刻な苦悩と不安がつきま

とってきた。本書は女性が翻訳しているのだが（とてもうまい）、彼女も男たちがこれほど

「大きさ」や「持続力」に涙ぐましい関心を寄せ、スッポンからバイアグラにいたるまで、その能力差の克服に努力を重ねてきたことに半ば驚き、半ば呆《あき》れている。

ミシェル・フーコーは「人はセックスによって知識を得る」と結論づけた。このことが女性にあてはまるかどうかはわからないが（あてはまりそうはないが）、少なくとも少年たちがセックスについてなんとか知ろうとして、それが体験できない前に自分の道具をもってすべての知を類推の根拠としているということは、たしかに女性にももっと知られてよいかもしれない。この「未知のセックス」の想像期に、大きさや立つかどうかといった不安が思春期の少年を幽閉してしまうのだ。

少年期の不安がもたらすペニス執着主義は、男性自身の文化史をいたずらなまでに色濃く飾ってきた。この不安を最初から除去してしまおうというのが、割礼や成人式のイニシエーションだった。本書がさまざまな民族や部族の例をあげて立証している。キリスト教社会の一部で、ペニスに傷をつけることによってキリストの聖痕《スティグマ》に近づけるというイニシエーションがあったとまでは知らなかったけれど……。

本書の記述だけではっきりしないのだが、ペニスの見方には洋の東西での相違があ

るように思われる。どちらかといえば、西はペニスとヴァギナを別々にし、東はそれを合わせる合体信仰に加担してきたようなのだ。聖天《しょうてん》さま（大聖歓喜天）は陰陽合接したままの姿がイコンで、道祖神は陽根と陰部が一緒になるためのイコンなのである。

インドや中国では『カーマ・スートラ』や道教経典をはじめとした〝性典〟がそうであるように、さかんに陽気な性交を称揚した。またペニスをペニスがもつ生理に従わせるのではなく、あえて意志によって制御することも工夫してきた。「接して漏らさず」とはこのことで、すでにタオイズムの導引術に詳しいことだった。

しかしながら、勃起というものはペニスに対する刺激とともに、ニューロトランスミッター（神経伝達物質）が脳にばらまかれることにも深い関係をもつものなので、勃起したままで漏らさないなどという芸当を神聖視することには無理がある。マルキ・ド・サドはだからこそ神知よりも人知を重視して「知と性」とを結びつけた。西のペニス学は総じてそういう立場にある。継続することよりも何度も射精することを重視する。

東はおそらく持続派なのである。かつてベルクソンが「純粋持続の相」をめぐる考察を発表したときも、それが東洋哲学にこそ近しい議論であると言われたものだった。しかし、これは中国の閨房《けいぼう》哲学にこそあてはまるものの、日本人にもあてはまるのかどうかはわからない。本書はウタマロが巨大ペニスの呼称になった理由などには触れているけれど、日本のペニス文化史についてはほとんど言及していないので、本書のなかだけで東西を比較するのはむずかしい。金関丈夫《かなせきたけお》、中山太郎、池田弥三郎、高橋鐵《てつ》、赤松啓介をはじめ、名だたる日本の性風俗研究者が細部の議論に加わる必要がある。

本書の翻訳者の藤田真利子は推理小説にも詳しい斯界《しかい》の名翻訳家で、この本の評判のせいか、キャサリン・ブラックリッジの『ヴァギナ』（河出書房新社）、アルテール＆シェルシェーヴ『体位の文化史』（作品社）、ゲイリー・P・リュープ『男色の日本史』（作品社）なども訳している。

第四三三夜　二〇〇一年十二月四日

参照千夜

五四五夜：ミシェル・フーコー『知の考古学』　一一三六夜：サド『悪徳の栄え』　一二一二夜：ベルクソン『時間と自由』　七九五夜：金関丈夫『お月さまいくつ』　一一三五夜：赤松啓介『非常民の性民俗』

プラトン、ミケランジェロ、歴代英国王、ホイットマン、プルースト、ジッド、三島、ウォーホル、ナブラチロワ、マドンナ……。

ポール・ラッセル

ゲイ文化の主役たち

ソクラテスからシニョリレまで

米塚真治訳　青土社　一九九七

Paul Russell: The Gay 100—A Ranking of the Most Influential Gay Men and Lesbians, Past and Present 1995

水蜜桃のように挑発的で、サフランのように花羞《はなはずか》しい本だ。こういう手があったとは兜《かぶと》を脱いだ。古代から現代におよぶゲイとレスビアンの一〇〇人を独断と偏見でランキングしてみせた。

たとえば3位はオスカー・ワイルド、20位はシェイクスピア、29位チャイコフスキー、32位がミシェル・フーコーで、34位がジョン・ケージ、61位パゾリーニ、62位三島由紀夫、76位ナブラチロワ、82位デレク・ジャーマン、89位ルドルフ・ヌレエフ、90位フレディ・マーキュリー、99位マドンナというふうにやったのだから、これは喧々囂々《けんけんごうごう》だ。

ちなみに1位がソクラテス、100位がミケランジェロ・シニョリレである。シニョリレは「アウト」誌のコラムニストで、世界で初めてアウティングを企画するメディアを担当した。自身でカミングアウトしない者を勝手に暴いて次々に俎上《そじょう》にのせたのだ。男色の噂が賑わうアメリカ国防総省はシニョリレのアウティングに恐れをなして、ゲイの勤務を禁じたほどだった。

ゲイ感覚のベスト百傑である。著者は独断と偏見でランキングをした。これでは文句をつけたくなるだろうが、ではこれに代わるランキングをしてみよと言われると、こんなに手のこんだことはとうていできない。やはり脱帽するしかなくなる。

むろん何某《なにがし》が落ちているということはいくらだって指摘できる。本書の訳者も「あとがき」で、ボッティチェリ、アンデルセン、ジャン・コクトー、サマセット・モーム、FBI長官のエドガー・フーヴァー、「シェイクスピア書店」のシルヴィア・ビーチ、ナチスのエルンスト・レーム、トルーマン・カポーティ、作曲家のレナード・バーンスタイン、ロラン・バルト、ジェームズ・ディーン、アンソニー・パーキンスなど、さすがと思わせる遺漏リストをあげているが、ここに江戸川乱歩から淀川長治《よどがわながはる》まで日本人がずらりと入るのも悪くない。

とはいえ、順位をどうつけたのか。だいたいG（ゲイ）とL（レスビアン）に順位が必要なのか。半分くらいはなんとなく意図を理解したくなるものの、優劣や落選の理由が奈辺にあったのか、やっぱりわからない。カラヴァッジョやウィトゲンシュタインがなぜ落ちたのかも、わからない。

まあ、ともかくもベスト100のうちから古代〜近代の入選者だけを紹介することにする。ただし順位のまま書くのはわかりにくいので生年順に変えた。（　）内に順位を入れてある。著者は大学でゲイとレスビアンの研究を専門にする先生だ。

最初に『旧約聖書』サムエル記のダビデとヨナタン（40）の関係があった。旧約聖書で男どうしの愛を描いているのはここだけで、そのせいか、ルネサンスのゲイであったミケランジェロやドナテッロはしきりにダビデを賞美した。

一方に、アマゾーン（42）やサッフォー（2）がいた。アマゾーンはホメーロスの『イーリアス』でとりあげられた女戦士、サッフォーは紀元前七世紀ごろにレスボス島にいた詩人だが、女たちのサロンを営んでいたというだけでサッフォーはその後のレスビアンの歴史の起源になった。ピエール・ルイスが十九世紀に書いた『ビリティスの歌』がサッフォーの弟子の著作だというふれこみになっていたことが、サッフォーのレスビアン神話を高めたのだ。

西側の世界において初めて男色や少年愛を哲学したのは、プラトンが『パイドロス』

と『饗宴』に紹介したソクラテス(1)である。これは異論の挟みようがない。この愛は「パイデラスティア」とよばれていた。ついで本書が注目するのは、幼なじみのヘファイスティオンを愛したアレクサンドロス大王(14)、『さかしま』の著者ペトロニウス(41)、自殺を図った皇帝ハドリアヌス(15)の古代三傑だが、ヘレニズムと古代ローマが男色の帝国であったことは、意外に知られていない。この風潮を全否定したのがアウグスティヌス(16)である。ゲイとレスビアンの社会史はアウグスティヌスによって五百年あるいは一千年にわたって封印された。

エドワード二世(25)は一三二七年に真っ赤に焼けた火掻《ひか》き棒を肛門《こうもん》につっこまれて殺された。同性愛に耽《ふけ》ったからである。クリストファー・マーロウ(19)が芝居にした。イギリスの歴代王はウィリアム二世も獅子《しし》心王リチャード一世も、ジェームズ一世もウィリアム三世も、みんなバイセクシャルだったのである。

欧米偏重の本書がハーフィズ(37)を〝入選〟させたのは、その詩が欧米詩人に与えた影響が大きいからだろう。もともと欧米の知識人はスーフィズムにだけはやたらに弱いのだが、ハーフィズがペルシヤ語圏ではシェイクスピアよりずっと有名で、イラン人の多くがいまでも何かというとハーフィズを引用することには、なぜか無関心なのだ。そのシェイクスピア(20)がマーロウとともに男色家でもあったことは、ぼくは知らなかった。本当なんだろうか。

レオナルド・ダ・ヴィンチ(18)、ミケランジェロ(17)をはじめとするルネサンスの芸術家たちの多くが同性愛者であることは、いまや秘密でも何でもない。そのことを有名にしたのは、ヴィンケルマン(21)が『古代美術史』においてプラトニック・ラブ論をギリシア・ローマ・ルネサンスに初めてあてはめたからだった。

本書は女性の同性愛をかなり採用していることに特色があるのだが、その筆頭にあがるのが、スウェーデンのクリスティーナ女王(24)とキャサリン・フィリップス(93)である。クリスティーナは早々に退位して海外を豪遊したり、ルター派からカトリックに改宗したり、バロックの天才ベルニーニを救ったり、そのふるまいが大胆不敵な女王であることが有名だったけれど、侍女たちをこれほど公然と愛した女王も初めてだったようだ。キャサリン・フィリップスはその詩が女たちを惹きつけた。アドリエンヌ・リッチ(47)、オードリ・ロード(52)、H・D(70)、ジュディ・グラーン(91)らのレスビアン詩人の鑑《かがみ》になった。

十八世紀の最初の**ブッチ**(男役)と**フェム**(女役)は「ランゴレンの貴婦人」(39)とよばれたレディ・エリナー・バトラーとセアラ・パンスンビーである。日本のタカラヅカは彼女たちにこそ起源した。

メアリ・ウルストンクラフト(11)が一七九二年に『女性の権利の擁護』を書いてフェミニズム思想の最初の記念碑となったことについては、一一二七夜(リュス・イリガライ『性的差異のエチカ』)にも書いた。ただ、そのときは彼女の娘が『フランケンシュタイン』のメアリー・シェリーであることを付け加えておかなかった。そのシェリー夫人に影響を与えたのが稀代《きたい》の放蕩《ほうとう》詩人ジョージ・バイロン(38)である。まだ千夜千冊にとりあげそこねているが、バイロンの『チャイルド・ハロルドの巡礼』や『ドン・ジュアン』は鉄幹《てっかん》と晶子にさえその浪漫をかきたてた。

十九世紀になって、イギリスのバイロンをアメリカに移植したのはウォルト・ホイットマン(6)の『草の葉』であり、イギリスのウルストンクラフトをアメリカの婦人参政権運動の発芽にしたのがスーザン・アンソニー(12)だった。ホイットマンの『草の葉』については、そのなかの「**カラマス**」がゲイの象徴になったというだけでも、アメリカのホモセクシャル・ムーブメントの原点になったといってよい。カラマスは菖蒲《しょうぶ》であって、恋する男の死を悲しみ葦《あし》になった男であって、葦のペンとしての文学者の象徴なのである。

それにしてもアメリカ人のホイットマン好きにはちょっと辟易《へきえき》する。ホイットマンに憧れてアレン・ギンズバーグ(67)やアンディ・ウォーホル(33)が後継した。アンソニーを継いだのはエミリー・ディキンソン(27)だろうか。南北戦争時代のとび抜けた詩人であるけれど、ぼくはアメリカ最初のクィアな女性だったと想っている。フローレンス・ナイティンゲール(54)が看護婦の母としてだけでなく、女性が職業を自由に選ぶ勇気を与えた嚆矢《こうし》の人物としてとりあげられたことは、すがすがしい。ナイティンゲールの病気を献身的に救ったのも女性たちだったようだ。似たような理由でローザ・ボヌール(50)も男装の麗人に徹した画家として、その断乎《だんこ》たる因習打破の生きかたが評価されている。

ぼくの知見から脱落していたのがカール・ウルリヒス(8)、エドワード・カーペンター(9)、ジョン・シモンズ(10)だった。

ウルリヒスは心理学者として初めて「中間の性」「第三の性」を見極めた。カーペンターはそのウルリヒスに注目して、モリス主義・ホイットマン主義・トルストイ主義・ヒンドゥ主義を混淆《こんこう》し、彼のいうところの「剝脱《はくだつ》の社会」を見究めようとした。ウィリアム・モリスや日本のアナキスト石川三四郎と親交した。「人類が進化すれば中間の性にいたる」という主張はいまもゲイ哲学の根幹になっているという。シモンズは『イタリアのルネサンス』の著者としては有名だが、カーペンターと並ぶイギリスの同性愛運動の立役者であったらしい。

この時代、ロシアではチャイコフスキー(29)が同性愛に苦しみ、フランスではランボー(51)とヴェルレーヌが同性愛で闘い、イギリスではオスカー・ワイルド(3)がすでに同性愛で逮捕されていた。

マルセル・プルースト(31)やアンドレ・ジッド(30)については加えるべきことはないだろう。またナタリー・バーネイ(43)やロメイン・ブルックス(72)の美女狩りの様子については二九夜(ジャン・シャロン『レスボスの女王』)に書いたし、ディアギレフ(46)とニジンスキーのことは一〇九九夜(『ニジンスキーの手記』)に書いたので、もういいだろう。GもLも美形が大好きなのである。

ぼくが千夜千冊にまだ入選させていないのは、ガートルード・スタイン(7)だ。アリス・B・トクラスとの公然たるレスビアンぶりがパリのアメリカ人を変えた。フルール街二七番地の二人の部屋はヘミングウェイやフィッツジェラルドやピカソやブラックがひっきりなしだった。男役(ブッチ)がスタイン、トクラスが女役(フェム)である。

マグヌス・ヒルシュフェルト(4)のことはまったく知らなかった。ゲイの人権を守るためにドイツで果敢な運動を展開した先駆者だそうだ。全独ゲイ解放運動の展開、『サッフォーとソクラテス』の執筆、ウルリヒス心理学の再評価、科学的人道委員会の設立などに尽くしたという。一九一九年に世界初のゲイ映画《他の人と違って》の脚本を書き、出演もしているらしい。本人はゲイだったのだろうか。

このあと女性からは、作曲家のエセル・スミス(94)、『ジェイコブの部屋』や『自分ひとりの部屋』のヴァージニア・ウルフ(13)、ウルフが愛した相手の一人でもあったレスビアン小説『さびしさの泉』のラドクリフ・ホール(28)、『菊と刀』を書いた文化人類学者のルース・ベネディクト(35)、誇り高き女優マレーネ・ディートリッヒ(68)、自分のなかに男性の分身を見たというウィラ・キャザー(55)、フロイトの娘のアンナ・フロイト(85)、大統領夫人のエレノア・ローズヴェルト(44)、ニューヨーク・ハーレムの詩人オードリ・ロード(52)、レスビアン連続体を提唱したユダヤ系詩人アドリエンヌ・リッチ(47)などが選ばれている。

男性のほうで一部の読者にとっては特異だろうと思うのは、数学的工学者のアラン・チューリング(83)、偶然音楽のジョン・ケージ(34)、『ジョヴァンニの部屋』や『もう一つの国』のジェイムズ・ボールドウィン(36)、『バベル17』や『ネヴァリオン物語』でSFの巨匠となったサミュエル・ディレイニー(96)あたりだろうか。ぼくはニューヨークのアパートでケージとマーサ・カニングハムの仲を見せられて、目のやり場に困ったものだった。

ほかにジャン・ジュネ(45)からテネシー・ウィリアムズ(49)まで、テニスの女王マルチナ・ナブラチロワ(76)から「クイーン」のフレディ・マーキュリー(90)まで、ミシェル・フーコー(32)からぼくが大好きなエドマンド・ホワイト(92)まで、ずらり顔を揃えている。

本書で最も重要な意図によってランキング入りをはたしたのは、第5位にあげられたストンウォール・インの客だ。

一九六九年六月二八日、ニューヨーク市警がゲイバー「ストンウォール・イン」を襲撃したのである。逮捕が目的ではなく、市長選を争うジョン・リンゼイの悪徳と闘う姿勢を示すのが狙いだった。翌日、ゲイやレスビアン二〇〇〇人以上が集まり、「史上初のゲイの反乱」をデモンストレーションした。一ヵ月後、ゲイ解放戦線が創設された。この事件を知らない者は、ジェンダー思想文化のモグリだといわれる事件だった。

ちなみに日本人で唯一入選したのは三島由紀夫である。『仮面の告白』『禁色』をとりあげ、江戸の衆道《しゅどう》(男色趣味)にもふれている。三島が「右翼のゲイ」であるのに対して、映画監督のパゾリーニが「左翼のゲイ」であったことを対比させているのが、本書らしかった。

まあ、このくらいの紹介にとどめておこう。水蜜桃とサフランはそのままにしておきたい。最初にも書いたように、ここに洩《も》れている重要人物はいくらもいるし、とりあげた理由がまじめすぎるという憾《うら》みものこる。しかし、ストレート、ゲイ、クィア、クィーンにかぎらず、われわれがつねに「性の多様性」もしくは「中間の性」にいることは、ときにこうした本を覗《のぞ》かなければわからないことでもある。

第一一三七夜　二〇〇六年五月二日

参照千夜

四〇夜：ワイルド『ドリアン・グレイの肖像』　六〇〇夜：シェイクスピア『リア王』　五四五夜：フーコー『知の考古学』　一〇二二夜：三島由紀夫『絹と明察』　一七七夜：デレク・ジャーマン『ラスト・オブ・イングランド』　九九九夜：ホメーロス『オデュッセイアー』　七九九夜：プラトン『国家』　七三三夜：アウグスティヌス『三位一体論』　二五夜：『レオナルド・ダ・ヴィンチの手記』　五六三夜：メアリー・シェリー『フランケンシュタイン』　三四〇夜：『ギンズバーグ詩集』　一一二二夜：アンディ・ウォーホル『ぼくの哲学』　六九〇夜：ランボオ『イリュミナシオン』　九三五夜：プルースト『失われた時を求めて』　八六五夜：ジッド『狭き門』　二九夜：ジャン・シャロン『レスボスの女王』　一〇九九夜：『ニジンスキーの手記』　一七一〇夜：ヴァージニア・ウルフ『ダロウェイ夫人』　四六三夜：『ディートリッヒ自伝』　三四六夜：ジャン・ジュネ『泥棒日記』　二七八夜：テネシー・ウィリアムズ『回想録』

「虚のグレイ」から「実のダグラス」へ。
「性のうがち」から「文化のもどき」へ。

オスカー・ワイルド

ドリアン・グレイの肖像

福田恆存訳　新潮文庫　一九六二／渡辺純訳　旺文社文庫　一九六八

Oscar Wilde: The Picture of Dorian Gray 1891

金髪碧眼《へきがん》の美青年だ。自分でも得心している。だから友人の画家のバジル・ホールウォードが「君の肖像画を描いてみよう」と言ってきたとき、ドリアン・グレイは悦んでモデルを引きうけた。ギリシアの殉教者のような肖像が画布に出現した。

そういうドリアン・グレイを、房のついた黒檀《こくたん》のステッキを片手にヘンリー・ウォットン卿《きょう》がしきりに煽《あお》っていく。「君は二十歳になったようだが、まだ少年だ。私のそばにいなさい。美と若さは奔放な芸術生活に支えられるのだから、もっと好きに遊びなさい」と煽る。グレイはウォットン卿の暗示にかかった。奔放な舞台女優のシビル・ヴェインに惚《ほ》れ、婚約した。けれどもシビルがこの恋に真剣になってくると幻滅した。シビルを捨てたグレイが家に戻ってみると、肖像画の自分の顔が少し醜くなっていた。目が血走っていた。哀しんだシビルは自殺した。それでもあいかわらずウォットン卿とオペラを見にいくグレイを、バジルは非難して「あの肖像画に変わったことがおきていないか」と質《ただ》す。図星を指されたグレイは肖像画を屋根裏部屋に隠した。

二十年がたっても、ドリアン・グレイは若々しく、自身の官能に溺れていた。その噂を確かめたくてバジルがグレイを訪ねると、なるほど白皙《はくせき》のグレイはまだ美しい。けれども肖像画のほうはまったく逆だった。異様に醜くなっている。激しく責めるバジルを、腹を立てたグレイは殺してしまう。さすがに罪の重さに慄《おのの》くグレイは麻薬に手を出し、アヘン窟に出入りする。肖像画はますます悪化していった。

シビルの仇《かたき》を討ちたい弟のジェイムズはアヘン窟にグレイを捜し出すのだが、目の前の人物があまりに若々しいので人違いをしたと謝る。そのうち「彼は老いないらしい」という噂が広まるばかりだった。グレイはこの機になんとか心機一転をしようとするのだが、ウォットン卿はあいかわらず愚弄するかのように一笑する。切羽つまったグレイは、醜悪の極みに至った肖像画を破壊した。悲鳴があたりをつんざいた。駆けつけた者たちがそこに見たのは、美しい肖像画と醜い老人の姿だった……。

『ドリアン・グレイの肖像』を読んだときの感慨をまざまざと思い出すには、あまりにも時がすぎた。昨夜もう一度、読もうかとおもったが（ちらちらページを繰ってみたが）、ワイルド文学をいまさら批評するというならともかくも、物語を思い出すために読むことはないなとも感じた。

それに、ぼくがこの本を読んだ学生時代に惑溺したのは筋書きやドリアン・グレイの個性などではなくて、ヘンリー・ウォットン卿の言いまわしだった。あの、青年をたぶらかす**快楽主義と悪魔主義と耽美主義**に、けっこう擽《くすぐ》られた。

学生時代、サド裁判があった。初めて傍聴券をもらって公判という場に行ってみた。サドの『悪徳の栄え』（現代思潮社）の翻訳が猥褻《わいせつ》罪に問われて開かれた裁判だ。まだ若かった澁澤龍彦《しぶさわたつひこ》と版元の石井恭二《きょうじ》が裁かれていた。埴谷雄高《はにやゆたか》や吉本隆明が弁護のための証人に立った。

証言を聞いていると、裁かれていたのは澁澤や石井ではなくて、マルキ・ド・サドであることがわかった。しかし、当時の思想者たちが議論していた「サドは有罪か」という問題にはそれほど関心がなかったぼくは、ただ澁澤を見るために傍聴券を手に入れたのだった。当時の澁澤がぼくの当面のヘンリー・ウォットン卿だったからだ。

その後、澁澤さんとは土方巽《ひじかたたつみ》のアスベスト館や神田の美学校で出会い、さらに鎌倉の書斎で話しあうことになった。その澁澤さんと最初に話してみたかったのはドリアン・グレイのことだったのに、一度もその話題をかわさなかった。話題を持ち出せなかった

なかったのだ。

というより、持ち出さなくてもいいように感じた。澁澤龍彦はちっとも悪魔主義的ではなかったのだ。

オスカー・ワイルドが近代資本主義社会に最初に公然と登場してきた正真正銘のホモセクシャル・アーティストであったことは、いまではゲイ・フェミニズム史のほうからお墨付きが出ているほどだ。

ダブリン大学のトリニティ・カレッジにいたころからの曰《いわ》く付きの審美主義少年で、オックスフォード大学に来てからも自室を華美に飾りつけ、フリルのシャツを見せびらかし、五分ほどの会話にも必ず奇抜なメタファーを使ってみせるような、ディレッタント・ダンディだった。知力は際立つほど切れまくっていたのだと推《おも》う。

ポートラ王立学校時代すでにラテン語に出入りし、オックスフォードではジョン・ラスキンの講義をおもしろがり、ギリシア語にも美術史にも堪能になって、首席で卒業した。衒学《げんがく》いちじるしいものがあったのだろう。それが一八八二年にアメリカ旅行をして名うてのゲイ詩人ウォルト・ホイットマンに出会って、自身にひそむ男色性を露呈することをためらわなくなった。

美意識をフリルのシャツだけでなく華麗な言葉にすることは、オックスフォード時代に師事したウォルター・ペイターの影響をうけていた。当代随一の審美者である。マシュー・アーノルドの「甘美と光明」(sweetness and light) を承知したペイターは、文体だけが魂で (soul in style)、文体をもって知性を表明すべきであることを (mind in style)、たとえば『享楽主義者マリウス』(南雲堂) などをもってワイルドに教えた。

十年後、ワイルドは一八九一年の『ドリアン・グレイの肖像』で一躍スター作家になった。まさにペイターとマリウスをトランスミューテーションした作品だった。

ところがこのあとワイルドは、この作品を九回も読み返したというワイルド・ファンの二一歳のアルフレッド・ダグラスに出会い、身も心もとろけてしまったのである。この十六歳年下の青年のためにはどんな薔薇の毒を盛り付けてもかまわないと、身の毛もよだつようなことを思うようになる。

ワイルドはダグラスをヒュアキントス (ヒヤシンス) とみなし、自身をアポローンに準《なぞら》えた。当時の世情からすると、かなり危険な賭けだった。「虚のドリアン・グレイ」が「実のアルフレッド・ダグラス」になったのである。案の定、ワイルドはダグラスの父に責められて獄中の人となる。『獄中記』(角川ソフィア文庫) に詳しい。

ペイターやマリウスに倣ってウォットン卿を描くことが真骨頂だったはずで、ウォットン卿になることでこそ知的に煌《きら》めく人生になったはずなのに、どこかでボタンを掛け違えたのだ。これは予定していたワイルドではない。むしろダグラスの文学だ。

当初のワイルドはドリアン・グレイを変貌させる仕掛けをつくり、その美学と哲学だけを誇りたかったのだろうし、男色趣味もあらわにはしていない。文芸表現のいっさいを「芸術がつくる美の変貌の魔法」にゆだねてみせていた。それが歪《ゆが》んでいった。

ワイルドは四六年間の生涯を通して極上の偏見をもちつづけた男だった。その多くは「美」と「悪」と「芸術」と「男」と「女」と、そして「魅了」にかかわっている。「魅了」についてはこんな偏見に達していた。「本当に魅力的な人間は、二種類しかいない。何もかもを知り尽している人間か、まったく何も知らない人間か、そのどちらかだ」。「私は信条よりも人間を好む。そして信条のない人間を最も好む」。

ワイルドがディレッタントな逆説を好んだことはよく知られている。アリストテレスが「芸術は自然を模倣する」と書いたのに対して、すかさず「自然が芸術を模倣している」と言ってのけ、「経験というものは、誰もが自分の過ちにつける名前のことだ」とか「不完全な人間こそ、愛を必要とする」とか「軽薄な者だけが自らを知る」といった名言を連発した。

が、ぼくが見るに、ワイルドは逆説に強かったというよりも「穿《うが》ち」が冴《さ》えていた。その「穿ち」は世の中にまかりとおる原因と結果の関係のどうしようもない固定性に鋭い変更を迫り、あわよくばワイルドの審美人生哲学を一気に正当化してしまおうというような、王手飛車取りめく「穿ち」だった。「民主主義というのは、人民の人民による人民のための脅しである」や「戦争では強者が弱者という奴隷を、平和では富者が貧者という奴隷をつくる」などが、その王手飛車取りの真打ちだ。

この感覚はどこかアナキズムの芳香を放っていた。ワイルドはほんとうは無政府、無所有、無分配でいきたかったのだ。それがダグラス事件で歪んでいった。

ところで『ドリアン・グレイの肖像』には序文がついている。小説のエピグラムとしてはやや奇妙なものだが、ワイルドらしい宣言だ。「すべて芸術は無用である」と書いたのだ。「すべて芸術は表面的であり、しかも象徴的である」「芸術家たるものは道徳的な共感をしない」とも書いた。そして警告もした。「象徴を読みとろうとするものは危険を覚悟すべきである」と。なぜ象徴を読みとろうとすると危険なのだろうか（危険を覚悟しすぎたのはワイルド自身だった）。

そのことについては、『幸福な王子』をもって少々補っておきたい。この童話はワイルドの童話集の中でも最も知られているもので、翻訳も西村孝次訳・井村君江訳ほか、各版元でいろいろ試されている。話はこういうものだ。

ある町の柱の上に「幸福な王子」と呼ばれる像が立っていた。かつてこの国で幸福な生涯をおくりながら若くして死んだ王子を記念して建立された。両目には青いサファイア、腰の剣には赤いルビーが輝き、全身は金箔《きんぱく》に包まれていて、心臓が鉛でつくられていた。町の者たちはそんな王子像をとても自慢していたのだが、みんなが知らないこともあった。この像には死んだ王子の魂が宿っていて、王子がこの町の貧しさと不幸を嘆き悲しんでいることだ。

一羽のツバメがエジプトに飛び立つ前に、王子像の足元でひとときの眠りをとろうとしていた。そこに王子の大粒の涙が落ちてきた。気になったツバメが涙の理由を尋ねてみると、王子はツバメに不幸な人々に自分の宝石をあげてきてほしいと頼む。ツバメは言われたとおり、ルビーを病気の子がいる貧しい母に、両目のサファイアを飢えた劇作家と幼いマッチ売りの少女に運び、両目を失って世の中が見えなくなった王子には町の人々の話を聞かせた。王子はまだたくさんいる不幸な人々に自分の体の金箔を剝《は》がして持っていってほしいと言った。

やがて冬がきた。王子はみすぼらしい姿になり、ツバメはずいぶん弱っていた。ツバメは最後の力をふりしぼって飛び上がり、全身で王子にキスをすると力尽きた。そのとたん、王子の鉛の心臓が音をたてて割れた。

何も知らない町の役人たちは、ぼろぼろの王子像を柱からはずし、鉱炉で熔《と》かすことにした。鉛の心臓は熔けなかったので、ツバメと一緒にゴミ溜めに捨てられた。そのころ、下界を眺めている神さまが、天使たちに「あの町で尊いものを持ってきなさい」と命じた。天使が持ってきたのは鉛の心臓と死んだツバメだった。こうして王子とツバメは天国で一緒になったとさ。

この話は、自分を犠牲にして人々に幸福を分け与えた王子のお話だということになっている。実際にも、多くの読者が「美しい犠牲」を称《たた》えた。ところがいつのまにか、この話はハッピーエンドなのだろうかという疑問や議論がおこってきた。メリーバッドエンドにも読めるからだ。

ハッピーエンドかバッドエンドかなどということは、問題ではない。実は童話を読むと、ツバメがけっこう複雑に描かれている。なるほど王子はほぼ善意をあらわしているのだが、ツバメは自分の事情にもこだわっていて（エジプトに飛んでいく予定が遅れることを気にしている）、そのぶん王子や民衆と交わす会話も、折紙細工のように折れたり曲がったり、重なったりする。シテの王子はワキのツバメによって、どうにでもなったのである。ワイルドはその関係を書いた。

そうだとすると「ぼろぼろな王子」になりつつあったのは、シテとしてのワイルド自身だったのである。ツバメはそういうワイルドを観察するワキなのだ。幸福でも不幸でもない。三四歳でこの『幸福な王子』を書き上げたワイルドはこの童話を発端にして、自分自身の変容を含んだ物語の大半を「もどき」に仕立てていくことにしたのだったろう。それをぼくは「穿ち」から「擬き《もど》」への造作変更だったと思っているが、クィアな表現文化史の現代的なターニングポイントがあったとしたら、このワイルドの「穿ち」から「擬き」への転換こそが時代を画したのであった。

第四〇夜　二〇〇〇年四月二六日

参照千夜

一一三六夜：サド『悪徳の栄え』　九六八夜：澁澤龍彦『うつろ舟』　九七六夜：土方巽『病める舞姫』
一〇四五夜：ジョン・ラスキン『近代画家論』　二九一夜：アリストテレス『形而上学』

LGBTQはコクトー絡みで、
語りなおす時がきているのではないか。

ジャン・コクトー

白書

山上昌子訳　求龍堂　一九九四
Jean Cocteau: Le Livre Blanc 1928

女。いっぱい、いた。

まずはエミリー・ルコント。コクトーの母方の祖母で、オペラ歌手めいていた。パリ郊外のメゾン・ラフィットの家には幼少年期のコクトーの大好きなオブジェがいっぱいあった。とくに木馬がお気にいりだった。

母親ウージェニー・コクトー。ブリュイエール通りの二階建ての大邸宅にいた。「劇場そのもののような女性だった」とコクトーは言う。少年コクトーは雑誌を切り抜いて、劇場遊びに耽った。一方、父親はコクトー八歳のとき、ピストルで頭を撃ち抜いて自殺した。『白書』には父は自分と似ていて男色者だったことを匂わせている。母親も父親も電気のように激しかった。

マドレーヌ・カルリエ。コクトー十七歳のときに夢中になった駆け出し女優である。三十歳。この浮気女への悲しみはのちのちまでコクトーのどこかに沈潜していて、それが『大胯びらき』になった。

一九一一年、菫《すみれ》色の眼をしたアンナ・ド・ノアイユ伯爵夫人と馬車の中で出会った。詩人でサロンの女王だ。二人のあいだに、突然、「墓をも凌駕《りようが》する友情」が生まれた（と、コクトーは思った）。アンナは病弱で繊細でありながら、かつ野生のヒヤシンスのような高貴に親しんでいて、東洋風の家を好んだ。十三歳の年上だ。詩なんて「読まないわよ、嗅ぐだけよ」と言ってのけた。ぼくは母の筆跡をまねることから文字に憧れたが、コクトーはアンナの筆跡をまねて詩人になった。

ミシア・セール。大胆なスケーター姿のミシアをロートレックが描いた。ディアギレフはミシアにはなんでも相談できた。そのディアギレフはコクトーの才能を「まるでワインのようだ」と見抜いていたが、「俺を驚かせてみろ」と言ってコクトーを発奮させた。そのディアギレフをコクトーに紹介したのがミシアである。コクトーはミシアを「何ひとつ月並みのものがない女性」「空気のような才能をもっている」と称えた。

ヴァレンティンヌ・ユゴー。エリック・サティを紹介した。これでミシア、コクトー、ヴァレンティンヌ、サティが四人組になった。そこにピカソが加わり、ここから暴発劇『パラード』が生まれた。ディアギレフがついに兜を脱いだバレエ雑音劇だ。

世の中には上には上がいるもので、浪漫の毛皮を気取って着ていたコクトー、サティ、ピカソを、まるで少年を扱うようにあっというまに手なずけられる女がいた。コルセットをはずし、髪をシャム猫のように短く切っていた。彼女こそは、男のような娘《ギャルソンヌ》とよばれたココ・シャネルだ。

ココは、恋人レイモン・ラディゲを亡くして阿片《あへん》に耽っていたコクトーを地獄から救い出した。サンクルーの治療所にぶちこみ、解毒治療を受けさせた。シャネルはのちに「私は服を作った」とも、また「**私は男を作った**」とも言った。ココについては四四〇夜（『ココ・シャネルの秘密』）を開いてほしい。ミシア・セールの決定的な役割についても書いておいた。

マリー＝ロール・ド・ノアイユ。彼女が結婚したとき、マリーは夫にむかって「私の心は別人の上にある」と告白した。夫はそれがコクトーだとわかると得心したというのだから、この夫婦、ともに上々だ。マリーはマン・レイやダリやブニュエルをシネマトグラフに引きこんだ。《アンダルシアの犬》や《黄金時代》はマリーの別荘で封切りされた。マリーの祖母はプルーストが描いたゲルマント公爵夫人のモデルで、先祖にはなんとサド侯爵がいた。コクトーはいつもこういう血に引きつけられている。

マリーが紹介したナタリー・パレは、そのとき二七歳。婦人服デザイナーのリュシアン・ルロンの妻だったが、やはり血が凄かった。父親はロシア皇帝ニコライ二世の弟だ。皇帝と弟（ナタリーの父）はともにボルシェビキによって暗殺されていた。高貴な家柄が没落して美しい。コクトーはこういう条件には、もう、なにがなんでも目がなかった。ナタリーは絶世の美女で、肌が透き通っていた。コクトーは夢中になり、たちまち妊娠させ、堕ろさせた。ナタリーのことを「輝くシャンデリアを必要とする驚くべき植物だ」と書いている。その植物の花芯に灼《や》かれたのだ。先刻、御承知ではあろうけれど、ココが指摘したように、コクトーはろくでなしな男であったのだ。

ルイーズ・ド・ヴィルモランは、その才能の病気においておそらくコクトーに一番似ていた女性だったろう。一九三〇年代のコクトーを支えたのはルイーズだ。

エディット・ピアフも壮年期のコクトーの琴線をぐらぐらゆさぶった。一幕劇『冷淡な美男子』は戦時中に書かれたピアフのための戯曲だ。コクトーはピアフの内に星色の天鵞絨《ビロード》を見る。だから「エディット・ピアフは決して存在しなかったし、これからも決して存在しないであろう」と書いた。

もう一人、この時期のコクトーにとって忘れられない女性がいた。コレットだ。すでにコレットには美女狩りのレスボスの女王ナタリー・バーネイや男装の麗人マチルド・ド・モルニーが付きまとっていた。コレットには女と女の組み合わせが最高だった（だからココ・シャネルとも二人三脚ができた）。コレットが二回にわたって結婚に失敗したのは当然だったのである。

そのコレットの前に現れたのがコクトーと、コクトーが愛したジャン・マレーだ。二人はパレ・ロワイヤルに同棲《どうせい》し、偉大な画家クリスチャン・ベラールが参加した映画《美女と野獣》（ジョゼット・デイが美女役、マレーが野獣）にとりくんでいた。コレットは二人の男に形而上的《けいじじょう》に恋した。しかし、話はそこまでだ。コレットの命のほうが続かない。彼女についてはコクトーはこう書いた、「ニーチェが語ったような人間の心をもち、跳ぶことができるあの危険な機械」。

ブラジル生まれのフランシーヌ・ヴェスヴェレールは、《恐るべき子供たち》の撮影現場でコクトーに見初められている。もう戦後社会になっていた。そのころからコクトーはスペインにぞっこんになるのだが、この旅はフランシーヌこそが伴侶としてふさわしかった。ただ、そのときにはコクトー自身の「美の闘牛」が終わろうとしていた。

女たちの多くがコクトーになにがしかの感情を抱き、なにがしかのせつなさを感じた。コクトーはといえば、いつもろくでなしの綽名《あだな》通りに精いっぱいに女を愛し、そのつどバイセクシャルな作品を暴発させた。けれどもコクトーは女に自制はしなかったが、女色に暴発はしなかった。コクトーが暴発するのは、作品と、そして男に対してだけだった。

男。いっぱい、いた。

最初はピストル自殺した父親だろう。コクトーにはこのときから決定的なタナトス(死の観念)が付きまとった。次は? 次はなんといっても「生徒ダルジュロス」だ。彼こそはリセ・コンドルセ中等部で少年コクトーを瞠目《どうもく》させた怪物的で神話的な美の怪童だった。傑作『恐るべき子供たち』は、このダルジュロス体験を綴っている。

学業などとんと見向きもしなかったコクトーはリセを中退すると、アルフォンス・ドーデ夫人のサロンに出入りを許され、そこで出会った息子のリュシアン・ドーデ(画家)に首ったけになった。が、このときはまだサロンの雰囲気が自分をつくるだろうことに関心があった。なにしろプルーストたちが出入りしたサロンなのだ。もっとも、コクトーのデッサン熱はこのリュシアンの魅力によっていた。

コクトーがこんなに早くから大人たちに気にいられた理由は、はっきりしない。鼻が高すぎる風変わりな気品によるのか、若書きの詩によるのか、腰つきでもよかったのか、そこはわからない。**思春期独特の匂い**がぷんぷんしていたのだろう。いずれにしても一九〇八年、コクトーは時の大女優サラ・ベルナールの相手役だった俳優エドアール・

ド・マックスに気にいられ、シャンゼリゼのフェミナ座で詩人デビューをはたす。朗読は**「プレジュー」**(気取り)だった。プレジューなら上出来だ。

フェミナ座の客席には青年マルタン・デュ・ガールがいた。デュ・ガールはただちにコクトーの未来を感知して、以降はずっと応援しつづけた。もう一人、コクトーの朗読詩(いや、腰つきか?)に注目したのがカチュール・マンデスだ。

マンデスは狂王ルートヴィヒ二世の研究者で、当然のことにワーグナーのとんでもない信奉者だった。そのマンデスが十八歳の詩人に惚《ほ》れて毎週土曜日の昼食に招いた。六七歳だ。翌年、マンデスはサンジェルマンのトンネルの中で列車に轢《ひ》かれて、ダイアナ妃のように肉を飛び散らせて死んだ。またまたコクトーをタナトスが襲った。しかしコクトーを襲ったのは今度はタナトスだけではなかったようだ。のちに「コクトーを堕落させたのはカチュール・マンデスだった」と風評されたように、コクトーはマンデスによって「堕落」という好奇心を植え付けられた。

これでコクトーは男に筆下ろししてしまったのだ。だから次からは速かった。アンナ・ド・ノアイユとミシア・セールに誘われるようにして、ディアギレフ率いるロシアバレエ団の嵐に突入していく。ニジンスキーの神のような跳躍、レオン・バクストの異教的な装置と衣裳、ストラヴィンスキーの激越な曲想、ドビュッシーの東洋風の静寂、カルサヴィナの神秘のような魔力。どれひとつとしてコクトーを魅了しなかったものはない。ノヴゴロド生まれの鬼才ディアギレフこそ、名うての男色家だった。

かくてコクトーはロシアバレエ団のバレエ・リュス計画に挑むのだが、先にも書いたようにディアギレフからは「俺を驚かせてみろ」と突き放される。「私はこの瞬間から、死んで、生きる決心をした」とコクトーはのちに書いた。

一九一三年のロシアバレエ団はシャンゼリゼ劇場でストラヴィンスキーの『春の祭典』を上演した。コクトーの内奥を火傷《やけど》させたのは、この苛烈な上演である。コクトーは火傷のままますぐに破格な小説『ポトマック』を書く。ストラヴィンスキーに捧げた小説だ。ある仲のいい夫婦の夢から夫婦の部屋に侵入し、夫婦に吸いつき、殺し、これを食べてしまうという怪物ウージェーヌと、壁のそばにいつもどんより寝そべっている怪物ポトマックが対比された注文の多い小説だ。

時代は第一次世界大戦に入っていく。コクトーはなんとしてでも戦役体験をしたくて、東部戦線・北部戦線に出ていった。このときに着ていたのがポール・ポワレのデザインの半軍服だ。志願して看護兵ともなった。コクトーは「戦争とはもっと愉快なものだと思っていた」らしい。むろんそうはいかない。このころ、『山師トマ』のモデルとなったラウル・トマ・ド・カステルノーとも出会っている。

一九一七年、軍務休暇のあいまをぬって、サティに作曲をピカソに装置と衣裳を頼んで、一世一代の『パラード』の制作準備にかかる。

パラードとは見世物小屋の前でやる寄席のこと、コクトーはそれをパリに来たサーカス一座の物語に仕立てた。おやかましの言語天才ガートルード・スタインにも意見をもらった。レオニード・マシーンの振付もできて、『パラード』はパリのシャトレ座で幕を開けた。寺山修司がのちにそっくり真似したような、奇優怪優迷優ならぬ見世物師やダンサーたちが狭い舞台を踊り荒れまくるこのバレエ寄席は、初日から激しい怒号に包まれ、舞踊の要素がひとかけらもないと酷評された。それでもこのスキャンダルで、コクトーはついにディアギレフを驚愕させた。

一九一九年、十六歳の邪悪な天使レイモン・ラディゲが登場する。コクトーはラディゲを**精神の嬰児《えいじ》のように体中もペニスも偏愛しつづけた**。それがどういうものであったかは本書にふんだんに収録されているスケッチを見てもらうのがいい。

が、ラディゲは一九二三年にわずか二十歳で腸チフスで死んだ。われわれの予想をはるかにこえて衝撃的だったようで、さすがのコクトーも立ち直れない。すぐさま阿片に手を出した。友人たちは心配してコクトーをカトリックに帰依させようとする。カトリックの哲人ジャック・マリタンが真摯な説得に当たった。こうして一九二五年、マリタンの家の礼拝堂で告解して、聖体を拝受する。

病いはこれで治癒するわけがない。あいかわらず「美女の優美」と「男の裸」と「才能の啓示」との出会いが必要なのである。才能を惜しんだシャネルが阿片から切り離すのに立ち上がった。コクトーは阿片の幻覚がほとばしっているころの作品『恐るべき子供たち』と、そこからの脱出過程を解毒日記ともいうべき『阿片』にのこして、シャネルの手で社会復帰する。それでもまだ「男の裸」は足りない。

スタイル画家にクリスチャン・ベラールがいた。ラディゲ亡きあとにコクトーがやっとめぐり会った最初の裸の才能である。

すでにコクトーはシュルレアリストたちとは一線を画していた。ブルトンはあからさまにコクトーを憎みつづけていたし、コクトーもああいうものは好きではなかった。そこへいくとベラールはネオロマンティシズムと古典的正統性を隠しもっていた。コクトーは自著の装幀を頼み、しだいに舞台美術や衣裳を依頼するようになっていく。ベラールはベラールで「色彩とフォルムの魔術師」と呼ばれながら、「ハーパーズ・バザー」や「ヴォーグ」にスタイル画を描きまくっていた。ぼくはいまでもベラールのスタイル画に背中がピクッと濡れるときがある。

コクトーとベラールの創発的結婚は、一九三四年、機械的オイディプスを主人公にした舞台《地獄の機械》で実現する。のちにドゥルーズとガタリがテーマを盗んだ作品だ。この作品では内容よりも、もっとコクトーにとって必要なローヤルゼリーを得ることになる。それが《オイディプス王》のオーディションで、ギリシア彫像かと見まがうほどの美男俳優ジャン・マレーを発見したことだった。

これ以降、マレーはコクトーが没するまで恋人でありつづけた。「ジャン！」「ジャノ！」と呼びあえばすぐ融ける仲だ。ぼくは甘美きわまりない『ジャン・マレーへの手紙』と『私のジャン・コクトー』（東京創元社）を読んで、ほとんど蒸しタオルを全身に何度も何度もあてられたような気分になったものである（でも、気持ちよかった！）。

コクトーと男。男と男。そこにはむろん葛藤も嫉妬も、思い違いも訂正も、深情けも蕩尽《とうじん》もある。一九四二年にはジャン・ジュネだ。

ジュネの『死刑囚』はコクトーによって発掘され、ジュネの最初の小説『花のノートルダム』はジュネ自身によってコクトーのところに持ちこまれた。けれどもコクトーは「これはつまらない」と言って突き返す。黙って帰ったジュネに、コクトーは気を取り直して『花のノートルダム』を再読し、自分の軽率を詫びた。しかしそのコクトーもこう言わざるをえなかった、「あとは盗みをやめることだね」。

ジュネは本を盗んでまたまた逮捕され、コクトーが弁護士をつける。弁護士は法廷でコクトーの裁判官宛ての手紙を読んだ、「私はジュネをあなたにお任せします。ジュネは自分の心身に滋養を与えるために盗みをします。彼はランボオです。ランボオに刑を宣告することはできません」。

彫刻家アルノ・ブレーカーを絶賛したときも、あとでコクトーは悩まされた。その均整と力動がミケランジェロにも匹敵すると称賛したのはコクトーだけではなく、ヒトラーでもあったからだ。コクトーにはしばしばこうした過誤が付きものだった。いや憑きものだ。それはコクトーが選んだ負の歴史だった。

戦争が終わってみると、《双頭の鷲《わし》》と《美女と野獣》の制作を準備しているコクトーより恰好《かっこう》のいい男は、パリにはもういなくなっていた。コクトーはフランス自身の芸術帝王になっていた。サルトルが哲学帝王になったように。このようになったのは、パリが占領から解放されたからでもあった。

だからたとえば、エルメス、バレンシアガ、ランヴァン、スキャパレリ、ニナ・リッチらのファションデザイナーたちが縮尺の型紙でつくった服を次々に提供して、「テアトル・ド・ラ・モード展」を催したこと、それがパリのクチュール界を復興させることになったからといって、驚くことはない。この時期のコクトーはフランス人にとって、すべてのスキャンダルを美にするための魔術師であってほしかったからだ。

ここから先のコクトーは、一九六三年に七四歳でミリー＝ラ＝フォレの寝室で死ぬまで、ジャン・マレーをはじめとする男たちと、あいかわらずの数多くの女たちと、夥《おびただ》しい冊数の書物と（だんだんミステリーやSFがふえていった）、そして、とうていその長さを測れないほどのフィルムと遊びながら（コクトーは映画界の帝王でもあった）、超然とした日々をおくっている。

実際にジャン・コクトーの名を誰もが知るようになったのは、ここから先だ。このようなコクトーは、**地上に係留された複葉機のようなコクトー**なのである。現代美術館の中のコクトーなのだ。いま、世界中で開かれているコンテンポラリーアートやインスタレーションがすこぶる退屈なのは、この繋がれた複葉機としてのコクトーだけを原点にしているからである。われわれはこういうときこそ、馬車のなかで出会ったアンナ・ド・ノアイユの菫色の眼に胸を潰したコクトーや、「俺を驚かせてみろ」とディアギレフに言われたときのコクトーに、すなわち『白書』に綴られた一触即発のダイナモのようなコクトーに戻っていかなければならない。

二〇〇三年は暮れようとしているが、ジャン・コクトーのペニスの雄《お》叫《たけ》びはいまなおまったく収まってはいない。コクトーをあからさまに話題にすることも始まってはいない。そんなことで何がクィア・スタディーズかとも思う。せめてぼくが一番好きなコクトーの言葉を書いておく。「私は人々がオリジナリティにこだわることが大嫌いなだけなのである!」。

第九一二夜 二〇〇三年十二月二五日

参照千夜

一六五〇夜:ベルナダック&デュ・ブーシェ『ピカソ』 四四〇夜:マルセル・ヘードリッヒ『ココ・シャネルの秘密』 七四夜:ニール・ボールドウィン『マン・レイ』 九三五夜:プルースト『失われた時を求めて』 一一三六夜:サド『悪徳の栄え』 一一五三夜:コレット『青い麦』 二九夜:ジャン・シャロン『レスボスの女王』 一〇二三夜:ニーチェ『ツァラトストラかく語りき』 七八一夜:ジャン・デ・カール『狂王ルートヴィヒ』 一六〇〇夜:ワーグナー『ニーベルングの指環』 一〇九九夜:『ニジンスキーの手記』 四一三夜:『寺山修司全歌集』 六三四夜:ブルトン『ナジャ』 一〇八二夜:ドゥルーズ&ガタリ『アンチ・オイディプス』 三四六夜:ジャン・ジュネ『泥棒日記』 六九〇夜:ランボオ『イリュミナシオン』 八六〇夜:サルトル『方法の問題』

アメリカン・ゲイカルチャーの幕は、
こうして切って落とされた。

ギンズバーグ詩集

アレン・ギンズバーグ

諏訪優訳編　思潮社　一九七八

Allen Ginsberg: Selected Major Works

ノーマン・メイラーがそう言ったから「スクウェア」という連中が揶揄《やゆ》されるようになったのか、それ以前からそういう言い方があったのかは、知らない。否応《いやおう》なしに順応を迫られて生きている連中のことだ。

この「俗物的なスクウェア」に切りこんで、そっぽを向いたというか、反抗的に逆の生きかたをしてみせたのが、髭《ひげ》をはやしデニムを穿《は》いて、長髪でマリファナを吸いまくる「**ビートニク**」あるいは「**ヒップスター**」とよばれた連中だ。大半のアメリカ人はその猥雑《わいざつ》で汚らしい姿に眉をひそめ目をそむけたが、この動きはあっというまに燎原《りょうげん》の火のごとく広がって、ヒップスターがやがて「ヒッピー」になった。

そういう動向がいつおこったのか年月日を刻印したいなら、一九五五年の九月か十月である。九月に黒っぽい背広を着たアレン・ギンズバーグがバークレーのゲーリー・スナイダーのところを訪れた。サンフランシスコの画廊で詩人の朗読会をやろうと思うのだが、参加してみないかという誘いだった。二週間後、ギンズバーグがバークレーに引っ越すころ、そこへフィリップ・ウェーレンとジャック・ケルアックとマイケル・マクルーアがやってきた。

そのころのギンズバーグは背広姿だったことでも見当がつくように、バークレーの大学院で一旗あげようとしたくらいだから、まだ「スクウェア」を抜けてはいなかったのだが、三週間ほど大学院に通ったすえ、これらをいっさい破棄する決心をした。それが号砲だった。一九五五年の十月、背広を脱いだこの男は衝撃的な『吠える』(Howl)を発表し、アメリカの若者が大転換をおこした。ギンズバーグはそれから二度と背広を着なくなり、汚らしい髭をのばしつづけた。

三五〇行の長詩『吠える』(本書所収)はブルックリンの散文詩人カール・ソロモンに贈られている。それまでのアメリカの詩がまったくもっていなかったスタイルと言葉と感情を叩きつけていた。

ぼくには好きな詩だとはいえないが、幻覚っぽくて前兆めいていて、ジャジーであって露悪的であり、反ヘブライ的なのに瞑想《めいそう》的で、夜の機械のようでも朝のインディアンでもあるような、もっと言うなら、**花崗岩《かこうがん》のペニスをもった怪物**が敵陣突破をはかって精神の戦場に立ち向かったばかりのような、つまりはビートニクな言葉の乱暴きわまりない吐露だった。

　ギンズバーグが『吠える』をカール・ソロモンに贈ったのは、さかのぼって一九四九年にコロンビア精神医療院に入院したとき、その病院にソロモンがいたからだ。なぜそんな病院にいたかというと、不良分子と見なされ拘置所に入れられたことがきっかけだった。ギンズバーグを一九二六年に生んだ母親もそのとき精神科病院に入っていた。

　ギンズバーグはコロンビア大学法学部に入ったには入ったが、二年で放校をくらっている。学生生活とは名ばかりで、ケルアックとアパートで暮らし、そこにウィリアム・バロウズが加わってゲイ・プレイに耽っていた。そのころの話はケルアックの『路上』（河出文庫）に出てくる。ケルアックとともにバロウズの家を訪ね、その本棚にあったウィリアム・ブレイクに衝撃を受けたらしい。やがてバロウズのもとであやしいセラピーを施され、覚醒剤で遊んでいるうちに、ブレイクの声が幻聴するというおかしなことになってきた。

　刊行すぐに発禁になったことでも『吠える』は時代を突き抜けた。発禁の理由はゲイをとりあげたという猥褻《わいせつ》罪の科《とが》である。信じられないような理由だが、その汚名によって『吠える』はビート・ジェネレーションとゲイ・リベレーションのバイブルになった。「聖なるオートバイ乗りたちにオカマをされるのをゆるし　よろこびの声をあげた／ある者らはなめあっていた　それらの人間的な天使　水夫」といった調子だ。

『吠える』をいつ読んだかは憶えていない。早稲田の反戦集会で『吠える』を朗読するのを聞き、さらにそのころＩＣＵに短期滞在していた国際反戦運動の闘士だったデイヴィッド・ベイカーが得意げに読んでくれたので、最初は耳で読んだ。ちなみにベイカー君こそは、ぼくが最初に仲良くなったアメリカ人だった。

耳から入るビートニク・ポエムはそれなりに新鮮だった。のちに原作や翻訳詩集を読んだときの印象とはかなりちがっていた。さらにのちにボクサーで歌人であった福島泰《やす》樹《き》が短歌絶叫コンサートというものをやるのだが、そのときも耳からのみ入る短歌の脈動が新しかった。

ギンズバーグといえば『吠える』であるけれど、もうひとつ気になるのが『カディッシ』(本書所収)だ。

もともとギンズバーグは母親に異常な感覚をもって接していた。母のナオミはロシアからの移民で、しばしば発作をおこす精神疾患をもっていた。ギンズバーグはそのナオミを心から庇護したかった。それがかなわぬまま、『吠える』が出版された年にナオミは死んだ。ニューヨークでピーター・オルロフスキーとフィリップ・ウェーレンと破壊的な人生の行方を語り合っているところに「母、死亡」の知らせが届いたのである。こうして長編詩『カディッシ』が生まれるのだが、そこには母親とのきわどい交情がうたわれている。そう書くとただならない雰囲気になるけれど、その言葉が選ばれているとか、推敲されているとは思えない。**吐血されている**。

冒頭は、母の死を知ったギンズバーグがレイ・チャールズをかけながら、一心不乱にカディッシを読む場面だ。それがしだいにナオミの魂と交わっていく。放埒《ほうらつ》で、過激。何事にも囚《とら》われていない。諏訪優《ゆう》の苦心の翻訳ですら、その吐血言語の砲列は逸《そ》れぎみで、とはいえ英語で読んでも、こちらが逸れていく。

そういう詩だ。本人は徹して直截《ちょくせつ》に綴っているのだろうが、それを読む者はそこから弾《はじ》かれる。だからギンズバーグの詩は、夜更けに一人で読みたくなる詩というよりも、そこに叩きつけられたスタイルを自分なりにリズムだけでも取りこんで、勝手なものに変えていきたくなるような、そんな薬物なのである。

それからどうなったか。一九六一年に『カディッシ』を発表したまま、ぷっつり消息を絶った。アメリカからいなくなったのだ。インドに旅立っていた。ベナレスに住みこみガンジスに沐浴《もくよく》し、ヒンドゥー教徒か仏教徒まがいの日々を送っている。

ニューヨークに帰ってきたら、みんなから"Saint"呼ばわりされた。本人にも予想外のことだったろう。折しもヒッピーはカリフォルニアだけではなくイーストコーストにも出没しはじめていた。本場のウェストコーストでは老子や荘子や鈴木大拙《だいせつ》が流行し、グレゴリー・ベイトソンやバックミンスター・フラーが知の神様になっていた。そこへビートルズがベナレスに入ったというニュースが届く。これで万事の火ぶたが切られた。猫も杓子《しやくし》もガンジスに赴いた。まあ、中世のサンチャゴ・デ・コンポステーラか、蟻の熊野詣《もうで》である。ベナレスは一九六〇年代の補陀落《ふだらく》観音浄土になった。

ギンズバーグも開きなおったようだ。よせばいいのに自分で「宇宙時代のアナキスト」と言い出し、若者たちに「フラワー・チルドレンよ」と呼びかけた。

このような超俗的後半生のスタートを、ギンズバーグの詩によって跡付けるのは不可能である。なぜならこの男の詩言語はありとあらゆる場面に飛び散って、ロックの歌詞となり、サイケデリック・ポスターとなり、ティーチ・インとなり、オカルト集団となり、ロバート・パーシグの『禅とオートバイ修理技術』(めるくまーる社→ハヤカワ文庫)となって、動きまくってしまったからだ。

それに一九七二年にはチベット僧チョギャム・トゥルンパを導師として菩薩《ぼさつ》に願をかけて正式な仏教徒となり、その二年後にはナローパ・インスティテュートの一部門としてジャック・ケルアック非具現詩学校を設立して、かつてのゲイ詩人の栄冠すらかなぐり捨てた。ギンズバーグはビート・ブディストになったのである。だからといって仏教に帰依できたのかどうかは、わからない。

第三四〇夜　二〇〇一年七月二三日

参照千夜

一七二五夜：ノーマン・メイラー『ぼく自身のための広告』　八二二夜：ウィリアム・バロウズ『裸のランチ』　七四二夜：ウィリアム・ブレイク『無心の歌、有心の歌』　一二七八夜：『老子』　七二六夜：『荘子』　八八七夜：鈴木大拙『禅と日本文化』　四四六夜：ベイトソン『精神の生態学』　三四五夜：バックミンスター・フラー『宇宙船地球号操縦マニュアル』　四六九夜：ロバート・パーシグ『禅とオートバイ修理技術』

ビート、麻薬、カット・アップ、タンジール。
G感覚の食風景が見せた中毒力。

ウィリアム・バロウズ

裸のランチ

鮎川信夫訳　河出書房新社　一九六五・一九九二
William Burroughs: The Naked Lunch 1959

ウィリアム・バロウズが死んだとき、何人もから「バロウズが死んだの、知ってました?」と言われた。バロウズとはそういう語られ方をする存在タントラだ。誰もが知っているようで、誰も知らないタントラだ。カリスマでカルトでもあろうが、といってそんなこと本人は知っちゃいないという存在タントラだ。
数ある作品のうちで『裸のランチ』を選んだのは文学史を突き抜けた代表作だからであるけれど、だからといって今夜はこの二三のエピソードからできている作品を解説するつもりはない。気分が絶好調ならキャシー・アッカーやゲイリー・インディアナの語りをラップさせたくなる相手だが、それをするには東京は昨日から暑すぎる。

それにこの作品は筋も登場人物の脈絡もないし、イメージは複合ハレーションをおこすばかりで、いったいどのように読んだか（河出の「人間の文学」シリーズの中の一冊だった）、正直いってそのころのことがほとんど思い出せない。

最初はトリスタン・ツァラが、ついでネルヴァル、バタイユ、ルーセルその他いろいろの官能的表現の唐突が去来し、ついでブリティッシュ・ロックやグラム系ロックのシーンが海市のごとくに浮かんで、目眩《めくるめ》いただけだった。さっき久々にざっと流し読みしたが、当時と同様、やっぱり勝手にイマジネーションを膨らませて読むしかなかった。といってカット・アップ（これについてはあとで説明する）ばかりの文章とも思えなかった。どう転んでも解説不可能だ。けれども、やっぱり何かがダントツだ。

ちなみに六〇年代の「人間の文学」版も、この河出完全版も鮎川信夫の訳なのだが、完全版のほうは日本のバロウズ研究を独走している山形浩生《ひろお》が細かく手を入れている。このことは本書の「あとがき解説」にも、山形の『たかがバロウズ本。』（大村書店）にも書いてある。ついでにいうと、『たかがバロウズ本。』は、いまのところバロウズを知るにはもってこいのもので、かなりの圧巻だ。

祖父はバロウズ加算機の創業者である。日立や富士通をつくった男だと思えばいい。父親はガラス屋や製材屋をしていた。母はロックフェラー財団のプレスエージェントの妹だった。二人がセントルイスで一九一四年に生まれたウィリアムを育てた。息子はロスアラモスの寄宿学校に入って、そこで同性愛を知った。寄宿舎は禁欲と官能の寮だ。その後もずっと女嫌いではあったようだが、ゲイの半分以上がそうであるように、多少はバイセクシャルだった。

バロウズの同性愛については、いろいろ噂が飛び交ってきた。詳しいことはわからない。本人は「同性愛は、相手の人間になりたいということが大きな衝動になっている」というようなことを書いている。

一九三二年、ハーバード大学英文学科に入った。行儀のよい文学にはすぐに愛想をつかし、そこで一転、ウィーンに行って医学校に入った。ユダヤ系のイルゼ・クラッパーと知り合い、彼女の国外逃亡を幇助《ほうじょ》するため偽装結婚をした。変なことをするものだ。医学にはたいして関心をもてなかったらしく、その後はハーバードに戻って大学院で考古学を学んだ。考古学には一番惹《ひ》かれた模様だが（これも予想のつくことだが、バロウズは稠密《ちゅうみつ》な学問に対しての学習意欲が高い）、むろんそれも続かず、シカゴ、セントルイス、ニューヨークなどを遊行した。

ニューヨークでギンズバーグ、ケルアック、キャシディと出会ったのが運のつきで、本丸のビート・ジェネレーションの洗礼をうけた。洗礼はうけたものの、すでに意識はトンでいて歪《ゆが》んでいたし、誇り高き孤高も捨てたくない。一方、世間にも友人にも落とし前をつけたかった。たとえば、男友達へのあてつけに小指を自分で切り落としたりしている。日本のヤクザ以外にもそんなことをする男がいたのである。ただし自分への落ととし前ではなく、相手に向けての落とし前だった。

バロウズが作家として順風満帆だったことは、一度もない。職業も一定しているはずはなく、陸軍のパイロット訓練生、コピーライター、バーテンダー、害虫駆除員、故買《こばい》屋《や》などを転々とした。私立探偵もどきや俳優にもなっているのは少々は安物ハードボイルドっぽいけれど、決定的なのは故買屋をしているうちに、扱い品のモルヒネに手を出したことだ。

麻薬中毒者バロウズの誕生である。そのことと関係があるのかどうか、ルイジアナに移ってジョーン・アダムスを妊娠させて同居を始め、内縁の妻とした。

一九四九年になると、『ジャンキー』(思潮社・河出文庫)を執筆しつつ、バロウズの人生にたびたび出てくる〝ヤーヘ〟(イェージ)を思慕して南米に旅行する。ヤーヘは当時の究極のドラッグだ。男を連れていた。この同性愛旅行がどういうものであったかは、のちの『おかま』(ペヨトル工房)にあからさまな筆致で綴《つづ》られている。

その後いったんドラッグを断ったらしいのだが、そのぶんアルコールを浴びた。一九五一年、妻ジョーンを射殺してしまった。酔ってウィリアム・テルごっこをしているうちに誤撃したことになっている。むろん逮捕された。殺人容疑で逮捕される作家というのはかなりめずらしい。

さすがのバロウズも夫人殺害容疑はこたえた。保釈中に南米に遁《のが》れ、ギンズバーグと交信した。これが有名な『麻薬書簡』（思潮社・河出文庫）である。バロウズはギンズバーグにも懸想《けそう》したのだが、ギンズバーグは応じなかったらしい（勝手な感想で申し訳ないが、ぼくにはこの趣味は理解に苦しむ）。

このあとバロウズがタンジールに移住したことは、そこに『シェルタリング・スカイ』（新潮文庫）のポール・ボウルズがフェズの喧噪《けんそう》と異神とともに待っていたこともあって、文学史上においても特筆すべき「タンジール異種混合文化事件」ともいいたくなるような、エキゾチックで劇的にアナーキーな出来事になった。これについてはぼくの年来のタンジール趣味と絡めて、別の本をもって案内したい（↓一二〇二夜・一五五八夜）。

異国趣味溢《あふ》れるタンジールで一人の重要な男と出会った。ブライオン・ガイシンだ。ガイシンはバロウズに「**カット・アップ**」（cut up）や「**フォールド・イン**」（fold in）の手法を吹きこんだ人物で、画家であって、モロッコの山岳民族ジャジューカの音楽に傾倒していたホモセクシャルで変人だった。ジャジューカの演奏を聞かせる「千夜一夜」（！）

というレストランも経営していた。

ガイシンの絵は和風イスラミックな書道っぽくて、おもしろい。いっときぼくは驚嘆して丸善から画集を取り寄せたことがある。ローリング・ストーンズのブライアン・ジョーンズ、刺青《いれずみ》でも評判になったジェネシス・P・オーリッジらも、ガイシンの絵にぞっこんだった。

ガイシンが「文学は絵画より少なくとも五十年は遅れている」と言って教えたカット・アップやフォールド・インは、バロウズを悦ばせた。一言でいえば超編集術である。カット・アップというのは、新聞や雑誌や書物から適当なセンテンスやフレーズやワードを切り取って、これを前後左右縦横呑吐《どんと》に並べていくカット&ペーストの手法をいう。ガイシンによると、この手法をつかうとわれわれの無意識情報やサブリミナル情報がその文体中にメッセージとして**エピファニー**(顕現)してくるという。

フォールド・インも似たようなものだが、こちらはカット&ペーストもせずに、いきなり新聞・雑誌・書物・カタログの一ページをそのまま折ってしまう。つまりフォールド(折る)してしまう。「対角線を折る」わけなのだ。そうするとまったく関係のなかった単語や言い回しや文章がそこに奇妙に突き合わされ、新たな文体光景を出現させる。それをそのまま文学に採りこんでいく。

これらはモンタージュやフロッタージュやデカルコマニーからすれば、たしかに美術家ならずっと以前から気がついていた手法だった。ガイシンはそれをバロウズに示唆し、バロウズは（おそらくはその程度のことは気がついていたのだとは思うが）、より偏執的な熱情を注いでこの手法に没入していった。

こうしたカット・アップやフォールド・インが、とくに英語の文章には効果的であると指摘したのは山形浩生である。カット・アップの途中で主語をちょんぎられた文章は命令文に見えるため、そうやってできあがってきた文章は強いメッセージ性を発揮するというのだ。のちにデヴィッド・ボウイが作詞にとりいれた。

バロウズは必ずしもブンガクを唾棄《だき》したり、軽蔑したりしているわけではない。バロウズなりの独自の考え方があった。現実はあらかじめ録音された出来事や思考過程を再生しているように見える、というものだ。

この考え方自体はそれほど奇矯なものではないが、バロウズは、過去の記録を並べ換えたり組み替えたりしてみれば、そうやって構成された「表現された現実」はまったく新しい相貌をもって見えてくるのではないか、めくれていくのではないかというふうに、突っ込んでいった。バロウズの作品がいつも、誰も見たことがない超絶的現実を見せつけるのは、このためだ。

こういう考え方を押し進めていくと、**極端にアナーキーな作劇法**とでもいうべきものがたいてい派生してきて、いつまでも仮想現実の再生や再再生や再再再生が可能になってくる。事実、カット・アップをウェブにとりこめば、いくらだって現実を作り替えられることになるし、それは音楽においてサンプリングやリミックスを駆使することに似て、駆使しすぎればどこまでもリミックスは終わらなくなっていく。ここは一言いわせてもらうことにするが、だからこそ編集上の「香ばしい失望」こそが必要なところになってくるのだ。

ところで、しばらく前からウェブ上には「ドクター・バロウズ」というキラーソフトが出回っている。EV／細馬《ほそま》宏通《ひろみち》が開発したもので、よくできたカットアップ・ソフトだ。文体リミックスの編集術に関心があるのなら、ぜひとも試みられるとよい。

異国的郷愁に富むタンジールの話から横滑りしてしまったが、『裸のランチ』がタンジールで完成されたことも言っておかなくてはいけない。ここにはすでにカット・アップが入りこんでいた。

それというのもこのあとバロウズは、ブライオン・ガイシンが店の経営に失敗してほとんど無一文になったので、二人でパリに行って共同生活を始めたのだが、『裸のランチ』がパリのオリンピアプレスから出版されたのは、タンジールを離れてやむなくパリに来たという事情とともにあったからである。

これを読んでそのぶっ飛んだ感覚に驚いたのがティモシー・リアリーだ。なんとかバロウズをアメリカで開花させたいと思うのだが、バロウズにはそういう興味がない。またもやパリやロンドンに戻って（ちょっとだけだが、ニューヨークにも住んで）、『麻薬書簡』『ソフトマシーン』（ペヨトル工房・河出文庫）『ノヴァ急報』『爆発した切符』（ともにサンリオSF文庫）を発表した。あとの三つがカット・アップ三部作にあたる。

このころからである、日本でウィリアム・バロウズの名が囁《ささや》かれ始めたのは。曰《いわ》く、「トマス・ド・クインシー以来の革命的麻薬中毒者の天才が出現しているらしいねえ」。むろん、こんな噂はまるっきりのでたらめだった。バロウズは麻薬の天才なのではなくて、**麻薬的編集術の天才**だったのだ。

ぼくはもうちょっとでバロウズに会いそこなっている。ソーホーでナム・ジュン・パイクが「松岡さんも、バロウズには会いたいよね」と言うから、飛び上がって「是非に」と頼んだが、そのときはロンドンにいるらしく、機会を逸した。すでにローリー・アンダーソンが《ミスター・ハートブレイク》にバロウズの朗読を取り込んでいた。カート・コバーンもバロウズの朗読とのコラボレーションをしていただろうか。少なくとも、ミック・ジャガー、デヴィッド・ボウイ、ルー・リードたち綺羅《きら》星《ぼし》は、次々にバロウズ詣《もう》でをしていた。そういう噂はつねにバロウズには付きまとっていた。そんな時期だから、ぼくもミーハー気分になっていた。

それにしても、こんなふうに文学者の声がミュージシャンたちに前衛的に引用されたというのはおそらく初めてのことだろう。日本では現代音楽に北園克衛《かつえ》の詩が入りこんできたことはあったけれど、詩人の声が直接に出演することはなかった。

ロックとドラッグが近かったことも影響していた。ロック・ミュージシャンたちにはバロウズの言葉がトリップしきった音楽に聞こえたのである。バロウズの世間を無視したような独特の生き方と表現性に、みんな参っていた時期だった。もしもそのころにシュタイナーやグルジェフやクロウリーがいたら、かれらはそちらにも傾いただろうが、そういう神秘主義的なカリスマは（アレイスター・クロウリーを除いて）もういなかった。バロウズはいわば唯一無比の第六禅天魔《ぜんてんま》として迎え入れられたのだ。

いずれにしても、バロウズとロック・ミュージシャンの関係はクィア（Q）な音楽史にとっても文学史にとっても降誕祭のようなもので、格別なものだった。のちにはスロッビング・グリッスルやキャバレー・ヴォルテールもバロウズの影響下に入っていった。こうしたバロウズ的なサブカル事情はヴィクター・ボクリス編集の『ウィリアム・バロウズと夕食を』（思潮社）に詳しい。

バロウズが撒《ま》き散らした哲学は、思いきって縮めていえば、どんな人間も多少の麻薬中毒者だということである。

麻薬中毒を文学にしてみせたのはバロウズが最初ではない。とっくにド・クインシーやボードレールやコクトーらが試みていた。ドラッグが知覚力や表現力を変貌させることは、オルダス・ハクスリーこのかた、ジョン・C・リリーやティモシー・リアリーが熱弁をふるっていた。が、バロウズはその「どんな人間も麻薬中毒者と同じだ」ということを、『裸のランチ』の全ページを費やして、すべての行を費やして、言葉のつながりにことごとく再現してみせた。そこが前例のないところだ。バロウズにはコンセプトなどなかったのだ。すべてが顕在化した編集的現実感《エディトリアリティ》の放列だった。

そんなことは誰もやったことがない。ボリス・ヴィアンもルイ＝フェルディナン・セリーヌもアンリ・ミショーも知らないことだ。バロウズだけが麻薬感覚の一切合財を言葉のジャンクのなかにジャンキーに入れたまま文学の領域にもちこんだ。これは何に似ているかといえば、ロックが人間感情の一切合財を電気ビートによる音楽領域にナマに運びこんでしまったことと、似ていた。バロウズは、**意識と下意識のリミナル**（境界）**な領域にいつづけた電漏的半巡通信者**なのである。

なおバロウズの映像化はクローネンバーグの《裸のランチ》をはじめ、いくつも試みられているが、どうもいただけない。ショットガン・ペインティングで遊んでいるナイキのコマーシャルにはバロウズが登場していたが、それがぼくの知っている最後の勇姿だった。
一九九七年にギンズバーグとともに八三歳で死んだ。六年前のことだ。えっ、バロウズが死んだって？

第八二二夜　二〇〇三年七月二三日

参照千夜

八五一夜：トリスタン・ツァラ『ダダ宣言』　一二二二夜：ネルヴァル『オーレリア』　一四五夜：バタイユ『マダム・エドワルダ』　三四〇夜：『ギンズバーグ詩集』　九三六夜：ティモシー・リアリー『神経政治学』　一五五八夜：ポール・ボウルズ『シェルタリング・スカイ』　一二〇二夜：ミシェル・グリーン『地の果ての夢タンジール』　一一〇三夜：ナム・ジュン・パイク『バイ・バイ・キップリング』　三三夜：シュタイナー『遺された黒板絵』　六一七夜：グルジェフ『ベルゼバブの孫への話』　七七三夜：ボードレール『悪の華』　九一二夜：コクトー『白書』　二〇七夜：ジョン・C・リリー『意識の中心』　二一夜：ボリス・ヴィアン『日々の泡』　九七七夜：アンリ・ミショー『砕け散るものの中の平和』

少年は寄宿舎で恋をし、Q《クィア》に憧れ、
バロウズを映像化して、エイズで死んでいった。

ラスト・オブ・イングランド

デレク・ジャーマン

北折智子訳　フィルムアート社　一九九〇
Derek Jarman: The Last of England 1987

日本でデレク・ジャーマンの作品を公開しつづけてきたのは浅井隆である。《ザ・ガーデン》ではプロデューサーも引き受けていた。デレクがエイズ・キャリアーであることはよく知られていたので、そのたびにわれわれはハラハラしていた。

デレク・ジャーマンの映像は《ジュビリー》(一九七八)が決定的に侵食的だった。それまで《セバスチャン》(一九七六)や《テンペスト》(一九七九)などが発表されていたが、このエリザベス朝を代表する占星術師ジョン・ディーと天使アリエルが、道化たちと未来のロンドン(キングズ・ロード)を訪れると、そこはパンク・ファッション乱れ交じる暴力と略奪のデカダンの日々だったという映像は、たいていの若者の感覚を昏倒させて癒しが

たい傷をのこしていった。

ジャック・スミスをニューヨークに訪れたとき、すでにそうしたデレクの名がとどろいていた。「インタビュー・マガジン」の編集長のイングリット・シシーが「デレクに会いたい?」と聞いたから、「もちろん」と答えたが、そのときは電話してみたらロンドンに帰っていた。あとでわかったのだが、そのときデレクは《ドリーム・マシーン》を撮っていた。撮っていたといっても、デレクの映画はどれも爪の先に火をともすような低予算だったから、きっと自宅まがいのようなところで撮っていたのだろう。

本書は一九八七年に発表された映画《ラスト・オブ・イングランド》の記録で、イメージ・シナリオで、エッセイである。それとともに一九八六年十二月二二日にデレクが**HIV陽性の宣告を受けた前後の記録**にもなっている。だから、「今朝、私がエイズのキャリアーだと告げたその若い医者は、沈痛な表情をしていた」といった文章が随所に挟まれている。

その日、あなたはエイズよ、と言われたデレクは「心配しないで、これまでだってクリスマスは好きじゃなかったから」と医者に微笑んだ。デレクはそのときお気にいりの薄黒いオーバーコートを着ていて、数週間前の父の葬儀にもこれを着ていた。そして、自分が病院でエイズを宣告されることを、すでに予感し、覚悟していた。

この話は胸をつまらせるものだが、デレクはその足で文房具屋に立ち寄り、二つのものを買っている。ひとつは一九八七年の日記帳、もうひとつは遺書を綴るための深紅《しんく》の書式用紙だ。こういう場面が次々にあらわれる本書は、デレクの数多い記録のなかでも最も象徴的な一冊となった。

デレク・ジャーマンは一九四二年一月三一日に生まれた。父親はイギリス空軍の爆撃機の花形パイロットだった。戦後は工学産業協会の会長にまでなった。一九四六年、その父にともなってイタリアに引っ越した。門番小屋の老女にかわいがられ、その孫のデヴィッドと無邪気に親しくなった。デヴィッドがデレクの最初の〝恋人〟だ。

数年たってイギリスの寄宿舎に入り、ある夜、別室の九歳の少年のベッドに上ったというだけで学校側から糾弾された。遊んだだけだったのに、デレクは全校生の前に引き出され、恥辱を受けた。孤立し、夢見がちになり、絵や草花を相手に遊ぶ少年となり、ほかの生徒とシャワー室や個室などで一緒になると、かえって嫌悪をおぼえるようになっていた。

こうしてデレクは「子供の魂」を失った。**ニーチェの「童子」を捨てさせられた**のである。デレク自身は、十三歳から十八歳まで、いっさいの性的な出来事から無縁になってしまったと綴っている。

寄宿舎を出ると、毎日、家からロンドンのストランド街まで列車で通学していた。ある夕方、一人の会社員がデレクに性器を露出して見せた。デレクはそのようなことをされる自分に嫌気がさすのだが、その夏にヒッチハイクをしていたとき、ある男の車に乗り、そのまま襲われた。四時間にわたる格闘のすえ、泣きじゃくったデレクは自動車の外に放り出された。

ロンドン大学キングズ・カレッジで美術史・歴史学・英文学を修めた。一九六二年、二十歳になったデレクはロンドンで一人暮らしをはじめ、同時に学んでいたスレイド美術学校でアレン・ギンズバーグの詩『吠える』を読み、ウィリアム・バロウズに夢中になり、ニコラウス・ペブスナーのもとで建築を学んだりするうちに、自分と同じ感覚の持ち主が世の中にいることを知った。

探しさえすれば自分の同類がいるのだということは、デレクを行動的にさせた。デレクが見つけたのは神学部の学生で、日曜日になると彼に会いたい一心でブルームズベリーからベスナル・グリーンまで歩いた。

二二歳になったとき、旧友の家に泊まった夜に、その旧友の年上のカナダ人の友人がデレクのベッドに入ってきた。ロンというその男はデレクを求め、デレクはついに溜まっていたものを爆発させた。初めて男を知ったのだ。翌朝、男は消えた。デレクは煩悶《はんもん》しウィスキーを呷《あお》り、ハサミでそれまで描いた絵をメッタ切りにした。その日まで、デレクは「世界中で変態《クイア》は自分ひとりだ」と思っていたらしい。

一九六四年、アメリカへ行く。映像の冒険のためではない。ロンに会うためだ。すかんぴんでニューヨークに着いて、安宿ニッカーボッカー・ホテルに泊まった。何をどうしていいかわからないので、ロンドンで知りあった聖職者に電話をし、落ち合った。二人でイエローキャブに乗ると、すぐさま聖職者はデレクを抱きすくめ、その夜はどの男がデレクと寝るかという「聖なる飽食」の晩になった。

デレクは強姦《ごうかん》・輪姦まがいの夜を這々《ほうほう》の体《てい》で逃げ切るのだが、かれらは許さない。ついに脱出してグレイハウンドに乗ってロンの住む町に行く。ロンと安心しきった恋をしばらく満喫したあとサンフランシスコに立ち寄り、ロンドンでは発禁だったバロウズの『裸のランチ』などを買いこんだ。

ふたたびロンドンに戻ったデレクは、新たな世界と交信しはじめた。デイヴィッド・ホックニー、パトリック・プロクター、オジー・クラークと交流し、「ラ・ドゥス」「コロニー」「スープポット」などのクラブに出入りした。いずれもモッズ・カルチャーのハブである。こうしたなかデレクは絵画があまりにも限定的で、自分の世界を表現するには限界があると感じ、映像作家になる決断をする。デレクの内部に揺動していたゲイ・

カルチャーが頭を擡《もた》げ、その感覚を裏切らないことを誓った。

一九七一年、デレクはケン・ラッセルの依頼で《肉体の悪魔》のセットを担当したのを皮切りに、スーパー8カメラで自主制作映画にとりくむようになった。先ほどあげた《セバスチャン》が第一作で、科白《せりふ》はすべてラテン語、濃厚なホモセクシャル・シーンが連続した。ローマの百人隊長セバスチャンが皇帝ディオクレティアヌスの夜のお伽《とぎ》を命じられ、これを拒んだばっかりに辺境に流されて殺されるというストーリーだ。

映画業界の反応はさんざんだったが、デレクは平気だ。ゲイの同志たちにメッセージを贈ることが目的だったからだ。デレクは低予算のまま《ジュビリー》《ドリーム・マシーン》《イマジニング・オクトーバー》《カラヴァッジオ》を撮りつづけた。


エイズが判明してからのデレクには、さまざまな恐怖が忍びよっている。それを「黒い死の恐怖」とよんでいる。ペストに擬した黒死病のイメージだ。その恐怖は「厳然たる存在」をもって突然にやってくる。デレクは一晩中、爆風に見舞われる。これまで抑えこんできたすべての感情が吹き上げてくることを、凝視し、そして戦慄する。

本書にはそうした恐怖の細部は報告されてはいない。けれども、その恐怖を映像に高めるためのイマジナリー・エフェクトがどういうものであるかは、さまざまな映像言語によって指摘されている。デレクは《ラスト・オブ・イングランド》のあと、《ザ・ガーデン》を撮り了《お》える。

さすがに編集中に体調不良となって病院に担ぎこまれるのだが、それでも一九九一年には《エドワードII》を、さらに《ヴィトゲンシュタイン》に挑んで哲人にひそむゲイ感覚の描写にとりくんだ。随所にデレクの戦慄が走っている。

一九九三年、視力を失いつつあったデレクは最後の作品に向かった。七五分にわたって青色が映し出されるだけだった。《ブルー》と名付けられた。デレクを知る者はこれを見て、みんな泣いた。ふりかえって、映画《ラスト・オブ・イングランド》が、デレクの病いとその解放のための集大成だったのである。どこかでご覧いただきたい。そこにはぼくのカケラも入っている。

第一七七夜　二〇〇〇年十一月二四日

参照千夜

一〇二三夜：ニーチェ『ツァラトストラかく語り』　三四〇夜：『ギンズバーグ詩集』　八二二夜：ウィリアム・バロウズ『裸のランチ』

同居房で映画を語りつづけるゲイ感覚。
武満徹がオペラにしたかった奇作だ。

蜘蛛女のキス

マヌエル・プイグ

野谷文昭訳　集英社　一九八三／集英社文庫　一九八八／劇書房　一九九四
Manuel Puig: El Beso de la Mujer Arana 1976

二人の男が喋っている。「少し変わってるの、そこらの女とはちょっと違ってるのよね」「その娘は寒くないのかな」「そう、寒さも忘れてたわ」「そいつは矛盾している」「そうね、彼女は自分に閉じこもってたのね」といった冒頭の会話に始まって、二人の会話だけがなんと一八〇ページも続くのである。数ページが会話とか、数十ページが会話というのではない。一八〇ページである。

とんでもない小説だ。やっと一九〇ページをこえて、短めの裁判報告が挿入され、この二人が実は刑務所の獄房の一室に閉じこめられている二人だとわかる。それまでは読者はあれこれ想像を迫られ、なんとなくいろいろな人物の想定をしてみるのだが、ついつい二人の会話に引きこまれて、状況を把握することを放棄していたのである。

二人の名はバレンティンとモリーナという。かれらはブエノスアイレスの刑務所の同居獄房にいる二人の男である。この物語は獄房の一室を一歩も出ない物語だったのだ。バレンティンは政治犯、モリーナはゲイで猥褻《わいせつ》罪に問われている。


ぼくはこの作品を武満徹《たけみつとおる》さんに勧められた。そのころ武満さんに会うたびに、互いに最近の出色の小説をおずおずと言いあうことにしていたのだが、このときはぼくが「遊」を休刊してしまったこと、武満さんがオペラを準備中であること、そしてプイグの『蜘蛛女のキス』がやたらにおもしろかったという話をかわした。そんな小説があるのかと思った。

たしか、このあとにアメリカで映画化されたのだとおもう。監督がヘクトル・バベンコ、主演のウィリアム・ハートがモリーナだった。アカデミー主演男優賞をとった。ぼくは感心したが、武満さんはやや不満だったらしく、一年後に会ったときは「実はぼくの最初のオペラを『蜘蛛女のキス』にしようかなと思っているのよ」と言っていた。映画の不備を越えようということなのだろうか。しかし、武満さんはあれほどの作曲家なのにまだオペラを作っていなかったから、もし『蜘蛛女』がデビュー作になるとすると、これはあまりに大胆だな、スキャンダルになるなと驚いた（武満さんはオペラを作曲する暇なく亡くなってしまった)。

武満さんがバベンコの映画に不満をもったのは、武満さんが人も知る大の映画狂いで、年間三〇〇本を見るという映画通だったせいによる。なにしろ淀川長治《よどがわながはる》が「武満さんにだけは負けます」と脱帽していたほどなのだ。しかしそれ以上の理由もあった。

おそらく二つの理由による。ひとつは、あとで説明するように、この小説は映画の物語なのである。映画のような小説なのではなく、映画を見るということそのもの、映画を語るということそのものを取りこんだ小説なのだ。

映画に**体感エクリチュール**というものがあるとすれば、その体感エクリチュールが文学になったといえばいいだろうか。たとえばジョリス＝カルル・ユイスマンスが伽藍《がらん》をそのまま文学にしたように、フィリップ・ロスが野球を文学にしたように、プイグは映画のもつすべてのエクリチュールを文学にした。

もうひとつは、この小説がホモセクシャルをテーマにしているということにある。これはあまり表立って語られていないことなのかもしれないが、武満さんはホモセクシャルにやたらに詳しい。詳しいだけでなく、かなりの好感をもっていた。実際にも交友関係には親しいゲイがたくさんいた。「だってゲイの数が一番多いのは音楽関係でしょ、ホッホッホ」と武満さんは口に手をあててよく笑っていた。「で、二番目が美術家でしよ」。映画を語るホモセクシャルとの夜が続く物語。これでは武満さんの食指が動かないはずはなかった。

マヌエル・プイグはアルゼンチンの作家で、一九三二年に生まれている。ガルシア＝マルケスが一九二八年で、バルガス＝リョサが一九三六年の生まれだから、南米を代表する二人のノーベル賞作家のちょうどあいだにいる。けれども二人が大作家になってラテンアメリカ文学の象徴的な英雄になっているのに対して、プイグは徹底したマイナー志向だった。

子供のころから映画監督になりたかった。五歳のころから映画館通いをしている。その後、いろいろ挑戦したようだが、挫折した。それでもプイグの日々は映画そのものの内側で生きているようなものだったので平気の平左のようだ。「**ぼくはセルロイドのフィルムそのものになりたかった**」とどこかのインタビューで答えていたが、まさにそんな感じなのである。このセリフはちょっとやそっとでは語れない。よほどのフィルム狂いなのだ。

この作品でもテロリストのバレンティンを相手にして、モリーナは映画の話ばかりをする。モリーナが『千夜一夜物語』よろしく、毎晩、続きもののように映画の物語を聞かせるわけなのだ。語られる映画は六本にのぼっていて、そうとう細部まで語られる。

そればかりかモリーナは脚本家の立場、監督の立場、批評家の立場をすべて引きとって、しかも役者にもなってみせている。バレンティンはその語りの中へ入っていく。

ぼくの高校時代にもクラスに石井某君という異常に映画の好きな友人がいた。休み時間も放課後も帰校時もものかは、石井君につかまったら最後、嵐のように映画の話を浴びせられた。ただ石井君はジョン・フォードと西部劇のファンだったので、ジョン・ウェインが好きになれなかったぼくは閉口していた。

ところが、『蜘蛛女』ではモリーナの映画語りは悪趣味の具合も最高、またエロティシズムにも心理学にも富んでいて、おまけにぞんぶんに存在論《オントロジー》っぽくて、飽きさせない。ひたすらQ《クィア》な思想に溢れている。そんな独房のなかの映画語りを読まされていったいどこがおもしろいのかと思うかもしれないが、これがめっぽうおもしろい。

モリーナが獄中で語る六本の映画はいずれも変わった映画ばかりなのである。《黒豹女》《甦るゾンビ女》《愛の奇跡》《大いなる愛》、そして、おそらくは複数の映画をまぜあわせてプイグがつくりあげたナチスの物語の映画など。これらをモリーナが多様に語る。バレンティンの反応も変わっているが、読者もだんだん妖しい気分になる。

舞台が獄中で、登場人物がたった二人なのに、この作品が永遠に忘れられないものとなっているのは、このように映画が映画の「外」に出て、モリーナとバレンティンの意識と肉体の「中」に入りこんでいくからだ。

こんな小説はめったにない。マヌエル・プイグにして初めて実験が成功した文学実験といってよい。書簡だけの小説はいくらもあるが、二人の対話だけで構成され、しかもその対話の大半が映画の裏地で縫いこまれているというのは、呆《あき》れるばかりの想像力だった。やはり武満さんのオペラデビュー作にしてもらいたかった。

第二七〇夜　二〇〇一年四月十三日

参照千夜

一〇三三夜：武満徹『音、沈黙と測りあえるほどに』　五二夜：『淀川長治自伝』　九九〇夜：ジョリス＝カルル・ユイスマンス『さかしま』　七六五夜：ガルシア＝マルケス『百年の孤独』　一七〇七夜：バルガス＝リョサ『密林の語り部』

日本男児をキュンキュンさせるには、
男絵は三浦友和に似ていなければならなかった。

伊藤文学

『薔薇族』編集長

幻冬舎アウトロー文庫　二〇〇六

松岡正剛はゲイであるという噂。いや少なくともバイセクシャルだろうという噂。いやいや正真正銘のプラトン・ホモだという噂。沼正三《ぬましょうぞう》はわざわざ「松岡正剛は正当のMである」と手紙に書いてきた。丁寧な書体だった。

さあ、どうなんでしょうね。ぼくなんぞがゲイやバイセクシャルや正当Mなのでは、かれら当事者にまったく申し訳が立ちません。稲垣足穂《たるほ》がそうであったように、ぼくはゲイやホモセクシャルやMやらの熱狂的な同伴者、ないしはオントロジックな支援者にすぎない。これで、いいかな?

もっとも、ぼくはたいへんな晩生《おくて》で、女性を知ったのが下駄を履いて早稲田ゼンガクレンで跳梁跋扈《ちょうりょうばっこ》していた大学三年生だったから、それ以前に幾多のゲイの接触を受けていた。それでも映画館の暗闇を筆頭に、何度もきわどい危難をかいくぐってきたのだけれど、大学二年の夏に信州をヒッチハイクしていたとき、公園で野宿を決めこんでいたら妙齢の婦人が声をかけてきて、そこで勧められた宿屋の柔らかな布団で熟睡しているあいだに、その女装主人にやられた。ハッと気がついたときは、もう遅かった。だから男が先で、女があとなのだ。

今夜は「遊蕩篇《ゆうとう》」にふさわしく、伊藤文学がどのように「薔薇族」というゲイマガジンを創刊したかという話をしてみたい。最初に言っておくけれど、伊藤自身はゲイではない。ギョーカイでは「ノンケ」というのだが、フツーの男性だった（らしい）。

伊藤はもともと版元の家に生まれた。父親が戦後に第二書房をおこしていた。伊藤が駒澤大学の予科に入ったころで、人文系の出版社だった第一書房を再興しようとしてそれが叶わず、第二書房を立ち上げた。出版界ではよくある話だ。

第二書房は短歌や現代詩を出していたのだが、極小出版社だった。取次店の配慮にもめぐまれず、印刷費もままならない。紙屋もまけてはくれない。そこで父親は「社員は使わない」「著者の印税を節約する」という方針を貫いた。ちょっと売れた本があれば、印税をごまかしてでも生き抜こうとした。

伊藤はこういう父親のやりかたが気にいらない。大学を出て四年ほどすると、父親は家にも寄り付かず、女遊びばかりするようになっていた。世田谷の下北沢にある実家兼版元には、借金取りばかりが押しかける。伊藤はこれをやりくりする日々をおくるようになっていた。

こうして踏み切ったのがエロ出版だった。一九六二年、騎士と夜とを掛けた「ナイト・ブックス」を出したところ、売れた。第一作を武野藤介の『わいだん読本』。帯に「夜の騎士たちに贈る最大の武器!」。第二弾が同じく武野藤介の『大人だけに聞かせる話』。清水正二郎の本もずらり並べた。清水はいまでは直木賞の胡桃沢《くるみざわ》耕史《こうし》として知られるが、そのころは怪しげなポルノ本ばかり書いていた。だが、うまかった。

こういう伊藤のフーゾク出版を、父親は黙って見ていた。安定した売れ行きだったので、文句は言わない。伊藤はそういうことをしながら、ひそかに「ポルノで品性を疑われようとも、商売では疑われたくない」というモットーを鍛えていった。

一九六五年、スーツもネクタイもシャツも靴もすべてが緑ずくめの風変わりな秋山正美が訪ねてきた。どこに原稿を持っていってもとりあってくれないので来たのだという。「オナニーの正しいやりかた」と表書きしてあった。さっそく『ひとりぼっちの性生活』として刊行したところ、女性週刊誌と11PMがとりあげたこともあって、数万部が売れた。「孤独に生きる日々のために」というサブタイトルをつけた。この感覚、伊藤がのちのちまで発揮する「性を本物として扱う」という感覚だ。

もうひとつ、工夫した。奥付に「悩みごとの相談を受け付けます」と記しておいた。山ほどの手紙が殺到した。手紙の束のなかには「ある男性を思い浮かべてオナニーをしています」といった内容のものが、かなりまじっていた。伊藤はこれをきっかけに、しだいに「同性愛」というものが世の中にかくも多いのかということに気がついていく。そこで一九六八年、日本が全共闘で揺れているさなか、『ホモテクニック・男と男の性生活』を刊《だ》した。爆発的な売れ行きになった。

こうして、あの一九七〇年十一月二五日という日がやってくる。三島由紀夫が陸上自衛隊東部方面総監室で割腹自決した。前年、ニューヨークでは「ストーンウォール・イン」というゲイ・バーが差別され、暴動がおこっていた。伊藤は、農上輝樹《のがみてるき》の『続・薔薇の告白』の巻末に、ついつい「きみとぼくの雑誌『薔薇』の準備を少しずつ進めています」と書いてしまった。まだまだ構想はまとまっていなかったのだが、このくだりを読んだ二人が伊藤を変えた。

藤田竜と間宮浩である。まったく面識のない二人だったが、新宿御苑のマンションに来てほしいというのだ。藤田と間宮は「風俗奇譚《きたん》」で互いにライターとして知り合ったのだという。二人は同性愛どうしだった。

当時の読書派なら、こんなことは誰もが知っていることだが、「風俗奇譚」はSM雑誌としてもポルノ雑誌としても、「奇譚クラブ」とともに長らく王座に君臨していた伝説のクィア・マガジンである。沼正三の『家畜人ヤプー』が連載されたのは「奇譚クラブ」だ。ぼくも両誌ともにたくさんバックナンバーをもっていたが、いまは散逸してほとんど見当たらない（「えろちか」も）。しかし「風俗奇譚」は同性愛には弱かった。むしろこの頃まで、男の同性愛は日本社会のタブーであり、恥部とみなされていたのだ。

そこで二人が、勇気ある新雑誌の創刊に力を貸したいと申し出た。藤田はプロのメディア・クリエイターで、「私の部屋」という雑誌のインテリアページも引き受けていた。間宮は小説が書けた。ついで、二人のゲイ感覚が伊藤にとってラッキーだった。二人は二人ともがスポーツマンタイプが好みだったのだ。伊藤は、もし二人が少年愛派だったり、デブ好みだったりしたら（けっこう多いらしい）、「薔薇族」の方針はぐちゃぐちゃになっていたかもしれないと回顧する（笑）。かくして藤田と間宮の協力のもと、一九七一年七月三十日、「薔薇族」が九月号として創刊された。

中綴じの七二ページで、活版組。隔月刊。発行部数は一万部。雑誌コード7581。表紙は藤田竜のイケメン青年のイラストレーション。グラビアはたったの六ページ。それでも男のハダカが、ついに本屋に並ぶ雑誌のグラビアを飾ったのだ。モデルは秋山祐《ゆう》徳太子《とくたいし》と、さる美容師。撮影は原栄三郎。いかにモッコリを撮るかに苦心した。あっというまに評判になった。完売に近い。

その数週間前、ぼくは「遊」を創刊していた。平綴じの一七二ページで、活版組。季刊。発行部数は同じく一万部。雑誌コード2165。表紙は杉浦康平の浮遊する眼球。オフセットページは三二ページ。杉浦康平の「イメージマップ」の三つ折りの折込みも入れた。たちまち評判にはなったが、六〇〇〇部どまりだった。

「遊」は季刊というより、不定期刊だった。お金ができたら刊行した。「薔薇族」は隔月刊を守り、その後に月刊になった。「遊」が月刊化するのは六年後のことだ。

ところで、「遊」も「薔薇族」も雑誌コードをもっていた。こんなことは当たり前のようなことだが、それまで風俗マガジンの大半は「奇譚クラブ」も「風俗奇譚」も雑誌コードがないために、一般書店売りができなかったのである。取次店が雑誌コードの取得にうるさかった時代なのだ。そのため伊藤は、この創刊号の発売日を高らかに「同性愛者の独立記念日」と名付けて誇っている。

伊藤の編集力を、ぼくは買う。いくつか理由がある。

第一に、なにより他人の才能に敬意を払うところがいい。ただし敬意を払うだけではダメである。思い切って、何かをまるごと任せるところが必要だ。有名・無名は問わない。問うてはいけない。伊藤には、それがある。ぼくも高橋秀元《ひではる》や荒俣宏《あらまたひろし》や戸田ツトムを、田原《たはら》桂一や杉本博司や藤原新也を大きく登用し、ふんだんにページをさいた。

第二に、コンシステンシー（一貫性）にこだわらなかったところが、いい。編集の妙は「変化」にある。変化しつづけることが編集の本質なのだ。実際にも「薔薇族」は毎号変わっていった。それがいい。何度でも編集長を交代させられる大出版社の雑誌ならともかくも（「ヴォーグ」や「文藝春秋」のように）、そうでないのなら、コンセプトやテーマすらどんどん変質させるのもアリなのである。「遊」も表紙とテーマとフォーマットを、十年のあいだに三回にわたってガラリと変えた。

第三に、伊藤は腹を括《くく》っている。月刊に踏み切ったときに腹を括った。「胆《はら》」と言ったほうがいいだろう。それまでは書籍編集も並行してやっていたのを、そこから手を引いて雑誌業務に集中した。月刊でゼッタイに赤を出すまいとも決意した。途中から広告にも力を入れた。が、最も腹を括っていたのは、警察の手入れと同性愛者たちからの非難に対してだ。警察の手入れは、きわどい描写や男性へアヌードの取り締りである。いつでも警察にしょっぴかれることを覚悟していなくてはならなかった。こんなことでいちいち落胆していては何もできない。

もうひとつの腹は、ギョーカイ関係者に対する胆だ。端的には「同性愛者たちからの非難」がきつい。「おまえはノンケのくせにホモの気持ちがわかってたまるか」という非難だ。「ホモを食い物にして、したり顔をしている」という罵声もとんだ。これについてはよほど腹を括って、「だからこそ見えてくるものがある」と居直った。隙は見せられない。伊藤はこれを押し通した。編集長は「知」が三分、「勘」が三分で、「胆」が三分、そして「運」の呼び込みが一分のジンセーなのだ。

第四に、伊藤は読者のためのイベントを連打した。雑誌は、小さいながらもサービス事業である。読者サービスや読者イベントを連打した。これは最近の大雑誌がおおいに怠けていることなのだが、それを伊藤のリトルマガジンがやってのけた。

「遊」も、各地で「遊会」や「遊撃展」や「遊学する土曜日」や「遊塾」などを催したけれど、伊藤はもっと強行なスケジュールを組んだ。一九七四年の七月号で月刊化の予告をしたときは、半月のあいだに、「高校生のための座談会」「第一回読者パーティ」「第二回愛読者のための信州旅行」「電話相談室の特定日開設」などを連打した。これでまもなく第二書房に、一〇〇人から二〇〇人の読者が定期的に顔を出すようになった。

ぼくも「遊」を編集しているときは、常時二〇〇人くらいの読者やセミスタッフの出入りを維持したのではないかと思う。そのうちかなりの者たちが仕事をしたがったり、工作舎に入りたがったりしたのにはいささか困ったけれど、その中からかなり有能なスタッフが出現もした。大類信《おおるいまこと》や山崎春美や渋谷恭子や松田行正《ゆきまさ》、羽良多平吉《はらたへいきち》や後藤繁雄や芦澤泰偉《あしざわたいい》や祖父江慎《そぶえしん》、そんな連中だ。

第五に、それでいながら読者に阿《おもね》らないことにも徹した。これが最近は案外できない編集者が多い。これはダメだ。むろん読者は大事なのだが、読者に媚《こ》びると雑誌はつまらなくなる。しばらく安定はするけれども、やがて必ず勢いを失う。伊藤は読者の悩みごとを雑誌に反映させる編集方針をとったのだが、とはいえ、その悩みごとに甘んじはしなかった。突き放すところは突き放し、救うところは救った。スキルの提供も、半分は隠した。

当時、同性愛者たちの人気スターのナンバーワンは三浦友和だったようだ。山口百恵のダンナだが、あの短髪と精悍《せいかん》な顔立ちがゲイ感覚をゆさぶった。つづいては藤岡弘や伊吹吾郎に圧倒的な人気があった。こうした理想の男を求めて、孤独な読者たちはハッテン場（ゲイが集まる場所のこと）を出入りし、いつか三浦や藤岡や伊吹のような精悍な男に犯されることを夢見る。そういうものらしい。

こんな理想主義が成就するはずはない。そこであれこれ悩みを書いてくるのだが、伊藤はここをドンと突き放す。「あなたには原因としての問題点があります。活造《いけづく》りをあきらめて定食コースに戻るか、そのまま理想を抱き続けてホモに興奮できない体質になってしまうか、そのどちらかです。早く方向転換をしなさい」というふうに。

編集長には、いろいろの仕事がある。断固とした牽引《けんいん》力が必要である一方、どんなものにも対応できる柔軟性が必要だ。時代に敏感であるだけでは編集はできない。時代の読み方が自分でわかっていても、テキストは執筆者に任せたほうがいい。編集者としては、むしろ時代の「端っこ」「だぶり」「巻きこみ」を見たほうがいい。センタリゼーション（中央主義）はたいていはつまらない。

ときには、伏せられてきた禁句を持ち出すこともできなくてはいけないし、時代を先行する造語もつくらなければならない。伊藤はそれまで隠語になっていたゲイ用語をふんだんに登場させた。たとえば「ノンケ」「おかま」「おこげ」「おなべ」、たとえば「売り専」（体を売る男とその店）、「フケ専」（六十代前後の熟年を相手にする若者）、「オケ専」（棺桶のオケのことで、七十代以上の男の趣味）等々。

造語もある。もともと「薔薇族」が天下御免の流行語になったのだが、これに対応させて、レズビアンを「百合族」と名付けた。なかなかうまい。

フレーズもまちがえてはいけない。少年愛については、あくまで「半ズボンの神話」や「稚児のメルヘン」であって、これをうっかり「伊吹吾郎の半ズボン」とか「藤岡弘の妖精世界」などとは、血迷ってもしてはいけない（笑）。

最大多数の読者層を見抜くのも仕事だ。「薔薇族」の場合は、最も多い読者層はなんと「学校の先生」だった。だからといってぬか喜びしていては足をとられる。この最大多数層を剝《む》き出しにするか、あえて謎めかすかが編集の分岐点になる。

ファッション雑誌や旅行雑誌なら、読者の最大層が発見できたらすぐにこれを開示したほうがいい。読者モデルが次々に読者モデルを生んでいく。「ヴァンサンカン」や「キャンキャン」ならそうなっていく。けれども禁断の雑誌では、これを巧みにまぶしたほうがいい。小学校や中学校の先生の実態をバラしてトクになることは、何もない。

ファッションやメークアップや旅行などは、選択自由のマーケットなのである。読者はそこにかかわっていることに自足する。これに対してSMや同性愛は、容易には手に入らない。生得的なものもある。だから、読者が自分がそれにあてはまると解釈したかどうかを、やたらに公開するのは避けたほうがいいわけだ。

同じようなことは、べつの意味において、思想誌や政治雑誌にもあてはまる。思想や政治の本質は「移り気」にある。それなのに、いったん何かの思想や党派に傾倒した読者の正体をバラしすぎると、その読者が次の移り気に移れない。こういうときは、雑誌はあえて読者をゆさぶる「多様性」を編集しつづける必要がある。

編集長にはコンビを組むアートディレクターやクリエイターが欠かせない。ヴィジュアルを任せられるアーティストが必要だ。これも才能があったとしても、自分でやってはいけない。ヒントは出しても、手は出さないようにする。「薔薇族」では、最初は藤田竜がすばらしいアーティストぶりを発揮した。次は内藤ルネである（中原淳一の弟子筋になる）。ずっとあとからは宇野亞喜良《あきら》が表紙の絵を担当した。

なんとしてでも「薔薇族」は男性表現の先駆を切る必要があった。これはそんじょそこらのタマでは描けない。そこでつねにイラストレーターを探した。「男絵」である。「薔薇族」は藤田と内藤によって男絵の定番をつくりだした。

写真も大事だ。写真がダメな雑誌は落ちる。ぼくが「遊」を編集していたときは、写真家に一番のシンケーを使った。それがあまりに凄かったらしく、当時の「カメラ毎日」の山岸章二からやきもちを焼かれた。奈良原一高《ならはらいっこう》や横須賀功光《よこすかのりあき》らの写真家たちからは、「松岡さんに日本の写真批評を引っ張ってもらいたい」と何度も要請をうけた。ぼくはこういう甘い誘いには乗らなかった。

「薔薇族」の写真は、無名の「オッチャン」が開いた。大阪のオッチャンとしてしか知られていない人物だが、「ホモ写真」の名人だったらしい。オッチャンが警察に押収された写真は数万点にのぼる。

実は「薔薇族」の前に、一九五二年に創刊された「アドニス」というゲイマガジンがあった。上月竜之介が仲間とともに創刊したものだったのだが、そこに作品社で編集をやっていた田中貞夫と中井英夫（のちの「短歌研究」編集長）が加わってからは、文芸雑誌ふうになっていた。オッチャンはそこに数点のゲイフォトを出していたのだ。これを「薔薇族」が引き抜いた。こういうぐあいに、伊藤はヴィジュアルでも「薔薇族」を成功させた。決して派手ではないが、確実な「男絵」と「ホモ写真」をものにした。

ざっとこんなところが「薔薇族」の紹介だが、伊藤文学はその他の仕事ぶりにおいても、なかなか多彩で多様だった。

新宿厚生年金会館の近くにQフラットという邱永漢《きゆうえいかん》が建てたビルがあった。一九七〇年代半ば、このビルの二階に美輪明宏が「巴里」というサロンをつくった。そのころぼくは、すぐ近くの番衆町《ばんしゆう》のローヤルマンションの十階に工作舎を移していたので、何度か通った。ロココ調でピアノがあって、女装の美輪さんがシャンソンを唄っていた。同じく「巴里」に通っていた伊藤は、この「巴里」と同じフロアの真向かいに談話室をつくることを思いつく。クラブとサロンの文化には、雑誌編集と同質のテイストがあるからだ。

國學院の阿部正路《まさみち》がこの談話室を「祭」と命名した。会員制ではあったが、わりに健全なバースナックで、たしか五〇〇円均一でアルコールもノンアルコールも飲めた。むろんゲイが多かった。片隅に「僕から君への伝言板」というノートが置いてあって、伊藤はこういうところでも〝編集〟していた。

「祭」では夏季講座も開かれた。阿部正路、高橋睦郎《むつお》、富田英三、美輪明宏、団鬼六《だんおにろく》たちが講師になった。その後、「祭」は渋谷の宮益坂にも下北沢にもできた。新宿にはレズビアンバーの「リボンヌ」をオープンさせた。伊藤は四軒のオーナーになったのである。こういう編集長はめずらしい。現代思潮社の石井恭二による新宿「ナジャ」は夙《つと》に有名だが、これは社長であって、また夫人がママだった。

一九八一年からは、「ホモビデオ」も製作発売した。《少年・純の夏》《薔薇と海と太陽と》などの、斯界《しかい》ではよく知られた名作だ。

ところで、本書にはいくつかの姉妹版がある。『『薔薇族』の人びと』『「薔薇族」編集長 奮戦記』『薔薇を散らせはしまい』などだ。たくさんのコラボレーターが紹介されている。実は、編集はそもそもがコラボレーションなのだから、できるだけ雑誌のなかにもそのリアルタイムなコラボレーションの息吹を入れるべきなのである。

とくに「**ホモの敵はホモ**」と言われたように、「薔薇族」のような雑誌は、同業者から必ず恨まれる。そういう宿命がある。編集屋というもの、よほどの才能をもっていないと同業者から嫌われるか、炙《あぶ》られる。思想誌も同じ宿命をもつ。これを突破し、新たな地平を開拓していくには、最初からコラボレーターを明示していくのがいい。「薔薇族」はその点でも成功した。ぼくは、このあまりにラディカルでヤバイ編集長に敬意を表して、「遊」でホモエロス「ち組」を特集して、登場してもらったものだ。

金色カバーの「遊」特別号「ち組・ホモエロス」(1979)。プロ・アマ、ホモ・ヘテロ混成によるパンクなチームにクィア感覚を自在に発揮してもらった。若かりしおすぎとピーコの対談、鋤田正義が撮ったデヴィッド・ボウイ、阿木譲、草間彌生、森茉莉ら執筆陣による少年愛・男色論、美しい男たちの匂い立つような着色写真、日常用品の官能型録、六本木ニューハーフのインタビューなど、かなり尖った構成で、当時ずいぶん話題になった。

なお、伊藤文学は歌人の才能にも、ノンフィクションライターの才能にも恵まれていた。とくに末の妹が心臓病で闘病していた顚末《てんまつ》を綴った『ぼくどうして涙がでるの』（第二書房）は評判になり、のちに日活で映画化されている。

伊藤文学。昭和七年、東京世田谷生まれ。三九歳で「薔薇族」編集長となった。平成十六年、三五年をへてついに廃刊したが、翌年、メディアソフト社から不死鳥のように蘇《よみがえ》って、また編集長になった。

第一二〇八夜　二〇〇七年十一月二八日

参照千夜

八七九夜：稲垣足穂『一千一秒物語』　一〇二二夜：三島由紀夫『絹と明察』　八一八夜：秋山祐徳太子『泡沫桀人列伝』　九八一夜：杉浦康平『かたち誕生』　九八二夜：荒俣宏『世界大博物図鑑』　一七〇四夜：杉本博司『苔のむすまで』　一六〇夜：藤原新也『印度放浪』　五三〇夜：美輪明宏『ああ正負の法則』　三四四夜：高橋睦郎『読みなおし日本文学史』

稚児《ちご》、色子《いろこ》、陰間《かげま》。ゲイバーとおかま。
トランスジェンダーには「もうひとつの日本文化」がある。

女装と日本人

三橋順子

講談社現代新書　二〇〇八

できたてホヤホヤの本だ。十月初旬に贈られてきた。ホヤホヤなのは刊行日のことだけではなく、女装と日本の関係を扱ったこともホヤホヤで、女装センセーとしての三橋《みつはし》順子が著者として出版ギョーカイに登場したこともホヤホヤだ。いや、「凛々《りり》しい初陣《ういじん》」といったほうがいいけれど、研究者としてはすでに存分のキャリアの彼女が、このように一般読者の前にその思想と容姿をあらわしたのは、ホヤホヤだ。

ホヤホヤはまだある。ぼくと著者との関係もホヤホヤだ。とても仲がいいということだけで、それ以上の想像をしてもらっては困るのだが、順子さんが女装を本格的な着物に徹するようになるころから（それまでは洋装が多かった）、なぜか急速に仲良くなった。引き合わせてくれたのは筑摩書房の藤本由香里で、この人はその後は少女漫画の独特なナビゲーターとして知られ、さらには明治大学のセンセーになったのだが、実はたいへん妖しい背景の持ち主で、われわれQ《クィア》な二人を出会わせるにふさわしかった。

そのころ順子さんは大学の講師としてジェンダー歴史社会学を教えるかたわら、新宿の女装スナック「ジュネ」で助っ人ホステスをしていた。女装学者で、夜の水商売にも貢献している人なんてめったにいないから、女装仲間やニューハーフの仲間から、「誰かが私たちのことをちゃんと書いておいてほしい。それは順ちゃんしかいないわよ」と煽《あお》られた。誤解渦巻くトランスジェンダーの社会なのである。そこで順子さんは一念発起、それまでの研究に拍車をかけ、ネオン煌《きら》めく夜陰のお勤めをがまんして(かなりの腕前だったようだ)、ついにこの一書をものすることにした。

だから、いろいろな意味で本書はホヤホヤだ。しかし、ここに述べられた内容はホヤホヤではない。日本人が熟知しておくべきことばかりである。

日本における女装については、だいたい歌舞伎の女形《おやま》が世界でもめずらしい。女装演劇は京劇には多少があるものの、ほとんど演劇史に見当たらない。それが今日まで続いている。亡くなった女形名人の歌右衛門《うたえもん》は日々の生活のうえでも「女」であった。最近ではテレビのトランスヴェスタイト(異装嗜好)は当たり前、街にもコスプレが溢れだしている。美輪明宏というピカ一の特例もある。

　こんな日本の歴史にはきっと女装をめぐる何かの執着が一貫して隠されているはずなのだが、これまでそのような目で女装が研究対象になることは少なかった。そこへ順子さんがその謎の解明に乗り出した。感心したのは、そのピックアップの仕方だ。

　まず、種子島の弥生後期の遺跡に女のシャーマンの人骨にまじって女性と同様の装身具をつけた男性の遺骨があったことをあげ、ここに「**双性の巫人《ふじん》**」のルーツがあることを証《あ》かした。沖縄民俗でいうなら「男ユタ」や「男ノロ」である。すでにこのころから女装シャーマンがいて、**神聖な呪能**を発揮していただろうという指摘だ。ついで、中世の「職人歌合《うたあわせ》」に描かれた「**持者《じしゃ》**」に着目し、この網格子に紅白の椿を散らした衣服をまとい、白い布で髪を包んでいるカノジョが口元に髭《ひげ》をはやしているところから、これまた女装の呪能者であろうという結論をくだした。おそらく鎌倉八幡宮の「宮つこ」であるカノジョは、神人《じにん》か供御人《くごにん》か寄人《よりうど》で、網野善彦《あみのよしひこ》ふうにいえば、楽《らく》や公界《くがい》の特権にかかわっていた職能者なのである。特権と差別とはトレードオフだった。

　こうしたピックアップだけでも本書の出だしはすこぶる好調で、つづいて女装の稚児をとりあげるのだが、ここにはサード・ジェンダー（第三の性）があきらかに読みとれると考えた。

　ふつう稚児とは、「童《わらわ》」とよばれた者たち全般のことだと思われているのだが、実際には男児が十五歳までに元服をして初冠《ういこうぶり》をし、女児なら着裳《ちゃくも》の儀をおこなうのに対して、十五歳をすぎても元服しない者たちがいた。それが「童」だった。だから童は烏帽子《えぼし》をかぶらない。それだけでなく、「成長した男子」ではないとみなされた。つまり彼等はサード・ジェンダーなのである。

この童たちには身分にも差別があって、上童《じょうどう》(子)・大《だい》童子・中童子と分かれ、このうちの上童が貴族や僧侶からの「稚児」として、格別の寵愛《ちょうあい》をうけた。このなかに女装稚児がいた。『春日権現験記絵《かすがごんげんげんきえ》』や『石山寺縁起』や『法然上人絵伝』をよく見ると、その姿や様子が克明に描かれている。髪が長くて桜襲《さくらかさね》や花菱《はなびし》などの小袿《こうちき》を着て、女の履物である「藺《い》げげ」を履いた被衣《かずき》姿をしている。ふつうの童なら水干《すいかん》だ。これはあきらかに女装の童子なのである。

絵巻に被差別者や特殊な装束を着ている者たちがいることを〝発見〟したのは黒田日《ひ》出男《でお》さんであり、ぼくもそのことを『フラジャイル』(ちくま学芸文庫)などに書いたけれど、そこに女装者がいることまでは見抜けなかった。

順子さんは次に醍醐《だいご》寺本の『稚児草紙《ちごそうし》』にとりかかる。これまた、これまではホモセクシャルな少年偏愛のソーゼツ秘本だと思われていた代物で、ぼくも二五年ほど前に足穂さんに勧められて豪華復刻版をつらつら見たが、最初はそこに女装がからまっているとは見ていなかった。なにしろ「おかまを掘っている」絵ばっかりなのだ。しかし本書にも示されているように、細川涼一・田中貴子・松岡心平《しんぺい》らの研究が進み、ここには独特のトランスジェンダーが志向されていることがあきらかになってきた。そこでは擬似的ヘテロセクシャルな光景もくりひろげられていた。

儀式的な背景も関与していた。「児灌頂《ちごかんじょう》」というものがあるのだが、これはもっぱら少年を稚児に変えるものだと解釈されてきた。そうではあるが、この儀式の本尊は観世音《かんぜおん》菩薩《ぼさつ》であって、観音が「変化《へんげ》」を主旨とした菩薩であることから、ここには観音と稚児とが双性的であるという観念が動いていたはずなのだ。このことは『児灌頂私記』や『稚児観音縁起』などの資料にもあきらかで、「この灌頂を受くる時、まさに汝、観世音菩薩なるべし」とされ、この儀式は結願《けちがん》の夜に、稚児の「法性花《ほっしょうか》」、すなわちアナルが師僧のペニスを受け入れることで完了するようになっていた。

こんなふうに書くと困った顔をする読者も少なくないだろうが、ここにはなんらかの「聖化」が関与していたということだ。

というようなことを次々に書いて、順子さんはさらに白拍子《しらびょうし》のことから阿国《おくに》歌舞伎へ、若衆歌舞伎へ、野郎歌舞伎の実態へと考証を進めていく。

あいかわらず視点は冴《さ》える。白拍子が女による〝男ぶり〟をする芸能ではなくて、稚児が女装をしたものを白拍子が継承したのだという見方をしているところ、歌舞伎はもともと女形がシテの芸能で、だからこそ「大夫」（太夫）を名のれたのは女形だけだったのではないかというところなど、滝川政次《まさじ》郎《ろう》の先駆的な研究前史があったとはいえ、そこにゆるぎない判断をおいたのはカッコいい。

江戸時代、女色と男色はとびきりの文化であった。女色には遊郭が、男色には陰間《かげま》茶屋が待っていた。**陰間**は女装をした男性のことをいう。鈴木春信《はるのぶ》の《艶色真似ゑもん》は、豆男が色道修行していくという物語仕立てになっているのだが、その修行には陰間とのアナル・セックスも入っている。

陰間は、陰間茶屋でセックスワークをする「**色子**《いろこ》」とよばれた少年がルーツだ。ザクロの皮から作った粉でお肌を磨き、肛門を広げたり緩めたりする練習をして、若衆姿で男性のお相手をする。この少年は前髪を垂らした若衆の恰好《かっこう》をした女装者だ。つまり〝稚児もどき〟なのである。そこに倒錯した色気が動く。明和期（一七六〇年代）には、二三〇人ほどの陰間がいたという。

この数字はぼくも本書で初めて知ったけれど、そうとう多い。というのも、一九五〇年代の女装男娼《だんしょう》の数が一〇〇人前後で、九〇年代の東京のセックスワーク専門のニューハーフもほぼそのくらいだと見られているからだ。だったら江戸は男色・少年愛の天国だということになる。その江戸で人気の陰間の多くが上方からの「下り子」だったというのは、きっと関西出身の子のほうが物腰が柔らかかったからだ。江戸の荒事《あらごと》、上方の和事に通じる話だ。

陰間茶屋は天保の改革で廃止された。何かにつけ天保の改革から日本はおかしくなったのだが、それでも男色文化そのものが禁止されたわけではなかった。

ところが明治になると、司法省によってはっきりと異性装禁止令や鶏姦《けいかん》律条例が発令されて、女装もアナル・セックスも法的に禁じられた。事は肉体の規制にまで及んだのである。そこに同性愛や異性装をタブー視するキリスト教的な背景をもつ精神医学が加わり、多くのトランスジェンダー行為が「変態」とみなされるようになった。

これで、「おとこ女」や「おんな男」として社会のなかですっかり白眼視されてしまい、男色は日陰者扱いになった。この蔑視が昭和史から戦後に向かって広がった。


敗戦後、ノガミ(上野)の駅の周辺に待ってましたとばかりに、数十人の女装男娼が出没した。カノジョらは自分たちを「おんながた」と自称し、仲間を「ごれん(御連)さん」と呼んだ。が、一九四八年の冬、大規模な狩込みがあって、街娼四〇〇人とともに、男娼五〇人が検挙された。角達也の『男娼の森』(日比谷出版)に詳しい。

それでもカノジョたちは、娼婦二〇人に男娼一人といった割合で東京の各所に紛れるように立つ。上野・有楽町・新橋・新宿の駅の周辺が多かった。男娼は女を漁る男たちの欲望の目をうけると、巧みに女になりすましてレンコンをやってのけた。レンコンとは女装男娼のとっておきの秘技で、手にクリームを塗って筒形にして、背中から股間にあてがい、そこに男のペニスを誘導しながら射精させてしまうという詐交テクニックのことをいう。

こうして五〇年代、戦後の闇を破る禁断の花火のごとくゲイバーが出現する。銀座の「ブランスウィック」、新宿の「夜曲」「イプセン」「蘭屋」、新橋烏森《からすもり》口の「やなぎ」、湯島天神下の「湯島」などだ。「ブランスウィック」は三島由紀夫が『禁色《きんじき》』のゲイバー「ルドン」のモデルにしたところで、ここで若き丸山明宏（美輪明宏）が短髪、縞々《しましま》のシャツ、マンボズボンという出で立ちでボーイをしていた。江戸川乱歩なども通っていた。

もっともこの時代は、いまだ同性愛者と女装者は不分離で、多くのゲイバーでは丸山明宏のようなボーイッシュな美少年が多く侍《はべ》っていた。そうしたなか、お島ママの「やなぎ」が数少ない女装系として有名で、その「やなぎ」が銀座にも出店すると、ここにいた青江忠一がのちに有名な「青江」のママになっていく。

もうちょっとのちのことになるが、ぼくは父に連れられて「青江」に行ったことがあった。あまりにも目眩《めくるめ》くものがあって、何をどうしていいかさっぱりわからなかった。「おニイさん、大きくなったらここでお化粧しなさいな」と言われて、真っ赤になった。父はニコニコ笑うばかり。だいたいこの父は一家を引き連れてストリップに行くような、家族に隠し立てがあるのが大嫌いな男だった。しかしストリップはともかく、女装ゲイバーは青少年セイゴオには刺激が強すぎた。

一九六三年、パリのショークラブ「カルーゼル」の性転換・女装ダンサーたちの来日公演が話題をまいた。カノジョたちはブルーボーイと呼ばれ、日本のメディアにもブームをおこした。

これで日本ショービジネス界にも性転換手術をする者が登場し、吉本一二三《ひふみ》のように浅草ロック座で「性転換ヌードショー」で大当たりをとる者や、美貌の性転換ダンサーとして異彩を放った銀座ローズなどがあらわれた。この銀座ローズを追うようにして登場してきたのが、タレントとして活躍するカルーセル麻紀である。カルーセル麻紀はモロッコの専門医ジョルジュ・ブローの執刀で性転換をするのだが、海外での手術のため「合法」とみなされた。美女で、知的で、ハスキーボイスがたまらなかった。

ゲイバーはこのあと、「**非女装美少年系**」と「**女装ナルシス系**」に分かれていったらしい。このとき非女装系が新宿二丁目に集中し、ゲイタウン化が始まったのだと順子さんの説明にある。それに対して女装系ゲイバーは、新橋↓銀座↓赤坂↓六本木↓西麻布・青山というふうに、なぜか山手線内側の新興盛り場の花となっていく。

ぼくが早稲田や新宿をうろついていた六〇年代後半は、夜の一〇時をまわると、そこかしこにピンヒールを履いたコールガールが出現していたが、「ちょっとオニイさん」と呼び止める女性の半分がゲイだった。一方、映画館では変なおじさんか美形の兄貴が必ず声をかけてきた。

七〇年代については本書は詳しくないが、ぼくの印象ではゲイ感覚も女装感覚も、ディスコやクラブやコンサートにまで流れだしていて、そこにはドラァグクィーンのはしりなどもまじっていて、日本がアメリカ的ゲイカルチャーに席巻されていったというふうに見える。なんであれ、日本はいったん海外化してしまうのだ。

それがふたたび「日本という方法」を取り戻すのは、八〇年代である。象徴的には桑田佳祐あたりが「ニューハーフ」というキャッチコピーを作ってからだった。ニューハーフは一九八一年四月、大阪のベティ春山に授けられた称号だ。松原留美子も「噂のニューハーフ」として映画にまで引っ張りだされた。

そこへ土田ヒロミの『青い花―東京人形』(世文社)という写真集が発売された。ぼくはぼくで、『ち組』と題した「遊　ホモエロス特別号」を編集構成した。金色のカバーをつけた。ぼくの周囲に怪しくて妖しいパンクな連中が頻繁に出入りしていた時代だ。

そういう状況に追い打ちをかけるように、「週刊女性」が八三年からは「今週のニューハーフ」というコーナーを設けた。その筋がみんな見ていたらしい。さらに八八年、「笑っていいとも！」が「Mr.レディー Mr.タモキンの輪！」を始めると、今度はニューハーフとミスターレディがテレビの中でまじっていった。これらは、カミングアウトとゲイ文学をひっさげていたアメリカン・ゲイカルチャーとはまったく異なる〝日本流〟だった。

日本の女装文化はテレビがつくったのではない。その奥に二つの流れのパイオニアたちがいた。

ひとつは一九七〇年に西麻布に開店した「プティ・シャトー」のフロアショーの流れである。ニューハーフの女装フロアショーはまことにおもしろい。美しくてゲテで、ワイルドで滑稽、派手であからさまなのに、どこかに**羞恥の奥行き**というものがある。ぼくは初期には「青江」で、後期には六本木の「金魚」でその底抜けを垣間《かいま》見るのだが、似たようなショーは赤坂の「ピープル」「ジョイ」、六本木の「ラキラキ」、新宿の「狸御殿」「ABECHAN」「黒鳥の湖」「アルカザール」、大阪の「エルドマン」「なるしす」「ベティのマヨネーズ」でも、人気を呼んでいた。

もうひとつの流れもあった。それは、ニューハーフ・ショーが顕花植物だとすれば、隠花植物のごとくに、一人ひとりの男たちが自身のジェンダー感覚の変化に気がついて、こっそり女装を始めたアマチュアたちの流れだ。

一九五五年十月、女形研究を隠れ蓑《みの》にした「演劇研究会」なるものが滋賀雄二によって主宰され、ここが日本最初の女装愛好グループとなると、五九年、これを母体に「富貴クラブ」（主宰・西塔哲）という女装秘密結社が誕生した。「富貴クラブ」は六〇年に創刊された「風俗奇譚」（高倉一編集長）と提携し、秘密厳守の会員制女装結社として順調に会員をふやしていった。

入会のイニシエーションも「会員の部屋」に到達するまで、かなり厳密なものだったらしい。拠点も成子坂《なるこざか》→番衆町→諏訪町《すわちよう》→中野というふうに移動した。番衆町はぼくも住み、工作舎もいっとき事務所を構えていた町だ。

この「富貴クラブ」の会員だった加茂こずえが、一九六七年二月に新宿花園五番街に「ふき」というバーを始めた。伝説の新宿女装コミュニティの原点である。加茂は読売新聞のデスクをしながらも、アマチュア女装者が気楽に集えるコミュニティの必要性を感じて、乾坤一擲《けんこんいってき》、女装バーを開いたのだという。『女装交遊録』（太陽文藝社）の著書もある。「ふき」はやがて「梢」と名を変えて、その後のアマチュア女装バーのパイオニアとなった。のちに順子さんがバイトをする「ジュネ」も、この系列だ。

一方、一九七九年八月、女性下着会社のアント商事がアマチュア女装者を顧客とする「エリザベス会館」を神田に開いた。そこへ行けば万端一式揃っていて、好きに女装ができるという便利なクラブだった。八〇年にはアマチュア女装専門誌「くいーん」も創刊された。「全日本女装写真コンテスト」が誌上開催されていた。順子さんはこの「競技女装」に応募して本格的な女装にめざめていったのである。

さて、その順子さんはそもそもどうして女装社会に入っていったのか、本書にはその経緯も詳しく述べられている。

北関東の小都市で生まれ育った順子さんは十八歳のころ、男たちが「平凡パンチ」を見ながら女性の噂をしているとき、自分の女性に対する見方とはかなり違うものを感じたのがきっかけで、その後はしだいに「**女性同化願望**」が募っていったらしい。不安にかられて図書館で心理学書を読みあさるのだが、ユングのアニマ説（男性にひそむ女性性）を納得しようとしても、なにか割り切れない。やがて学生時代から親しくしていたガールフレンドと結婚し、フツーの男として暮らしていくことにした。だからそれから十年ほどは、かなり必死に自分の中の女性を抑え続けていくのだが、ところが「もう一人の自分」が黙ってはくれない。

一九八五年の三十歳の秋、順子さんは通信販売でウィッグ、化粧品、下着セット、紺色のワンピースを購入すると、たった一度だけの女装に挑む。ずっと心の中で育くまれてきた女性人格が、初めて形をなした瞬間である。「順子」という名前がこのときに生まれ、「やっと出てこられたわ」と呟《つぶや》いた。

数日後、順子さんは買ったばかりの女装用品すべてを廃棄した。まっとうな社会人としての日々を選ぶには、そうすべきだったのだ。けれどもその決心とはうらはらに、順子を殺すことはどうにも不可能だった。五年ほどのあいだ、数カ月に一度ほどのペースで、自宅や旅行先で孤独な女装を試みて、ひそかにポートレートを撮影するようになっていた。

ここで出会ったのがアマチュア女装交際誌「くいーん」だったのである。村田高美という女装者との文通も始まった。カノジョは順子さんをエリザベス会館に誘い、それがトリガーとなって女装冒険も始まった。三五歳の遅咲きにはたいへんなコンプレックスもあったようだが、三橋順子の女装写真は有名になり、賞をとる。

そこから先のことは、ぼくも何度か聞いてうすうす知っている。新宿ゴールデン街の「ジュネ」（中村薫ママ）にお手伝いホステスとして参加すると、九五年には新宿三丁目の「びびあん」（美杏さつきママ）を借りてフェイクレディ祭を開催したり、西アジア系の男たちのナンパを楽しんだり、歌舞伎町のニューハーフパブ「ミスティ」（青山エルママ）を手伝ったりの、大忙しだ。

それでも他方では、本書にあまり書いてはいないけれど、順子さんはれっきとした大学講師として学生たちを指導し、ジェンダー社会学の研究にも勤《いそ》しんでいた。

そういう順子さんが、本書で最後に強調していることは、女装とホモセクシャルな関係は必ずしも重ならないということだ。

トランスジェンダー（性別越境）では、つねに「パス」と「リード」が問題になる。パスは生得的な性別を隠して望みの性別を見せる生き方のことをいい、リードは生得的な性別が読み取られてもかまわない生き方のことをいう。パスとリードはさまざまに交差する。それがあまりに混乱すると「性同一性障害」がおこるのだが、しかし日本文化にはもともと「見立て」の意識がよびさますものもたくさんあって、女装はこの「見立て」という文化の系譜に属するものでもあった。そこにはヤマトタケル以来の、絶えざるジェンダー記号の積み重ねがあった。

セクシャリティというものは、ヘテロセクシャル、ホモセクシャル、バイセクシャルの分類には収まらない。トランスジェンダー（T）もまたセクシャリティなのである。順子さんはこうして、日本の女装史にはもともと「宗教性」「芸能性」「接客性」「性サービス性」「仲介性」という五つの機能があるはずで、それらがさまざまに組み合わさって、今日のジェンダー文化が確立しているのだと見た。

順子さんのジェンダー論は、そもそも男でも女でもありうる「双性の原理」が根っこにあって、そこには神や巫女《みこ》との類縁性があったのである。詳しいことは本書を読まれたほうがいいけれど、日本もやっとこういう一冊を新書にする時代がきたのだということを、今夜はまずは祝福したい。順子さんは「あとがき」にこう書いた。

三橋さんは、2000年から女性教員として大学の教壇に立ち、いまも女装姿で颯爽とキャンパスを練り歩いている。上の写真は1993年に「全日本女装写真コンテスト」で三冠を受賞したときのもの。下の写真は、本書のために自撮りしてくれたもの。

なぜ、男女どちらかの性別に「正常化」されなければいけないのでしょうか？

なぜ「あいまいな性」「第三の性」のままで生きてはいけないのでしょうか？　自分の生き方、自分の「性」のあり様、自分にとっての心地よい身体は、自分で決める、私はそうあるべきだと思います。

第一二七四夜　二〇〇八年十二月十二日

参照千夜

五三〇夜：美輪明宏『ああ正負の法則』　八七夜：網野善彦『日本の歴史をよみなおす』　八七九夜：稲垣足穂『一千一秒物語』　六五六夜：田中貴子『聖なる女』　一〇二二夜：三島由紀夫『絹と明察』　五九九夜：江戸川乱歩『パノラマ島奇談』　八三〇夜：ユング『心理学と錬金術』

メイクオーバー・カルチャーとしての「おかま」と「おネエ」の現代史。

クレア・マリィ

「おネエことば」論

青土社　二〇一三

おネエ言葉に注目するとは炯眼《けいがん》だった。なるほど「おネエ」とか「おネエ系」はなんとも新奇な言い方で、姉《あね》さんとも姐《ねえ》さんとも違っている。それまでのゲイやおかまやニューハーフとも何かが異なっている。

ぼくが知っている程度の記憶で昭和日本をふりかえってみても、五〇年代は青江のママがそう自称していたように「ゲイボーイ」が通り名だった。いまは美輪明宏と改名した丸山明宏は世間からは「シスターボーイ」と半ば蔑《さげす》まれて呼ばれていて、銭湯でなよなよと前を隠して内股で湯船に向かう〝おねえさん〟がいると、子供どうしでも「あれ、シスターボーイやで」と囁いたものである。

六〇年代はパリのショークラブ「カルーゼル」から女装トップダンサーたちがゴール

デン赤坂などに何度も来日して、これがきっかけで「ブルーボーイ」が流行した。性転換手術をしたM↓Fさんたちがブルーボーイのことだ。M（male）からF（female）に変わったという隠語である。モロッコで性転換手術を受けたというカルーセル麻紀が代表していた。

七〇年代になると、おすぎとピーコが「おかまタレント」として売り出した。すでにゲイバーは各地にあったけれど、この気運にのったせいか、「おかまバー」と呼ばれるほうが多くなった。「おかま」は江戸時代すでに「おかまを掘る」などと使われ、その後もそもそも女装する男娼に対する蔑称のはずだったのに、このころから柔らかく使われていったのだと思う。

かくして、次々におかまタレントが週刊誌やテレビを賑わせると、どこか女っぽい仕草をするタレントが「おかまっぽい」とか「ホモっぽい」と言われるようにもなって、そのころから美川憲一なども趣向を隠さず、かえってネタにしたのだと憶えている。

八〇年代は、松原留美子が代表する「ニューハーフ」の時代になった。ニューハーフは「ウォークマン」同様の和製英語で、アメリカの俗語では「シーメール」（She-male）とか「トラニー」（Tranny）などと言う。ちなみにぼくが「遊」の特別号で「は組」「ち組」「へ組」を遊んだときは、「ち組」に六本木のニューハーフに登場してもらったものだ。一方この時期、テレビは女装の男たちを「ミスターレディ」とも呼んでいた。日本語の擬態差別力はとんでもなく豊饒《ほうじょう》な揶揄《やゆ》を生む。

九〇年代にはクラブシーンの最後を飾った「ドラァグクイーン」が登場した。ドラァグは drug ではなく drag で、「引きずる」というほうの意味だ。けれどもクラブはその後はディスコに食われ、そのディスコもいまでは風営法で夜中には踊れなくなった。このあたりから少女マンガやラノベには「おこげ」や「やおい」も出入りしはじめた。

そんなこんなで二一世紀に入ると、わが友人でもある稀代《きたい》の論客・三橋順子の『女装と日本人』（講談社現代新書）といった本格評論があらわれる。やっと女装も思想になったのだ。そしてどうなったかといえば、なぜかいまやIKKO、ミッツ・マングローブ、はるな愛、マツコ・デラックス、山咲トオルなどの、「おネエ」の時代なのである。いったいブルーボーイ、おかま、ニューハーフと「おネエ」の何が違うのか、よくわからないけれど、本書はそこを言葉づかい論として浮上させた。もっともゲイ・コミュニティ側からは、「おネエ」はゲイの多様性を狭めているではないか、気にいらないという批判もあがっていた。

本書を書いたクレア・マリィ（Claire Maree）はオーストラリアのメルボルン大学のアジア・インスティチュートの研究者だ。東大の総合文化研究科で博士号をとったのち、東洋大や津田塾で教えていた。日本語とジェンダーとセクシュアリティを研究してきた。その名も『発話者の言語ストラテジーとしてのネゴシエーション行為の研究』（ひつじ書房）という著書もある。言葉が相手やコミュニティとのなかでネゴシエーション（切り抜ける・掛け合う・談判する・交渉する）するときに、どんな様態をもつかを研究したものだ。

クレア・マリィからすると、ブルーボーイ、おかま、ニューハーフ、おネエという用語は、特定コミュニティとそのコミュニティをまたいで「外」を意識したときの、言語ストラテジーや言語イデオロギーが洩《も》らしていったキーワード群であって、ちょっとしたパロディでありながらも、その発信者からするとたいせつな防御力だということになるらしい。

社会や文化には、どんな国や民族や地域にも「言語資源」というものがある。ふつうには「国語」や「方言」と考えていいのだが、時代や社会状況によってこの資源は使い勝手が変化する。たとえば「をかし」「あはれ」は使わなくなってしまったし、「かわいい」は明治時代の意味とは違っている。どんな言語資源もつねに新たな「知」と「感性」をキックする言葉に転換する可能性をもってきた。

わかりやすい例でいえば、「**あたし**」という言葉は、小学生の女の子にとっては「私」という意味をもち、柳原白蓮《びゃくれん》の時代でも「あたし」は女性言葉になっていた。その「あたし」を男が発すれば、別のニュアンスをもつ。さらには男が「もう、いや〜ねえ」と言えば、相手はくらくらと混乱する。あるいはその場の調子に呑まれるかもしれない。そこに言語ストラテジーや言語イデオロギーが動く。

クレア・マリィが注目したのは、この言語資源がコミュニティをまたいでイデオロギーをもって転換するにあたって、「**メイクオーバー・カルチャー**」が大きな役割をはたしたのではないかということだった。

メイクオーバー・カルチャーとは何かというと、伝統的なアイデンティティや常識的な役割意識が、なんらかの理由と手段で「**示し直される**」**文化**のことを言う。出雲の阿国のかぶき踊りが女形《おやま》を含んだ野郎歌舞伎になったり、日本の洋画家がやたらにパリの画家ふうのベレー帽をかぶったりするのもメイクオーバー・カルチャーだし、マドンナが娼婦のコスチュームで“Like a Virgin”を歌ったり、シリコンバレーのCEOがジーンズでプレゼンテーションするのも、メイクオーバー・カルチャーだ。

つまりは、それなりのメイキング・プロセスが露出するのがメイクオーバーである。ふだんは外に見せないメイキングの途中をあえて見せてしまうのだ。

そのメイクオーバー・カルチャーがジェンダーやセクシュアリティをまたぐと、どうなるのか。ひとつには強烈な流行語が生まれる。また、時として強烈な役割意識のあてこすりやジェンダー文化の防衛や特別なニューカルチャーの発信になる。クレア・マリィはそれが日本ではテレビ番組などの「**メイクオーバー・メディア**」によって主に仕組まれたとみなしたのだ。

メイクオーバー・メディアなどと言うとまたまた難しく聞こえるかもしれないが、これはみんながよくよくテレビで知っていることだ。番組の中で〝誰か〟を一気に「変身」「改造」「披露」させるという、メイキングの途中を見せる番組のことだ。その番組の中でお父さんは改造され、お母さんは見違えるようになる。

これはかつてから欧米では「リアリティ・テレビ」と言われていたもので、ごくフツーの人間（一般視聴者）やごくフツーの趣味（料理・ファッション・インテリアなど）を、専門家がそこにかかわることで一気に特別仕立てなものにしてみせるというメディアの得意な手法だった。わかりやすくいえば、「ビフォア／アフター」の見世物版で、とりわけ「変身」の意外性と「披露」(reveal) に重点がおかれるのが特徴になる。

そのためにはビフォアができるだけ貧弱で、誰が見ても惨憺《さんたん》たるものでなければならない。そうでないと変身や改造の意外性がない。また、アフターに対する強い期待も喚起しなければならず、かくしてひどく住みにくい家屋がみごとにリフォームされて一家がよろこびあい、「おブス」が美女に変身して、セクシーモデルになってランウェイを歩くのだ。が、ここまでのことならクレア・マリィが欧米メディアでも見慣れてきたものだったはずである。ところが日本では、これが「おネエキャラ」の創出や「おネエ言葉」という言語文化の確立に向かった。そこにメイクオーバー・メディアがかかわったのだ。それでクレアは驚いた。

ビフォア/アフターには、どうしてもその場かぎりという限界がある。「やらせ」っぽい。改造されたお父さんはしばらくたてば元の木阿弥《もくあみ》になっているだろうし、スペシャル・メークアップを施されたお母さんが、あのままその後の日々も同様の化粧をしているとは思えない。

それなら、もっと本格的にビフォア/アフターを見せるにはどうすればいいか。これが案外難しい。仕上がりのいい美人や筋肉マンに出てもらうのはかんたんだけれど、これではビフォアがわからない。せいぜい少女時代のボケ写真や十年前のボディビルダーの写真で過ぎにし日々を見せて、比較してもらうしかなくなってくる。が、それでは圧倒感がない。ここにはセクシュアリティの超越性が必要なのである。

そこで、そもそも「女っぽい男」をテレビ化したらどうなのかという案になった。ここに浮上したのがニューハーフやおかまなのである。カノジョたちが登場してくれる。視聴者も、すれば、すでに「変身」や「改造」を了えたキャラクターが出現してくれる。こうしてカルビフォア/アフターをそのキャラクターの人生ごと感じることができる。こうしてカルーセル麻紀が、おすぎとピーコが、マツコ・デラックスが重用された。一人のスーパーキャラが来てくれないときは、テレビディレクターたちはニューハーフやミスターレディをスタジオにどっさり集めた。

けれども、こんなことをしてばかりではタレント起用や特番でおわる。飽きられもするし、マンネリにもなる。そこでまたまた案を練りなおし、性的変身プロセスを巧みに番組や番組の目印コーナーにしていったのが日本独特のメイクオーバー・メディアだったらしいのだ。クレア・マリィは日本テレビで二〇〇六年から三年間放映された『おネエMANS』が日本でのメイクオーバー・メディアの大半を仕掛けたことをとりあげている。そして、そこに「おネエ言葉」の汎用の仕立てがあったことを突き止めた。

永六輔《えいろくすけ》や萩本欽一が少しおかまっぽい言葉づかいをしていたのは、本人たちの証言によるとけっこう意識的なことだったらしい。そのほうが表現力がラクになり、言いたいことも言いやすいらしい。なるほど男が女言葉を使えば、少し甲高《かんだか》くもなれるし、ときに強く喋れるし、感情表現もオーバーになれる。尾木ママはそこを武器にしてタレント化していった。けれども、これらは話芸でもあった。

トランスセクシャルな言語ストラテジーや言語イデオロギーというのは、そういう話芸や口調だけのものとはかぎらない。そこには「**情緒的支配**」(affective domination)がおこる。そのキャラ自体が「事後の身体」(after-body)の持ち主で、そのキャラを前にすると、それに接した多くの者が、カノジョこそは曰く言いがたい「事前の身体」(before-body)を超えてきたと感じるはずなのだ。だから、それに圧倒されるということになる。メイクオーバー・メディアでは、これを何人もの組み合わせでおこしていく。

というわけで、本書でクレア・マリィが強調したことは、ひとつにはジェンダーやセクシャリティをまたぐ表現力は、そもそも言語ストラテジー(言葉の力)にかかわっているということなのである。また、もうひとつには、メディアにおける編集力が言語イデオロギーを視覚的につくりうるということである。

われわれはいま、ウルリヒ・ベックやタニア・ルーイスのいう「再帰的個人化」という社会現象の中に突入させられている。二一世紀の先進諸国では、個人が次々に「リスクの境界」に付き合わされて、自身のアイデンティティをいささか見失い、どこかの自己像に再帰しようとしている時代社会が進行している。

この現象を哲学的に語ろうとしたり、社会的に語ろうとしたりすると、けっこうな難問になる。語りこむ気になると、ジグムント・バウマンやリチャード・ローティや、あるいはジュルジョ・アガンベン並みの議論まで進む。

それよりも、そこにジェンダーやセクシャリティという根拠や様相を入れてみると、これまで見えにくかったことが見えてくることがある。そこに言葉づかいやメイクオーバー・カルチャーがかかわっていることにも、気が付かされる。ジャネット・シバモト・スミスはこのことを“opposite sex”(反対側の性)の活用だと見た。

LGBTという略語がある。レズビアン、ゲイ、バイセクシャル、トランスジェンダーのイニシャルを集めた。これにQ(クィア)、I(インターセックス)を含めて、LGBTQIということもある。この言葉づかいには、それぞれ独特のものが装着されている。それは英語でもフランス語でもイタリア語でも、日本語でもあまり変わらない。

日本文化デザイン会議(一九九四)で、LGBTQIに性同一性障害者を加えて、きわめてめずらしいシンポジウムが開かれたことがあった。みんな日本人だったが、それぞれ独特の言葉づかいをしていた。でも出席者たちは真剣そのもので、そこにパロディや揶揄がまじるということはおこらなかった。

これらにくらべると、おネエ言葉はずっとくだけている。本気が感じられないとも見える。だからそれが気にいらないゲイたちも少なくない。つまりはおネエ言葉は見方によっては「バラエティ」なのであって、「番組的」なのである。だから、それが気に食わない向きもけっこういるわけだ。

そういう諸姉諸兄は、ぼくが千夜千冊してきた植島啓司『男が女になる病気』(朝日出版社)、ジャン・デ・カール『狂王ルートヴィヒ』(中央公論社)、ワイルド『ドリアン・グレイの肖像』(新潮文庫)、マヌエル・プイグ『蜘蛛女のキス』(集英社文庫)、ポール・ラッセル『ゲイ文化の主役たち』(青土社)などを読んでみてほしい。けれども、おネエたちからすると、バラエティになって何が悪いのよ、なのである。昔のゲイは無理してるんじゃないの、なのだ。

ところで、おネエたちによるメイクオーバー・カルチャーには、どうしても見落とせないことがある。それはカノジョたちの言葉づかいによって、政治や社会的事件や教育問題の〝本音〟を言わせているふうに見せているということだ。コメントが妥当であるかどうかは棚に上げ、「なによ、それってバカじゃないの」「政治家なんてやめちゃえば」と言えば、それでそれなりのインパクトを視聴者に与えることができるのだ。

カノジョたちは匿名なのではない。ネットでの言いたい放題でもない。あたかもお笑い芸人たちのすばやいコメントボールのように、それで十分にウケまくることができる。お笑い芸人と異なるのは、そのおネエたちはその言いっぷりそのものを、日々の言語イデオロギーとしているということだ。そこに社会があるということだ。

いまや「おネエ言葉」は流行語大賞の候補などではなくなった。では何に向かっているかというと、かつての左翼用語、自由主義者の喋り方、おたくの言語に比較されるべきものになった。新装のクリティックになっている。クレア・マリィの次のステージには、そういう研究も加わるかもしれない。

第一五五三夜　二〇一四年八月八日

参照千夜

五三〇夜：美輪明宏『ああ正負の法則』　六六一夜：榊原史保美『やおい幻論』　一二七四夜：三橋順子『女装と日本人』　一二三七夜：ジグムント・バウマン『コミュニティ』　一三五〇夜：リチャード・ローティ『偶然性・アイロニー・連帯』　一三二四夜：ジュルジョ・アガンベン『スタンツェ』　七六三夜：植島啓司『男が女になる病気』　七八一夜：ジャン・デ・カール『狂王ルートヴィヒ』　四〇夜：ワイルド『ドリアン・グレイの肖像』　二七〇夜：マヌエル・プイグ『蜘蛛女のキス』　一一三七夜：ポール・ラッセル『ゲイ文化の主役たち』

第四章 エロスとLGBT

シャルル・ド・ブロス『フェティシュ諸神の崇拝』
ノーマン・ブラウン『エロスとタナトス』
カミール・パーリア『性のペルソナ』(上下)
イヴ・コゾフスキー・セジウィック『クローゼットの認識論』
森山至貴『LGBTを読みとく』
工藤万里江『クィア神学の挑戦』
石井達朗『異装のセクシャリティ』
キャサリン・ハキム『エロティック・キャピタル』
美輪明宏『ああ正負の法則』

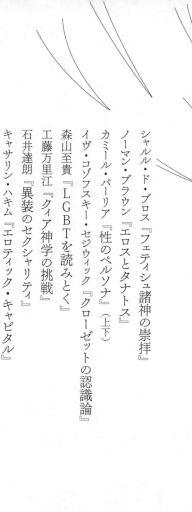

性とエロスをめぐる古代フェティシズム。
ここから何もかもが始まった。

シャルル・ド・ブロス

フェティシュ諸神の崇拝

杉本隆司訳　叢書ウニベルシタス（法政大学出版局）　二〇〇八

Charles de Brosses: Du Culte des Dieux Fétiches

—Ou Parallèle de l'ancienne Religion de l'Egypte avec la Religion Actuelle de Nigritie 1760

性やエロスについてあからさまに語りあうことを躊躇《ためら》う社会がはびこるようになって、私たちにつきまとっているはずの性やエロスの知覚や観念の「もともと」とは何だったのか、わかりにくくなってしまった。神話や伝説や古代宗教や遺跡や遺物には性もエロスも憚《はばか》ることなくあらわされていたはずなのに、だんだん周辺に追いやられてきたようなのだ。

追いやったのは都市や宗教や交易や良識などの文明力である。文明力は生産と交換の充実に向かって価値のシステムをつくりあげるので、またその価値のシステムのための秩序を確立したいので、性の開放がもたらす**オージー**（orgy）や、乱脈な子育てなどを制限したり禁止したりした。それなら、それで「もともと」がなくなってしまったのかといえば、そうではない。多くは「秘事《ひめごと》」「閨房術《けいぼう》」「フェチ」「ポルノ」などとしてそこかしこに吹きだまり、そしてさらに片隅に追いやられることになった。

しかしそんなこと、歴史が説明してくれるのだろうか。そんなはずはない。ここに「フェティシュの復権」が想定されることになった。

フェティシュ（fétiche）という言葉は十八世紀半ばのド・ブロスによる造語だ。ポルトガル語のフェイティソ（feitiço）から転用したもので、もともとは護符とか呪符とか、魔法とか呪いとかを意味していた。さかのぼれば、ラテン語の「制作する」にあたるfacereの形容詞facticius（人工の）からフェイティソが派生した。日本では「**物神崇拝**」などと訳される。

シャルル・ド・ブロスはブルゴーニュで高等法院評定官の仕事をしながら、歴史や民族にひそむ人間の思考形態に関心をもち、サルティウス（古代ローマの政治家）の研究をし、『カティリーナの反乱』や『ユグルタの戦争』を書いていた。イタリアを旅行して『イタリア便り』『火山の噴火によって埋没したローマ年の現状』などを発表し、ウォーバートンの『古代エジプトの象形文字』に刺激されて古代的表現法に注目して、『言語形成のメカニズム論』を刊行した。

歴史に埋もれ、起源がわからなくなった何かを発見するのが好きだったようで、一七六〇年に『フェティシュ諸神の崇拝』を著して、「心の宗教」以前に「物の宗教」が先行していたことを仮説した。


どうして宗教が発生したのか。宗教がその後の数千年をこえる影響を文明・社会・制度・生活習慣にもたらし、さまざまな文化様式と表現形態を営々と構築形成しながら、かつまた個人の内奥にひそむアディクション（嗜癖《しへき》）を時代ごとにそのつど喚起してきたのかということは、まだよくわかっていない。

ふつうは、宗教の起源は「心」の中を説明のつかない何かが占めてきた現象だとみなされている。そうした心の現象に神やオーバーマインドや象徴物に対する崇拝が生じ、それが信仰となり、信仰集団（教団）になっていったと解釈されてきた。ところが、ド・ブロスはこの通念を打ち破る。

話は逆ではなかったか、というのだ。最初に「物」に対するなにがしかの崇拝がおこっていて、あるとき或る集団（クランなど）がその崇拝にもとづく超越的な教えや超常的なものに曰く言いがたい信仰をもつようになったとき、そこに特定の神や象徴物に対する崇拝が生まれていったのではないかと推測した。「物」が先行して「心」がそれに従ったと見たのだ。ド・ブロスはそのようになることを「フェティシュ」と名付けた。

あとで説明するけれど、このような見方は一般に想定されている信仰や宗教心にあらわれる「無限の感情」にくらべて、一段も二段も下位の「こだわり」のように思われてきたものだったが、フェティシュの重視はそういう見方をくつがえす画期的な見解の登場だった。

その影響はそうとう大きいものになった。ド・ブロスと同時代のヒューム、ディドロ、その後のコント、マルクス、フレイザー、デュルケム、フロイトらを次々に驚かせ、きっと「信仰の芽生え」よりも「物の崇拝」がずっと原初的で力強い起動力をもっていたのではないかと考えられるようになったのである。

それなら、その後はフェティシュ宗教学やフェティシュ文明論とでもいうべきものが宗教学や人類学の基礎になっていったのかというと、必ずしもそうではない。ひとつにはフェティシズムがアニミズムやトーテミズムとどのように異なるのかということが説明しきれず、もうひとつにはフェティシュをめぐる性向に心理的ないしは精神的な「歪《ゆが》み」や「倒錯」や「偏向」がおこっているのではないかということが、新たな議論を巻きおこしたからだ。

すこし話が前後したので、問題別、時代別に多少の順を追って整理しておく。ド・ブロスはフェティシュを次のように説明した。

(1)多種雑多な「もの」がフェティシュの対象になる。木、山、海、木片、小石、貝殻、植物たち、花、塩、ヤギ、オオカミ、象、ライオンの尾、動物の牙などなどだ。

(2)フェティシュになった「もの」はどの地域でも他愛《たわい》ないものだったが、集団の中で呪物あるいは物神として神聖視され、厳《いかめ》しくも恭《うやうや》しい格別の崇拝の対象になった。

(3)各地のフェティシュは必ずしも共通しない。多様である。即時的なものもあり、公時的なものもあった。おそらくフェティシュは公的なものと個的なものが二重に認知されていったのだろう。

(4)フェティシュはその地の集団に**禁忌**(タブー)の体系をもたらした。アフリカのグリグリ(魔除け)に代表されるのは、崇拝と禁忌の両方の作用である。

(5)フェティシュがもたらす作用は、日月や星に対する畏怖と本質的に変わらないが、各地のフェティシュの組み合わせの雑多性こそがその後の信仰と宗教の独特の多様性をつくっていった。

こういう説明をするにあたって、ド・ブロスはエジプトなどの古代信仰の形態やギリシア神話に出入りする「もの」たちが「物神化」されていることに気がついた。神がそういうものを選んだのではなく、人々の生活の中でおこる「もの」への執着が、神々に託された出来事の物語性を生んだのだろうことにも気がついた。

アフリカの土俗も調べ、「崇拝されるもの」が必ずしも「神の象徴」ではないことを確認した。石ころでも根っこでも崇拝されていた。それらはのちに「神の代理物」に昇格することがあったとしても、当初はフェティシュとしてのみ認知されたものだった。フェティシュ（物神崇拝）は宗教的な偶像崇拝（Idolâtrie）より早かったのだ。

ド・ブロスはこれらの発想を独自に得たのだろうか。半分以上はそうだろうが、実は同時代のデイヴィッド・ヒュームの人間本性論との共鳴関係をもっていた。

ヒュームはエディンバラ大学にいるころから、すべての知識が知覚（perception）との関連でできあがっていて、そこに印象（impression）と観念（idea）がつくりあげられるのだろうという見当をつけていた。この見方を総合的に組み立てて、大著『人間本性論』（全三冊・法政大学出版局）を出版したのは一七三九－四〇年である。執筆はその前に訪れていたパリやランスで始めていた。ただこの大著は懐疑論や無神論に傾いたものだと解釈され、エディンバラ大学の教授への道をとざすものになった。

ヒュームは十七年後にあらためて『宗教の自然史』（「ヒューム宗教論集」1　法政大学出版局）を書いて、フェティシュという用語こそ使わなかったものの、自然宗教の発生が教祖的ではなく多知多神的であり、さまざまな自然物の崇拝からおこっているだろうことを推理して、原始古代人たちの日々の「驚き」や「不安」や「好奇心」がその後の信仰の重要なトリガーになっていたことを強調した。

ド・ブロスはこうしたヒュームの論考をリアルタイムに読んでいただけでなく、フランスに来た本人とも出会っていたのではないかと思われる。本書の訳者の杉本隆司やポール＝ロラン・アスンの『フェティシズム』（文庫クセジュ）は、ド・ブロスが実際にもヒュームやディドロとフェティシュをめぐる議論をしたのではないか、往復書簡を交わしていたのではないか、のみならずアダム・スミスもフェティシュという見方に惹《ひ》かれたのではないかと憶測している。

そうだとすると、ド・ブロスの着目はその当初からヒューム的な広がりやアダム・スミスの市場的な物品交換幻想についての構想を多少は秘めていたということになる。このことはのちのフェティシズムをめぐる思想を豊饒にした。

フェティシュ（物神）についての見方は人間と社会の内奥にひそむであろう「**フェティシズム**」（fetishism）の分析理論として、しだいに伝播《でんぱ》していった。

カントは『たんなる理性の限界内の宗教』でフェティシュを採り上げて、フェティシュには神に嘉《よみ》するような道徳性がないにもかかわらず、それにまつわる妄想のすべてを付随させるものだとみなしてその異能性に驚き、ヘーゲルはアフリカの宗教に言及した『歴史哲学講義』で、従来の宗教解釈では説明できなかった現象が、フェティシュという魔術的心性によって解読できる可能性をもつことにふれた。社会学の基礎をスタートさせたオーギュスト・コントも『実証哲学講義』に、フェティシズムは滑稽で哀れな現象だとしながらも、ひょっとするとしっかりとした神学的な発想の初期段階をあらわしているのかもしれないと述べた。

フェティシズムが「アニミズム」の形態のひとつだと見たのは、エドワード・タイラーの『原始文化』(上下・国書刊行会)である。タイラーは原始文化がアニミズム(魂の発露がとった原始信仰)によって成立しているとみなして民族学を立ちあげたのだが、フェティシズムがその一角を占めていたことを認めた。タイラーはフェティシズムを「木や石の魂に関する信仰」だろうと捉えて、こう書いている。

「アニミズムという用語は、人間精神の教義一般をあらわすのに用いられるのがいいだろう。フェティシズムという用語は、この偉大な教義のなかでも、何らかの対象に神々が具象化されている信仰、対象に結びついている神々がその対象を介して作用する場合に、限定して用いたほうがいいと思われる」。

一方、宗教的感情の起源をヒンドゥイズムの研究によってアプローチしていた宗教学者のマックス・ミュラーは、フェティシズムは原始宗教の形態としては認められないとして、フェティシズムを人間精神としては格下の信仰であると規定した。一方、『金枝篇』のジェームズ・フレイザーは、その格下の物神力こそが格上の上位社会の「力の交代」を動かしたのだと説いた。

これらはド・ブロスの見方に準じて原初の習慣と信仰をめぐるものだったのだが、フェティシズムが産業革命以降の近代社会の人間の問題の根底につながっているとみなした思想者が、やがて登場した。マルクスとフロイトである。

物神としてのフェティシズムを近代産業社会にもあてはまるものとして最初に深く捉えたのは、カール・マルクスの『資本論』だった。第一巻第一章第四節の「商品の物神的性格とその秘密」に明示されている。

マルクスは一八四二年にド・ブロスの『フェティシュ諸神の崇拝』ドイツ語訳を読んで、ライン新聞に物神的人類学をヒントにした経済学的な論考を書く。マルクスはたんに森にはえている樹木が材木となって取引され、木製商品になって価格競争を生んでいく理由を考えた。なぜ木は材木となり、材木は商品になって売り買いされるのか。商品になると、なぜ貨幣による売買が可能になるのか。そこには労働という作業が関与したはずだが、その労働の価値はどこに転じていったのか。マルクスはこのことを考えぬくにはド・ブロスの**物神崇拝**（Fetischismus）という見方が有効だと合点した。

こうして「商品の物神的性格」が『資本論』冒頭の有名な分析に浮上する。マルクスは「もの」が商品という物神性をもったことだけを説明したのではない。「もの」が商品という物神性を得たぶん、労働をする人間が疎外されて物象化（独 Versachlichung 英 reification）を余儀なくされていること、貨幣も物神化されていることを論証した。

マルクスの経済学は商品にひそむフェティシュに対する着目で仕上がっていったのである。こうした「もの」によって全社会史のプロセスを解明する立場は「唯物史観」と呼ばれた。まさしくモノ史観というものだ。

『資本論』第一章第四節には、こう書かれている。「人間の頭脳の産物は、それ自身の生命を与えられて、相互に関係し、また人間とも関係する自立的な姿をそなえているかのように見える。商品世界では人間の手の産物がそれと同じふるまいをする。私はこれをフェティシズム（物神崇拝）と名付ける。フェティシズムは、労働生産物が商品として生産されるとたちまち生産物に貼りつき、商品生産から分離できなくなる。商品世界のこのような物神的性格は（中略）商品を生産する労働がもつ独特の社会的性格から生じるものである」。

マルクスが「商品」や「貨幣」にフェティシュの動向を発見したのに対して、アルフレッド・ビネ、クラフト＝エビング、ハヴロック・エリス、そしてフロイトは「心」の奥の「性」の動向にフェティシュを発見した。

ビネはソルボンヌ大学でフランス最初の実験心理学をおこした生理心理学研究者で、**アソシアシオニスム**（連想連合主義）を提唱した。心的現象を観念の連合によって説明しようとするものだ。そのビネが一八八七年にフェティシュが性科学の分析に有効であることを提唱し、愛が倒錯するとき、そこにフェティシュが認められるとした。

続いてクラフト＝エビングが『性の精神病理』(Psychopathia Sexualis)を書いて、サディズムやマゾヒズムでもなく、露出狂でもないものとしてフェティシズムをとりあげた。胸・鼻・手・おさげ・足首などの体の一部、ハンカチ・靴・ナイトキャップ・下着などの衣類や布地などに執着する一見風変わりな心理傾向が、精神病理としての**セクシュアル・フェティシズム**と認定されたのだ。ハヴロック・エリスはそれらには「フェティシュとしての象徴的記号性」があると見た。

こうしてフロイトがこれらを承《う》けて、『性欲論三編』『フェティシズム』『トーテムとタブー』『文化への不満』などの論文著作で、次々にフェティシュによる精神分析を全面展開していった。もっぱらリビドー(libido 性衝動)の欲動力学にもとづいたもので、「性の倒錯によるフェティシュ」「ファルス（男性器）を愛着するフェティシュ」「愛好物に惹かれるフェティシュ」などを、実際の症例に言及しつつ解いてみせた。

その仮説的分析がもつ説得力は、いささか強引なところがあったにもかかわらず、たちまち心理学界から文学界や思想界に及んでいった。

マルクスの社会分析にはまだド・ブロスがちゃんといたが、フロイトの精神分析にはド・ブロスは薄くなっていた。フロイトは大半のフェティシュ（物神）を**ファルス**（phallus）**の代理物や代替物**とみなしたからだ。そこに一人の体と心がありさえすれば、フロイトのフェティシズム論は成り立った。

フロイトは、今日俗にいう足フェチや下着フェチに類する「フェチ」の症例を列挙した。そのフェチがことごとく性的な歪みにもとづいているという結論は、フロイトならではの見方であった。

偏っているようではあったが、フロイトのフェティシズム論は文化人類学がとりあげる去勢の問題や成人規定の問題、精神医学（心理学）がとりあげるエディプス・コンプレックスの問題や自我分裂の問題を説明するのに、意外な効力を発揮する。二十世紀の物神文化論マルクスとフロイトにどっぷり依拠していった。

女性にも転用された。女性の下着フェチは「男性から見られることをとりこんだフェティシュ」だと解釈され、自分の子を可愛がりながら支配するファリック・マザーはわが子をフェティシュにしているとみなされた。

かくてフェティシズムと社会文化をつなげる考え方が次々にあらわれていく。エミール・デュルケームは『宗教生活の原初形態』や『自殺論』で、フェティシズムはもはや宗教の起源にまつわっているというより、**集団のトーテムを個人が獲得するときの物神性の出現**ではないかと推測した。集団社会に埋没したり見逃されがちになる個人がトーテムをもとうとするとき、フェティシュが必要になるのだろうと見たのである。

マルクスとフロイト以降、近現代社会におけるフェティシュがどんな意味と役割をもっているのかをめぐっては、きわめて多彩な議論が交わされてきた。現代思想を十把一からげにいえば、ほぼフェチをめぐる議論だったといえるほどだ。

代表的な例を紹介する。ベンヤミンは、グランヴィルらの幻想的なアート作品をとりあげつつ、「無機物的なものにセクシャリティを感じるフェティシズムこそがモードの生命の核である。商品崇拝はフェティシズムをみずから使うことによって成立する」と述べた。**モードとフェティシズムを結びつけた最初の議論**だった。テキストそのものにフェティシュな快楽を忍びこませるのが好きなロラン・バルトは『モードの体系』では明るいフェティシズムをモードのコノテーションから導き出した。

ボードリヤールのシミュラークルの議論は、そのほとんどが**商品の物神性**に着目していた。主著『物の体系』（法政大学出版局）はまるまる一冊が物神交換論であり、『象徴交換と死』（ちくま学芸文庫）はまるまる一冊を通して、本来は可逆的な象徴価値の贈与的な交換が、資本主義社会においてはフェティシュなほうへ向かって価値を堆積していく謎を解こうとしたものだ。

言語のフェティシュをとりあげた思想者はそうとう多い。なかでミハイル・バフチンは言語はその内側にフェティシュなカーニバル性をもっていることに注目し、カニバリズム（食人行為）がそうであるように、われわれは自分たちと同類の肉身を食べるために言語をつかっているのかもしれないとみなした。

大胆な見方のようだが、そうでもない。たとえばジャック・ラカンは言語体系（ランガージュ）そのものがフェティシュでできていると見ていた。そうだとすると、われわれが言葉をつかっている以上、人間はいつだってフェティシュの体系のどこかを追走しているということになる。ジュリア・クリステヴァは、だからわれわれは言語から脱走できっこないと言った。

言語が物神性をもっていて、貨幣と商品が社会の物神に陥っているなら、文明や文化の変遷はフェティシュの変遷だったというふうにも言える。ソシュール言語学を研究した丸山圭三郎は『文化のフェティシズム』（勁草書房）、『フェティシズムと快楽』（紀伊國屋書店）を書き、フェティシュがわれわれの無意識に巣くっているのではないかと説いた。『言葉と無意識』（講談社現代新書）などに詳しい。フェティシュは言葉にも巣くっていたのである。

だいたいがこういう感じなのだが、フェティシュについてやや皮肉な見方を示したのはスラヴォイ・ジジェクだった。『ポストモダンの共産主義』(ちくま新書)の第六章は「二つのフェティシズムのはざまで」と題されている。

この二つとは「症候」(symptom)と「フェティシュ」(fetish)のことで、われわれが何かから抑圧されているとき、ひとつはなんらかの心理的身体的な症状が出るほうに傾き、もうひとつはなんらかのフェチに託すほうになるのだが、そこをどう見るかという議論になっている。ジジェクはフェチを生じさせるほうがずっと理性的で、抑圧からの脱出がはかれると見る。マルクスは貨幣に物神性を見いだしたが、社会の多くの人間が貨幣に引き込まれるのはそのフェティシュには心理的身体的症候からの脱出感があったからだった。

とはいえ、フェティシュな脱出にもいくつもの分岐がおとずれる。ジジェクはAの対策を「**ポピュリズム的で原理主義的なフェティシュ**」と呼び、Bを「**買い物主義**」と呼び、Cを「**シニカルなフェティシュ**」と呼んだ。Aは成長神話に走る企業家やビジネスマンたち、Bはバーゲンセールやネットショッピングに興じる消費者、Cがリチャード・ローティやイアン・ハッキングやフレドリック・ジェイムソンなどの試みだ。ジジェクもCだと言いたいのである。

性とエロスの歴史の奥にかかわるド・ブロスの画期的な切り込みに発したフェティシュ談義をざっとまとめてみたが、今夜はこのくらいにしておく。まだまだ紹介したい見方がいろいろあるけれど、それは別の千夜千冊でとりあげたい。

実は数年前から若い諸君に「フェチ」を白状してみないかと誘ってきたのだが、なかなか乗ってこない。さもなくば上っすべりになる。なぜなのか、わからなかった。ぼくのジンセーのほとんどが「好奇心あるいはフェチの編集工学」に傾ってきたので、できれば一緒にフェチ語りをすれば、もうすこしぼくの考え方と若い諸君の感じ方が交差できると思っていたのだが、なかなかそうならない。

照れくさいのかと思ったけれど、べつだんフロイトっぽい下着フェチや靴フェチを話題にしたいというのではない。好きなスタジャンや使い古した鞄でもいいし、デヴィッド・ボウイの服装をフェチしたというのでもいい。できれば、子供のころに何がとんでもなく好きだったのか、机の抽斗《ひきだし》にこっそりしまっておいたものは何だったのか、友達が持っているもので羨ましかったのは何だったのか、そういうことを白状してほしかったのである。

青年時代、ぼくは古本屋に入ると、惹かれる本がおいでおいでと訴えてきた。お金がないので買えないのだが、何度もその本を手にとっては棚に戻し、また手にとってはフェチした。こういうことはいくらでもあるはずだ。フェチを封印したままでは、性とエロスは意識にも無意識にも届かない。われわれはときにド・ブロスの物神に戻るべきなのである。

第一七六五夜　二〇二一年二月十六日

参照千夜

一八〇夜：ディドロ＆ダランベール『百科全書』　七八九夜：マルクス『経済学・哲学草稿』　一一九九夜：フレイザー『金枝篇』　八九五夜：フロイト『モーセと一神教』　一七〇八夜：ヘーゲル『精神現象学』　九〇八夜：ベンヤミン『パサージュ論』　七一四夜：ロラン・バルト『テクストの快楽』　六三九夜：ボードリヤール『消費社会の神話と構造』　九一一夜：ジャック・ラカン『テレヴィジオン』　一〇二八夜：ジュリア・クリステヴァ『恐怖の権力』　六五四夜：スラヴォイ・ジジェク『幻想の感染』　一三五〇夜：リチャード・ローティ『偶然性・アイロニー・連帯』　一三三四夜：イアン・ハッキング『偶然を飼いならす』

「性」はなぜ抑圧されたのか。
フロイトはこのことから何を読んだのか。

ノーマン・ブラウン

エロスとタナトス

秋山さと子訳　竹内書店　一九七〇

Norman O. Brown: Life Against Death 1959

ぼくが身近で知るかぎり、「エロスとタナトス」という言葉が大好きで、このツーピースをやたらに連発するのはアラーキーこと荒木経惟《のぶよし》である。「ぼくの写真はエロスとタナトスを撮ってるからね」「ほらこの花がさ、エロスとタナトスの裏返しなんだよ」「やっぱりエロスを追求するとタナトスになるんだよな」というふうに。

アラーキーの写真が「エロスとタナトス」の写像的二重性によって成り立っているのは、まさに本人が言う通りで、これほど一貫した主題が撮りつづけられているのは他の写真家には見られないほどである。それについては一一〇五夜にあれこれ書いたことなので、ここではこれ以上の応援演説をしないけれど、では、アラーキーが言うような

「エロスはタナトスで、タナトスはエロスだ」というような見方はいったいどのように知られるようになってきたのかというと、やっぱりフロイトにまでさかのぼる。

フロイトが『快感原則の彼岸』において、エロス（生）とタナトス（死）を対比させ、**生の欲動と死の欲動**を二重化する対置性をもって解釈しようとしたのが、そもそもの「エロスとタナトス」というツーピースの流行の淵源《えんげん》だった。ただ、そのようなフロイトの指摘はその後、一般化されすぎたり、歪んだり、誤解されたり、忘れられたりもした。それを人間文化史上の基軸におきなおして復活させたのがノーマン・ブラウンの本書『エロスとタナトス』である。

もう少し先のことまでいえば、ブラウンの「エロスとタナトス」論の復活はさらに延展されて、その後はたとえばヘルベルト・マルクーゼの『エロス的文明』へと発展していった。大江健三郎に多大な影響をあたえたらしいマルクーゼのこの本は、文明は「エロス＝タナトス」の抑圧からしか生まれてこなかったのだから、それが嫌なら文明のほうを変革するべきだとまで言っていた。

というわけで、本書ほど有名な書名をもつ本はないと思うけれど、実は『エロスとタナトス』はもともとの原題ではない。"Life Against Death" が原題で、「歴史の精神分析的意味」が副題になっている。それなら誰がこれを『エロスとタナトス』にしたかというと、フランス語訳のときにそうなった。念のため、**エロス**はエロース（Eros）で例の性愛の神のこと、**タナトス**（Thanatos）はギリシア神話の夜の女神ニュクスが一柱で産んだ子で、「死」そのものの神格だ。ともかくもフランス語版以来、本書はむしろ『エロスとタナトス』として、とくに日本の知識人のあいだを流浪した。

翻訳は秋山さと子さん。一九七〇年の刊行で、ぼくが「遊」の準備にとりかかろうとしていたころだ。ドイツから帰ったばかりの筋金入りユング派の秋山さんが骨太のフロイト論を翻訳したのは勇気のある行為だと、当時、話題になった。ぼくはその秋山さんからフロイトについてもユングについてもいろいろ教わったけれど、残念ながら亡くなるのがやや早すぎた。

ノーマン・ブラウンが本書で言いたかったことは、フロイト主義には多くの危険な言説がまじっているが、そういう勇み足を注意深く取り払っていきさえすれば、フロイトの仮説にはいくつかのたいそう重要な指摘があって、人間の宿命、社会の本質、文明の特色などの隠れた真相を暴く力をもっているということである。

なかでも、われわれの真の欲求には無意識的なところがあって、そこには「生」（エロス）の本能とともに「死」（タナトス）の本能が付着しているはずなのだから、このことについては、もっと知られるべきであろうという主旨だ。

心理学というものは、人間の心のしくみやはたらきを解明しようとする学問だが、フロイトの精神分析学はその他の心理学とかなりちがっている。どこがちがっているかというと、その根底に「無意識」をおいた。

われわれは、自分は自分だと思っているが、それは自分らしきものを構成しているもののごくごく一部にすぎない。フロイトによれば、そういう自分や自己の正体は、「それ」(Es エス)と呼ぶしかないどろっとした海のようなものの中に「自我」(Ich イッヒ)という島のようなものが浮かびながら混在している状態にある。五八二夜(グロデック『エスとの対話』)でも案内したように、「**エス**」はゲオルク・グロデックの用語を借りたもので、英語圏ではラテン語の「**イド**」(Id)になる。このエスやイドが「無意識」に押し込められ、埋められたままになっている。

無意識にはエロスとタナトスの本能が互いに表裏一体のような関係で織りこまれていて、人間の宿命、社会の本質、文明の特色とは切っても切れないものとなっている。そうだとしたら、人間はここに「**第三の審級**」としての「**超自我**」のようなものを現出しようとするだろう。文明とは、この無意識・自我・超自我の互いに絡んだ歴史だったのではあるまいか。

ごくおおざっぱにいうなら、これがフロイト精神分析学の仮説の概要だ。この見方にブラウンは注目した。

全部に注目したのではない。問題は、エロスとタナトスが「無意識」の奥に埋めこまれているのかどうかにあった。奥にはもっとさまざまな様態をとっていたり、出入りしたりしているものがあるのではないかと思われるけれど、少なくともフロイトの仮説では、そこには無意識のみが関与する。そこでブラウンは本書において、エロスとタナトスが心の奥の無意識によってしか説明できないものかを問うた。その問い方がすぐれていた。

ブラウンは、フロイト論ばかりを弁護したのではなかった。もっと興味深い、哲学的で、かつ経済社会論上の指摘もしていた。編集的世界観の素材のヒントもふんだんに詰まっていた。そこがいまふりかえってもなかなかなのであるが、そのことについてはのちにのべることにして、まずはブラウンが選り分けたフロイト論の骨子を、もう少しだけ紹介する。

フロイトの思想を解く鍵は「**抑圧**」にある。フロイトの生涯にわたる研究はほとんど「抑圧の研究」だったといっていいほどだ。

抑圧を解明するにあたって、フロイトが対象にした抑圧的心理現象は、よく知られているだろうが、主として三つあった。①精神錯乱者の狂気ないしは狂気に近い心理現象、

②夢もしくはそれに類する心理現象、③日常生活でしばしばあらわれる錯誤や失敗や「言いまちがい」や「でまかせ」のたぐいの心理現象、フロイトによるとこの三つだ。

　これらはすべて抑圧的無意識が絡んでおこったこととみなされる。そこでフロイトは、人間のなかにはふだんの意識的な生活とともに無意識的な日々が同時にはたらいているとみて、これらの抑圧された心理は「無意識的思考」になっているのではないかと考えた。ただ、この心理現象は、その心理をもつ本人の意識的な自己否認や自己抵抗があるために、フツーの方法では意識化できない。取り出せない。そのため人間は目的に向かおうとすればするほど、非意図的な目的に自分が律せられているというふうに思う。人間はそういう逆説（パラドックス）を本来的にかかえこんでいるとみなしたのだ。

　これがフロイトふう無意識的思考というものなのだが、この逆説がいささかクセモノだった。実際にも、人間には無意識があるという仮説は、その後の多くの心理学派をかなり迷わせた。

　フロイトのいう「無意識」はわれわれの心の奥にある花園でも神秘でもなく、抑圧そのものの捩《ねじ》れたアーカイブになっているということなのである。フロイトの研究の真意は無意識の解明ではなく、抑圧の説明にあったということだ。ここまでがフロイト論の骨格の前提になる。

ひるがえってフロイトは、人間の精神活動のほぼすべてが**快感原則**に従っているとみなしていた。快感原則とは人間は苦痛を回避して、少しでも快楽を求めようとする傾向のことをいう。

快感原則は日常的に保証されるとはかぎらない。社会的な制約のなかで歪んでいく。おいしいものを食べたいという欲望やきれいなものを着たいという欲望は、ある程度の収入がなければ満足させられないし、リビドー（性欲）のようなものはよほどの状態が準備されないかぎり、ふだんは制約されざるをえない。そこで知らず知らずのうちに意識の快感原則と社会の現実原則のあいだに矛盾や亀裂が生じ、それが抑圧となってわれわれの意識の奥にその矛盾や亀裂のしこりのような残像を残していく。

こうして日々抑圧されて無意識の捩れたアーカイブとなったものは、容易には取り出せないものとなる。ストレートに取り出せば窃盗や覗《のぞ》きやストーカーなどのセクハラや、ときには殺傷にもなりかねない。そのため多くの者たちはこれを回避するあまり、さまざまな不可解な行動をとる。夢想もする。それは自己防衛でもあるのだが、また複雑なエスと自我との絡みのあらわれでもあった。

たとえば「**反動形成**」だ。ある欲望を抑圧したことが、その反動として正反対に近い表現や行動になる。嫌いな相手なのについつい丁寧になってしまうような例である。ただし、このアンビバレンツな「くいちがい行為」をほったらかしにはできないので、これは社会習慣のなかではマナーやエチケットになっていった。

たとえば「投影」もおこる。これは自分がもっている感情や欲望を、自分がそれをもっているのだと思わずに相手がもっているものだと思いこんでしまうことをいう。その逆に「同一視」も生じてしまう。他人の態度や行動を自分にとりいれているうちに、そのことを自分のオリジナルだと思いこむ。たとえばまたムキになって「否認」することも、しばしばおこる。みんなに周知の事実さえ認めない。相手が美しいとか強いと思ってしまうと自分がダメになると思って否認する。

またたとえば「分離」をおこす。AとBの因果関係が自分に起因していることがうすうすわかっていても、それを分離して他人事《ひとごと》のように自分がそれを語れるようにしてしまうわけである。

こういう例をフロイト学派はゴマンとあげて縷々《るる》説明しているのだが、これでは人間は何をしたってビョーキなのである。そこでブラウンはこれらの症例的行為には目を向けず、フロイトやフロイト学派が最後にあげた「昇華」に注目した。

昇華とは、社会的な現実原則からするとなかなか受け入れられないような抑圧的欲望を、著作や小説や芸術や歌や修行やスポーツなどにして、いわば社会的なコミュニケーションの可能性にしだいに転換していくことをいう。本書は第一部「問題」、第二部「エロス」、第三部「タナトス」ときて、第四部に「昇華」をおいているのだが、ブラウンはこの昇華を「転移」とも呼び替えつつ、取り出せなくなっている抑圧の絡みも、これを少しずつ世界観をもったコミュニケーション能力の表出に向けていけば、無意識的思考ではなくなる可能性があると言いたかったのである。

念のため言っておくけれど、フロイトを「無意識の発見者」とか「心の正体の解明者」とよぶのは当たらない。フロイト自身、「私が発見したのは無意識が研究されうる方法である」と言っている。

ノーマン・ブラウンが本書の記述において採ったのも、「方法としてのフロイト」に注目することだった。しかし、方法に注目することは(ぼくもつねにそうしているのだが)、ひとりフロイトの方法に注目することにはならない。その方法の可能性に類似する多くの方法をそこへ組み合わせながら呼びこんでくることになる。本書がかつてぼくに影響を与えたのは、そこである。

フロイトは幼児期に性欲が抑圧されていることをもって、エロスはすでに幼児の成長の遅延として発芽しているにもかかわらず、それが大人社会の制約で思いもかけない禁止を受けるため、そのエロスは当初からタナトスの香りをもってきたとみなした。「禁じられた遊び」とはそのことだ。ブラウンは、仮に幼児にそうした傾向があったとしても、それは抑圧的なエロスとタナトスの関係のまま停止していくものになるとはかぎらないというふうに見た。

こうしてブラウンは、アッシジの聖フランチェスコ、ヤコブ・ベーメ、ウィリアム・ブレイク、ライナー・マリア・リルケらを持ち出して、エロスとタナトスはそれを同時に感じられているときは、「永遠の生成の遊び」を秘めているのだろうと考えた。またシャルル・フーリエやジョン・メイナード・ケインズを持ち出して、実は初期の経済活動やその組織化の試みには、生産と分有に関するエロスとタナトスの遊びが反映しているのではないかとも見た。とくにフロイトと袂を分かったシャーンドル・フェレンツィのトラウマ論やセラピー論に耳を傾けた。

こういう思索者はあまりいなかった。一言でいうのなら、エロスの本質が自己以外の他者との融合にあるのなら、そのエロスは心理的葛藤だけではなく、さまざまな社会活動や経済活動にあらわれているはずだというのが、ブラウンの見方なのである。

むろんフロイトも、エロスとタナトスが個人の無意識に閉じ込められたままになるとは言ってはいない。とくに宗教や信仰には、**快感原則と社会原則の桎梏《しっこく》をこえるエロス＝タナトスの地平**があらわれていると見た。

しかし、それは精神分析にとっては「代償」なのである。「贖《あがな》い」なのだ。『モーセと一神教』（ちくま学芸文庫）において、ヨーロッパ的宗教の成立そのものに「原父の殺害」という隠された動機を読みとったフロイトにとって、宗教そのものが精神の解放の全プログラムをもちうるとは、どうしても考えられなかったからである。

ブラウンは必ずしも宗教にはこだわらない。宗教以前のフェティシズム、エロスと結びついたディオニュソス主義、宗教にならないように隠れたグノーシス思想などを重視した。それゆえスピノザが神との愛の相克をめぐる哲学をしたことも、ノヴァーリスらのドイツ・ロマン派が「夜の側」をもって地下に眠る鉱物的意識を蘇生しようとしたことも、エロスとタナトスの昇華の試みだったろうと見た。

さらには、ショーペンハウアーとニーチェこそは、エロスとタナトスを世界観や世界意志に近づけた最も大きな思索の成果をもたらしたのであろうと指摘する。このこと（ニーチェとフロイトの近似性）はいくら強調しても強調し足りないとは思うけれど、今夜はここはスキップしておこう。ぼくが今夜ぜひとも紹介しておきたいのは、第五部「肛門性の研究」の第一五章「汚れた金銭」にのべられていることである。

この章にいたるまでに、ブラウンはフロイトの「排出のコンプレックス」論をスウィフトやサドの政治的な「エロス＝タナトス」論に仕立て上げ、それをルターやカルヴァンのプロテスタンティズムが攻撃をしすぎたこと、そのため「富の神マモン」に走る者たちが卑しめられたこと、したがって資本主義的な経済活動のもともとの本質が歪んでしまったことなどを指摘したうえで、第一五章「汚れた金銭」に突入するのである。

ここでブラウンが最初に持ち出すのはアルフレッド・ホワイトヘッドだ。そして経済活動の本来は有機体のなかでとらえられなければならなかったと強調する。これは二十世紀の経済が金銭と数量にシフトしすぎていることを告発し、「価値」は有機的な関係性のなかからしか摑《つか》み出せないということを示唆するためだった。

そのうえでマルクスの労働論、デュルケムやジンメルやケインズの貨幣論を縫いあわせつつ、ブラウンが案内するのはなんとジョン・ラスキンの経済哲学とカール・ポランニーの経済人類学なのである。ラスキンが「すべて本質的な生産物は口のためであり、最後もまた口によって評価されてきた」「一般に金銭とよばれてきたものはすべて負債の承認である」というくだりの解読など、かなり興味深かった。

とくにポランニーの「経済は計算には支配されていない本質をもつ」「人間の経済は社会の環境の中に埋められている」「経済は非経済的動機によって動いている」を、フロイトの方法と重ねて読み明かし、そこからマルセル・モースの贈与論やレヴィ＝ストロースの構造主義に注釈をつけていくブラウンの手際はみごとであった。

贈与に母性的なるものがひそみ、**獲収**にはそれを打ち破って平板化しようとする父性原理があるという指摘もある。これまた示唆深いことである。

もしも世の中に**異常と正常**があるというのなら、世の常識は異常のうちの一部の価値観を多数決をもって平板化して、それを正常と名付けたにすぎなかった。精神分析学は異常のほうに神経症などの精神疾患をあて、正常のほうに健康と思われる精神状態をあてたけれど、正常（健康）とは異常（症状）のうちのごくごく流布された社会的な症状だったのである。

何が異常で何が正常であるかは決めがたい。「生・死」においてはなおさらだ。「生・死」のもどきである「性」においても同断だ。異常と正常を分別しないことがエロスの本懐であって、タナトスの面目なのである。けれども、だんだんそうならなくなった。「性」が差別され、エロスが不均等に扱われ、タナトスが病理に追いやられていった。

そう言っていいのなら、エロスもタナトスも消費の対象になってしまったのだ。飼いならされたのだ。かくして「生・死」と「性」はさまざまに分解され、平準的な消費財として市場に並ぶようになっていった。

人間の**情動**や**欲望**はそんなもので収まらない。フロイトはどんな欲望と消費の活動にも必ずや抑圧された無意識が残余していることを指摘した。この指摘、おそらく七〇パーセントくらいは当たっているだろうが、しかしこの抑圧をどうすればいいのか。それはビョーキなのだから治癒してあげましょう、それをみんなでガマンする社会にしましょうねでは困るのである。

一方、ノーマン・ブラウンは、抑圧された無意識を昇華するにはむしろ世界観が必要で、その世界観を表現する方法が採出され、それぞれが照らし合わされなければならないと見た。すでにフロイトにもひそんでいた方法ではあったけれど、ブラウンはその狭い入口に大きな出口をくっつけた。これがぼくからすれば、まさに編集的世界観の作り方に似ていたわけである。

ところで、本書の最終章は「肉体の復活」になっているのだが、プログラムのままにとどまっていた。そこでブラウンは一九六六年にこれをふくらませて『ラヴズ・ボディ』(みすず書房)を書き下した。ジョン・ケージやスーザン・ソンタグがおもしろがった。ブラウンのディオニュソス主義がいっそう貫かれて、エロス論と七〇年代フェミニズムを予告的につなぐものになっている。併せて読まれるといい。

第一二八九夜　二〇〇九年三月十七日

参照千夜

一一〇五夜：荒木経惟『写真ノ話』　八九五夜：フロイト『モーセと一神教』　三〇二夜：ヘルベルト・マルクーゼ『エロス的文明』　八三〇夜：ユング『心理学と錬金術』　五八二夜：ゲオルク・グロデック

『エスとの対話』　七四二夜：ウィリアム・ブレイク『無心の歌、有心の歌』　四六夜：リルケ『マルテの手記』　八三八夜：フーリエ『四運動の理論』　一三七二夜：ケインズ『貨幣論』　一〇八二夜：ドゥルーズ＆ガタリ『アンチ・オイディプス』　八四二夜：スピノザ『エチカ』　一三二夜：ノヴァーリス『青い花』　一一六四夜：ショーペンハウアー『意志と表象としての世界』　一〇二三夜：ニーチェ『ツァラトストラかく語りき』　三二四夜：スウィフト『ガリヴァ旅行記』　一一三六夜：サド『悪徳の栄え』　九九五夜：ホワイトヘッド『過程と実在』　七八九夜：マルクス『経済学・哲学草稿』　一〇四五夜：ジョン・ラスキン『近代画家論』　一五一夜：カール・ポランニー『経済の文明史』　一五〇七夜：マルセル・モース『贈与論』　三一七夜：レヴィ＝ストロース『悲しき熱帯』　六九五夜：スーザン・ソンタグ『反解釈』

西洋芸術思想の仮面史《ペルソナ》をダイモーンとクィアで再編成する試み。

カミール・パーリア

性のペルソナ（上下）

古代エジプトから19世紀末までの芸術とデカダンス

鈴木晶・浜名恵美・入江良平・富山英俊ほか訳　河出書房新社　一九九八

Camille Paglia: Sexual Personae—Art and Decadence from Nefertiti to Emily Dickinson 1990

★★数年に一冊、こういう官能的クロニクルを自在な下敷きにしたデモーニッシュな表象史をめぐる情報解読の試みに出会うと、こちらも息を吹き返す。しばらく刺激に見放されて死にそうになっていた思想臓器が嬉しそうに起動する。

原題は『セクシャル・ペルソナ』。元の副題は「アートとデカダンス：ネフェルティティからエミリー・ディキンソンまで」。大著だ。

中身は古代彫像から近代文学に及ぶ代表的なセクシャル・ペルソナを逐次的に追って解読していくというもので、そういう主旨だとたいていはイコノロジー風ないしは文学・美学史風になるだろうところを、徹して**ダイモーン存在学風**に、もっとはっきりいえば**クィア存在学風**に綴《つづ》った。著者のパーリアはフェミニズムによる歴史解釈が大いに不満だったので、記述にあたってはその批判をまぜた。それもあって、書きっぷりと方法論がなかなかにQ（クィア）になった。

途中、バイロンにはエルヴィス・プレスリーが、ドリアン・グレイにはデヴィッド・ボウイが突き合わされるような不敵なあしらいがのべつ出入りするけれど、そういうまぜっ返しがQだというのではない。根本的にクィアな洞察だった。どこが〝根本Q〟なのかは、以下の案内であきらかになると想う。

★★採りあげられたセクシャル・ペルソナは、とりあえず主要な顔触れだけあげておくと、アポロンとディオニュソスに始まり、次のような面々になっている。

ドナテルロやミケランジェロのダヴィデ、エドマンド・スペンサーの妖精女王、シェイクスピアのクレオパトラ、ルソーとサド、ゲーテとゴシックイコン、ウィリアム・ブレイクのすべて、ワーズワース、速度と空間としてのバイロン、光と熱としてのシェリーとキーツ、バルザックの両性具有、ゴーチエ・ボードレール・ユイスマンスのシンボリズム、Qの美学を開示したウォルター・ペイターの登場、デカダンの放射、オスカー・ワイルドがつくった美少年趨向、アメリカンな退廃イコン群（ポーからヘンリー・ジェイムズまで)、そしてラスボスのエミリー・ディキンソンに極まれり、というふうに並ぶ。とくに目新しくはないけれど、従来の評判評価をなんとか覆そうとしているのが目立つ。

★★タイトルに「ペルソナ」が選ばれたことについて。もともとのペルソーナ(persona)というラテン語は古代ギリシア・ローマの劇場で俳優がかぶった粘土や木製の仮面のことである。「音を通して響かせる」という意味のpersonareが語源だ。当時の劇場用仮面はメガホンの役目を兼ねていたからだ。やがて、ペルソナには俳優の役柄や社会的な役割の意味が付与され、古代ローマ期では「個人」(person)をあらわす言葉になった。個人には必ずパーソナリティ(個性)が伴うと考えられた。

以来、西洋の文明と社会はほぼ二〇〇〇年にわたってペルソナとパーソナリティを機軸に(つまり頼りにして)ずっと動いてきた。そのことを歴史的に見破ったのは一七二五年に『新しい学』を著したジャンバッティスタ・ヴィーコだった。西洋知は「マスクを付け外す知」であり、西洋文明が得意気に見せびらかしてきた社会とは「仮面を競いあう会場」だったのである。

しかし、西洋社会は十九世紀以降もあいかわらずで、指導者の個人的栄光とその個性の波及に歴史的評価を与える風潮を変えようとしなかった。近代国家が軍事力と産業力によるパワーピラミッドで構成されるようになると、社会は役職・役目・役柄を重視する男性ペルソナが牛耳ることになっていった。

こうして「役による個性」がもてはやされ、そのことと「才能」が結びつけられ、それが政界から学校まで、企業から家庭まで、スポーツから芸能にまで及ぶようになった。マルクス主義をはじめ社会改革案はいくつも提案されたのだが、男と女の仮面に貼り付いた役割はほとんど改良されなかった。やっと二十世紀半ばになってこの風潮に待ったをかけた思想運動が出てきた。

ひとつは男性中心主義の社会に文句をつけたフェミニズム運動で、多くの仮面は男が勝手につくりあげたものだということを暴いた。

もうひとつはニュークリティシズム運動だ。ニュークリティシズムは、どんな作家もアーティストも自分自身を描いているわけではなく、自分が遭遇してきた仮面を描いているという見方を持ち出した。しかし、仮面の正体を暴いたら何が出てくるのか、二つの運動はあきらかにしなかった。

本書の著者のカミール・パーリアが大学に進んだとき、フェミニズムの第二波とニュークリティシズムの再興が重なってやってきた。パーリアはもっと独自にペルソナの本質に取り組みたかった。イングマル・ベルイマンの映画《仮面／ペルソナ》を見て、自分が立ち向かうべきテーマが騒然と立ち上がってきたらしい。以上が本書のタイトルに「ペルソナ」を用いた理由だ。

★★著者について。この著者はそうとうにぶっとんでいる。好き嫌いが激しく、攻撃的である。ジェンダーに拘泥《こうでい》しない。出自はイタリア系アメリカ人。小柄な体つき。一九四七年にニューヨーク州エンディコットで移民の子の生まれ。父親はイエズス会系のレモインカレッジでロマンス語の先生をしていた。

厳しく育てられたようだが、少女カミールのお気にいりはお姫様やお人形やふりふりスカートではなくて、矢に射貫かれた聖セバスチャンと、剣と盾をもってドラゴンと闘う大天使ミカエルだった。まるでミシマなのである。

高校生になると独立心にあふれた女性に憧れ、とくに飛行家アメリア・イヤハートと女優エリザベス・テイラーに夢中になった。イヤハートの伝記を書くつもりで図書館に通い、アメリカきってのイヤハート通になった。また、まわりでは金髪がもてはやされていたのに抵抗して黒髪のテイラーの写真を五九九枚集めた。当時のフェミニスト思想はこうした「男まさり」をねちねちと揶揄《やゆ》した。

カミールはローリング・ストーンズのキース・リチャーズに一も二もなくぞっこんだったのだが、学校の訳知りフェミニストたちはあんな男尊女卑の歌詞をシャウトする連中は許せないと息巻いていた。ふん、知るものかと思いながらニューヨーク州立大学を首席で卒業した。

イェール大学の英文科や大学院に進んだとき、二つの波濤《はとう》に遭遇した。さきほども案内したように、**第二波フェミニズムと再興ニュークリティシズム**だ。カミールには二つとも相性が悪かった。かんたんに説明しておくと、ニュークリティシズムはしばらく前から喧伝《けんでん》されていた批評運動なのだが、そのころからはフランスの構造主義やポストモダン思想と連携するようになって、イメジャリーな象徴作用を評価するべく、テキストを作者や著作者から切り離された思想群として捉える風潮が蔓延しはじめていた。作家はテキストの中で自分を語っているのではなくペルソナを借りているにすぎないという見方が台頭していたのである。

カミールはぞっとした。アート・バーマンにいたっては『ニュークリティシズムから脱構築へ』（未來社）を書く始末だ。西洋のペルソナの歴史はマスクをかぶった歴史である。それは正体を隠すためのマスクではなく、マスクそのものが当事者で、正体なのである。ニュークリティシズムはそこを履き違えていた。そんなところへフランスのポストモダン思想が混ざったらどうなるか。最悪だわとカミールは吐き捨てた。

★★当時の文学理論の事情について。カミール・パーリアが学んだ七〇年代のイェール大学には、ジェフリー・ハートマン、ヒリス・ミラー、ポール・ド・マン、ハロルド・ブルームらの錚々《そうそう》たる文学研究者がひしめいていて、アメリカにおけるポストモダン思想の最大の実験場のようになりつつあった。文学テキストをジャック・デリダの脱構築よろしく批評しつつある時期だ。

パーリアの指導教員はブルームで、ノースロップ・フライを受けたカノン（正典）の研究に明るく、『アゴーン』（晶文社）、『カバラーと批評』（国書刊行会）、『影響の不安』（新曜社）に代表されるように、どちらかというとそれまでのイェール学派の手法を踏襲する批評活動に徹していたのだが、そのブルームが、このスカートを穿《は》かないお転婆きわまりないパーリアを匿《かくま》った。まあ、ありうる話だろう。

きっとパーリアはそれをいいことに好き勝手をしたのだと思う。かなり顰蹙《ひんしゅく》も買ったにちがいない。それでもパーリアは平ちゃらで、メディアから声がかかれば大御所であろうと、名だたるフェミニストであろうと、フーコーやデリダであろうと、ぼろくそに言ってのけた。彼女が褒めるのはせいぜいエドワード・サイードかジリアン・ローズくらいだった。

二十歳ほど年下のアーティスト、アリソン・マデックスと一緒に暮らしているL（レズビアン）であることも隠さなかった。

★★本書は全部で二四章だてだが、最初の四章くらいまでは長いイントロないしは事前の弁明である。パーリアが振りかざしたい巨視的なクィア存在学の方針がややくねくねと明示されている。

せっかくのくねくねを整理するのは憚られるけれど、あえてまとめると、第一には、性と暴力は切り離せない、両方とも人間という自然の内部から出てきたものだという観点が示される。だから「私はサドの立場に立って本書を書く」とズバリ言う。

第二に、パーリアの見る「性のペルソナ」はダイモーン的なものだ。神と対立するデーモン（悪魔）というより、何かの機会に隠れた力をあらわすダイモーンだ。とくにパーリアは女性的な元型（アーキタイプ）にひそむ**ダイモーン**に注目した。そんなことから、本書はある意味ではオカルトやグノーシスに迫りたいという思いにも充ちている。

第三に、一貫してディオニュソス（バッカス）的なるものを重視した。一応はニーチェの文明表象史の構図通りに「アポロンとディオニュソス」の対比を下敷きにしているのだが、パーリアが描きたかった**セクシャル・ペルソナの真骨頂はあきらかにディオニュソス的なるもの**である。神話学としてのディオニュソス神の解釈は輻輳《ふくそう》をきわめるけれど、これについては一七七四夜にアンリ・ジャンメールの『ディオニューソス』（言叢社）をやや詳しく紹介しておいたのでそちらを参考にしてほしい。ちなみにディオニュソスは、フェミニズムがついぞ解読できなかった強敵だったように思う。

このことは第四に、本書の視点をいちじるしくポルノグラフィックな趣向のほうへ傾けることになった。パーリアは「私は売春や強姦《ごうかん》をなくせるとは思わない」と何度も言っているのだが、このことはメドゥーサ、スキュラ、サド、ボードレール、ユイスマンスの解説で躍如する。

第五に、セクシャル・ペルソナのルーツに両性具有の謎を孕《はら》ませたいと考えたのだと思う。これもフェミニズムからすると、男たちが性差の差別意識をごまかそうとして持ち出したハイパーイコンだということになるのだが、パーリアはそのようなルソー主義的な見方に頑強に抵抗しつづけた。両性具有の観念が何をもたらしたのかは、イシスとオシリスの章、ウィリアム・ブレイクの章、バルザックの章に詳しい。

★★ざっとこういった視野をもつスコープが照射され、これらをもって「性」に切りこんでいく。主題はペルソナではなく、やはり「性」である。西洋文明はセクシャリティをどのように活用し、何を隠蔽し、そのくせ多くのフライングを冒してきたか、そこを書いた。

パーリアが相手にした性は、人間の内なる自然としての性、権力としての性、男女を区別してきた性、文化装置としての性風俗、アイデンティティとしての性の自覚、エロスとしてのセックスシンボル、そして言語としての性である。そういう性がどんなペルソナをもって西洋文明を覆ってきたのか、何をうっかり漏洩《ろうえい》してきたか、そこを書きつづけた。

フライングは、姦淫やポルノグラフィや煽情的《せんじょう》な下着やストリップショーやドラッグカルチャーやトランスジェンダーにあらわれる。パーリアはこれらを否定しない。男性の目で否定しないのではなく、たとえばマレーネ・ディートリッヒやジュディ・ガーランドやマドンナというセクシャル・ペルソナの自覚において肯《がえん》じていく。

こういうポルノグラフィックで露悪的な書きっぷりはLGBT関連の文献を代表する著作としては、たいへんめずらしい。ジュディス・バトラーの『ジェンダー・トラブル』やイヴ・セジウィックの『男同士の絆』『クローゼットの認識論』とはそこがちがっている。パーリアは「唯一、ボーヴォワールに従った」と書いているが（それがフェミニズムに対するパーリアの礼節だとしても）、それよりも、やはりクィアな存在学を披露したかったにちがいない。

★★そろそろパーリアの異様な好みが浮き上がってきただろうけれど、もう少し中身を紹介しておく。本書のなかで特筆されているのは、後半ではブレイク、ペイター、ワイルド、ディキンソンである。たいへんユニークな説明が連打されている。

パーリアにとって、ウィリアム・ブレイクはイギリスのサドなのである。スペンサーの『妖精女王』とそれを不充分に受けたミルトンの『失楽園』から霊感を感知したブレイクは、この霊感は先行するゴシック趣味がダイモーン的な子宮に充当させようとした試みではまにあわないと見て、普遍としての性の解放をめざした。それが『無垢の歌』や『天国と地獄の結婚』で、数々のスピリチュアルなペルソナ水彩画だった。そこにはエマネーション（流出）とスペクトル（めざましい霊）が如実にあらわされていた。そういう性だった。これらはこのあとキーツ、ポー、ロレンス、ディキンソンに飛び火する。一言でいえば、それらは**ネガティブ・ケイパビリティとしての性**だ。

ウォルター・ペイターは、ダンテ・ゲイブリエル・ロセッティやバーン＝ジョーンズのラファエロ前派のロマン主義に胚胎《はいたい》するものを、正真正銘のデカダンに引きずりこんで、それなのにそのスタイルをダンディにしてみせた。こういう審美主義や唯美主義は男ならではの作業だった。菊池武夫や山本耀司《ようじ》であって、川久保玲《かわくぼれい》のコム・デ・ギャルソンはそんなことはしない。女は存在のシルエットそのものが審美を孕んでいるからだ。

ペイターは古代ギリシアやルネサンスのペルソナが西洋近代のシンボルになりうることを証《あか》してみせた張本人である。早い話が、モナ・リザをわれわれがあのように見るようになったのはペイターの魔法のせいだった。そのペイターの趣向がサロン化し、そこにワイルドやビアズレーやロートレックが立ちあらわれた。男のダンディズムを女性化したゲイ感覚が引き取ったのだ。

★★オスカー・ワイルドについては多言を弄することもないと思われる。『ドリアン・

グレイの肖像』にすべてが表象されている。ドリアンはディオニュソスの魔力から抜け出ようとする全西洋史的アポロンの代名詞であって、ドリアンをたぶらかすヘンリー・ウォットン卿《きょう》はウォルター・ペイターなのだ。

ワイルドは、ドリアン・グレイを通して近代的ペルソナにも両性具有化がありうることを証してみせたのだ。アイドルにしてみせ、みずからドリアンの化身ともいうべきアルフレッド・ダグラスに首ったけになる。こんなきわどいことをしてみせたのは、英国文学史上ではエミリー・ブロンテのヒースクリフと、ルイス・キャロルの少女アリスだけだった。

真打ちとして登場してくるエミリー・ディキンソンは、本書では「**アマーストのサド侯爵夫人**」とタイトリングされている。アマースト大学の創設者の一人であった祖父の家に育ち、生前はたいへん静かな日々をおくっていたようなのに、その実像がわからない。一八五〇年代の日々に綴ったタイトルのない一八〇〇篇ほどの詩でしか語りようがない。語りようがないのだが、その詩はどれもこれも荒々しく、過激なイメージに溢《あふ》れ、疵《きず》や破滅や変容を躍動させる。これではディキンソンの人物像(ペルソナ)を見誤りそうになる。

なかで、ディキンソンは自分のことを男の子、兄弟、叔父、伯爵などと呼んでいたようだ。「私が男の子だった時」とも書いた。そのつどなんらかの身分や職能がついているようだ。それがメタファーなのか何かのペルソナの「代わり」の暗号なのか、いまもって議論されている。いくつかの評伝では数人の異性と交際し、少なくとも一人の同性とは愛を育んだと言われているのだが、これもよくわからない。

パーリアはそういうディキンソンを「男女共用」とみなし、心よりも脳を、胸よりも肺を綴ったとみなした。「性のペルソナ」はディキンソンにおいて両性具有の詩語に突入していったのである。

★★なんとも風変わりなペルソナ論である。ところで本書は大作だったせいもあって、最初から一挙に刊行できなったようだ。あらかたの草稿が仕上がってから八年後にやっとイェール大学出版局から一九九〇年に刊行されるのだが、いくらかの紆余《うよ》曲折もあったようだ。いま、われわれが手にしている邦訳本は上下二冊本であるが、原著はこの倍で、いまだ上梓《じょうし》されていない。

そのため、大作が出揃う途中からパーリアはさまざまなインタビューを受けたりエッセイを書いたりしていて、それがまとめられて出版されることにもなった。その一冊目が『セックス、アート、アメリカンカルチャー』(河出書房新社)である。これがめっぽうおもしろい。おもしろいだけでなく、『性のペルソナ』初版から消えた序文が収録されていて、読ませる。いくつかの意図についても言及している。

アフリカの性の表現力に回帰してみたいとか。ヒューマニズムをルソー思想から解放し、本来のルネサンス的な独創性に引き戻したいとか。昨今の文学や芸術に対する見方は、現在の大学の教育方針と同様、博愛主義の善意によって混乱させられているから、そこを撃破したいとか。十六歳のときに贈られたボーヴォワールの『第二の性』が衝撃で、これは知的に自立しなくちゃと思い、自分が書くものは『第二の性』を継ぐものであるべきだと決意したとか。なるほど、なるほど、だ。

★★『セックス、アート、アメリカンカルチャー』には、そのほかいろいろ赤裸々なコメントも記されている。

たとえば、私は民俗学のフレイザーと心理学のフロイトを一緒に扱いたかったが、たくさんの連中から窘《たしな》められた。ケイト・ミレットが男根主義のフロイトは使いものにならないと言ったというのだ。これはフェミニズムにとっての最大の過ちになったのではないか云々。

私はクラシックの構造の渦中にロマンティシズムを感じるほうだ。これはモンテヴェルディとショパンのような関係に似ている。だから『セクシャル・ペルソナ』を書くあいだ、ブラームスの交響曲とスティービー・ワンダーを繰り返し聴いていた。フェミニズムは壮大な叙事詩に弱すぎるのではないか云々。

私たちにはラカンやデリダは必要ない。私たちにはノーマン・ブラウン、アーノルド・ハウザー、ジミ・ヘンドリックスがいる云々。私が提案する大学改革は学習を取り戻すことにある。それには学生のうちに、過去の史実と年代に精通することである。教える者たちは、講義のスタイルを変えるべきである。目の眩《くら》むような連想をほとばしらせなければならない云々。私が思うに、スーザン・ソンタグこそがフェミニズム批判のリーダーになるべきで、彼女こそが学問とポップカルチャーを結び付ける架け橋になるべきだった云々。

★★本書は大著で、さまざまなジャンルを自在に横断するクィアなテキストだから、翻訳には苦労したようだ。リーダー役の鈴木晶はまずは鈴木の師であった秋山さと子の門下の入江良平、保坂嘉恵美《ほさかかえみ》に声をかけ、高山宏に相談して浜名恵美、富山英俊、栂《とが》正行を紹介してもらい、最後に葉月陽子を加えた。おかげでたいへんすらすら読めたし、ツボが効いていた。浜名の解説も充実していた。

それにしても、これでまだ半分だ。相手かまわず悪口を言い回り、メディアになんでもバラしてしまう悪癖がアダとなって本書の後半が陽の目を見なくなることがないよう、もう少し情勢を見守っていたい。

第一八二七夜　二〇二三年六月八日

参照千夜

四〇夜：ワイルド『ドリアン・グレイの肖像』　六六三夜：ルソー『孤独な散歩者の夢想』　一一三六夜：サド『悪徳の栄え』　七四二夜：ブレイク『無心の歌、有心の歌』　一五六八夜：バルザック『セラフィタ』　七七三夜：ボードレール『悪の華』　九九〇夜：ユイスマンス『さかしま』　八七四夜：ヴィーコ『新しい学』　一八一一夜：ノースロップ・フライ『ダブル・ヴィジョン』　九〇二夜：エドワード・サイード『戦争とプロパガンダ』　一七七四夜：アンリ・ジャンメール『ディオニューソス』　四六三夜：『ディートリッヒ自伝』　一八一九夜：ジュディス・バトラー『ジェンダー・トラブル』　一八二八夜：イヴ・セジウィック『クローゼットの認識論』　一五九一夜：ジョン・キーツ『エンディミオン』　九七二夜：『ポオ全集』　八五五夜：D・H・ロレンス『チャタレイ夫人の恋人』　一二五夜：エミリー・ブロンテ『嵐が丘』　一五九八夜：ルイス・キャロル『不思議の国のアリス／鏡の国のアリス』　一一九九夜：フレイザー『金枝篇』　九一一夜：ラカン『テレヴィジオン』　六九五夜：スーザン・ソンタグ『反解釈』　四二夜：高山宏『綺想の饗宴』

ホモソーシャルな文学群が、近代の異性愛主義を用意した本当の理由。

イヴ・コゾフスキー・セジウィック

クローゼットの認識論

セクシュアリティの20世紀

Eve Kosofsky Sedgwick: Epistemology of the Closet 1990

外岡尚美訳　青土社　一九九九

二軒隣りにモッちゃんの家。ときどき上がりこんで遊んだ。日本橋芳町《よしちょう》の路地だ。あるときモッちゃんがエボナイトの万年筆の黒いキャップを外して指を突っ込み、抜けなくなった。ポンと音がして抜けて笑いころげた。そのうち急におちんちんを引っ張り出すとキャップに入れこみ、むりやりポンと抜き出した。二人はもっと笑った。セイゴオちゃんもしなよと言うので真似したがうまくポンできなかった。

のちに稲垣足穂《たるほ》の『RちゃんとSの話』を読んで、少年たちが少しパンツをずらしては青いお尻をちょっとだけ見せあって笑いころげる場面を知った。それがいつのまにかヘッセのデミアンになり、ノヴァーリスの日記になった顚末《てんまつ》も知った。すべては寄宿舎で始まっていた。セジウィックが**ホモソーシャルな関係**と言うなら、われわれは少年期においてこそホモソーシャルを芽生えさせていたのである。

その後もタルホを読み続けた当方は、『ヴァニラとマニラ』『北洛師門』『少年愛の美学』というふうに、タルホがA感覚を抽象化しつづけていったことに驚嘆し、人体が口《こう》腔《こう》と肛門によって穿《うが》たれた無窮の円筒（AO円筒）であることが何を示唆しているのか、考えこむようになった。

ゴシック小説の研究で名を馳《は》せつつあったイヴ・セジウィックは、『男同士の絆』（名古屋大学出版会）でホモソーシャルな背景を読み解いたのにつづいて、満を持して『クローゼットの認識論』（青土社）を発表した。ジェンダー研究やLGBT研究のギョーカイではけっこうな評判になった。

先行の『男同士の絆』はつまらなかった。「イギリス文学とホモソーシャルな欲望」というサブタイトルがついていて、シェイクスピアのソネット、ロレンス・スターンの『センチメンタル・ジャーニー』、テニスンの『王女』、ディケンズのいくつかの作品、ホイットマンのイギリスでの読まれ方などを通して、英文学にあらわされたホモソーシャルな男同士の絆は、**ミソジニー**（女性嫌悪）と**ホモフォビア**（同性愛恐怖）を分かちがたいものとして生み出していたという論旨である。

作品の中の登場人物の危ういやりとりをずっと追っているのだが、ずいぶん微妙なところばかりを衝《つ》いてくるな、それにしてはルネ・ジラールの「欲望の三角形」をもち出すなんて、ずいぶん大雑把な図式に依拠するんだなという印象だった。

たしかに同性愛の兆候を感知した男たちが、さまざまな暗示的な物語によってホモセクシャルな情景を描いていくにつれ、またそれらを互いにこっそり読み合うようになるにつれ、この男同士の言わず語らずのネットワークからは、女たちの嬌声《きようせい》や男同士の嫉妬から逃れたいというような、従来の文学史が見過ごしそうなシュリンクした動向が醸し出されていたのかもしれないが、それがミソジニーやホモフォビアを用意していたというのは、どうも穿《うが》ちすぎている。

そんな不埒《ふらち》な読後感をもっていたので、では今度の『クローゼットの認識論』はどうかと少し心配しながら一読した。

驚いた。百倍濃くなっている。そこには、ホモセクシャルをめぐるエピステモロジーのための重厚多層で稠密《ちゆうみつ》なテクストが出現していた。なんだよセジウィック、早く言ってよだった。

それにしても「クローゼット」を持ち出して、そのクローゼットを開けてみないかぎりは、十九世紀から二十世紀にかけて男たち（および女たち）が文芸の装いを費《つか》って何をしてきたかはわからないとみなしていくだなんて、実にうまい追い込みだった。

これまでの文学批評はゲイ／レズビアンの正体をたんに引っ張り出すように分析批評をすすめていたのだが、セジウィックはゲイ／レズビアンの尻尾が隠れている場所としてクローゼットを設定し、そうすることによって**「見え隠れするホモセクシャリティ」**を自在に出入りできるようにした。

ホモセクシャリティが巧みに隠れているままなら、そのセクシャリティはクローゼットの中にｉｎしているわけで、もしも周囲にその当人のホモセクシャリティが外にいると伝わっているのなら、これは正体そのものがｏｕｔなのである。このカードマジックのような判断の仕立て方は、作家たちが自身の性的な好みをカミングアウトするかしないかにとらわれることなく、セジウィックに自在な議論ができるようにしたようだ。これはお見事だ。

というわけで『クローゼットの認識論』は不束《ふつつか》なぼくの心配に反してすこぶる重厚で、ジェンダー思想史に新たなベーシックテクストを投げ入れるに存分なものであった。失礼いたしました。

とくにセクシャリティを議論するために、マックス・プランクの黒体輻射《ふくしゃ》ともおぼしい「クローゼットという見え隠れのｉｎ／ｏｕｔ装置」を想定したのは、西洋の社会文化の日々の盲点を掬《すく》うようなところもあって、セクシャリティの議論に効果的な組み立てが継続することを可能にした。

とくに第三章でニーチェとワイルドを対比交差させながら、ニーチェが「私自身を私でないものと取り違えること」をもってセンチメンタルと呼んだことに即して、そこからドリアン・グレイの取り違えまで一挙にはこんでみせた解読のくだりは、「同性愛、まかりまちがえれば異性愛」という世紀末の風潮の本質を抉《えぐ》っていて、読ませた。

クローゼットの中にあまりに多くの衣装をしまっておくことは、そのin／outのたびの**誤表象**（ミス・リプレゼンテーション）が微妙に散らかることでもある。この見方は従来のLGBTのなかでもT（トランスジェンダー）の議論をするヒントになる。

序論に「公理風に」という、翻訳版で二段組九四ページにわたる露払いが付く。これはセジウィックが痒《かゆ》いところに手が届くようにセックス／ジェンダーにまつわる複雑性を整理したもので、ただしその整理によってわかりやすい分類や分岐ができあがるのではなく、複雑性を「重なり」や「捩《ねじ》れ」や「逸《そ》れ」のままに説明しようとしたものだった。公理は七つ、提示される。

脱構築派であるセジウィックのお手並みはさすがに心得たもので、ゲイ／ホモセクシャル、ゲイ／レズビアン、ホモソーシャル／ホモフォビック、ホモセクシャル／ヘテロセクシャルのいずれの微妙なニュアンスにも、多義的に切り込んでいる。『男同士の絆』では証さなかった反ホモフォビアの哲学も少しだけだが、説明を加えてあった。

念のため七つの公理をあげておく。**公理一**＝人々は互いに異なっている。**公理二**＝セクシュアリティの研究はジェンダーの研究と同一の広がりもつわけでなく、アンチホモフォビックな探求はフェミニストの探求と同一の広がりをもつわけではない。**公理三**＝レズビアンとゲイ男性のアイデンティティを、一緒にあるいは別々に考えるかは決定できない。**公理四**＝自然（氏／ネイチャー）と養育（育ち／ナーチャー）についての対比論争は、かなり不安定な背景をもっている。**公理五**＝パラダイムシフトを歴史的に探求することは、性のアイデンティティの状況を曖昧にしかねない。**公理六**＝文学的なカノン（正典）についての論争とゲイ研究の関係は曲折しているが、むろん曲折しているべきだ。**公理七**＝他者との同一化の経路は、奇妙で扱いにくい。自己同一化の経路も同じだ。

こんなところだが、この一冊が多くのセクシュアリティ研究者に広大な開墾地を用意しただろうことは想像するに難くない。ジュディス・バトラーが『ジェンダー・トラブル』から『問題＝物質となる身体』『自分自身を説明すること』『触発する言葉』というふうにフラッグを自在に変奏させていったのに対して、セジウィックはこの一冊で交響曲に似た複合カノンを用意してみせたのである。評判がたつのは当然だ。

しかし不満も疑問も出てきた。正直言って、なぜか腸《はらわた》に染みわたらない。この人とゆっくり話しこんでみたいと思えない。その理由をうまく言えそうもないのだが、かつての経験でいうと、ジャック・デリダと会ったときの砂を嚙むような感じに近いかもしれない（フーコーの家に行ったときは、いかにも何かがおこりそうで愉快だった）。が、こんな感想は何も言っていないので、一応、三つにしぼってみた。

一つには、ぼくはセクシュアリティの議論には**スタイル**が大きな特色になると思っているのだが、そのスタイルが分析対象のワイルドからプルーストにいたるまで看過されていた。セジウィックその人のスタイルも見えなかった。きっとその思想と行動にはクィアなものがあるだろうに、それが見えない。スタイルが見えないと「面影」は立ち上がらない。

二つには、男同士とはいいながら、同時代の歴史の葛藤や慟哭《どうこく》が見えない。複雑な説明にはなっているものの、あまりに正論をめざしすぎたからだろう。いいかえれば、この手のリクツでは決起や反乱はありえないだろうということになる。べつだんそれでもかまわないけれど、ただし、このことについては同情の余地もある。ワイルドから三島まで、フォースターからバロウズまで、歌舞伎役者からウォーホルまで、ホモセクシャルな表現者たちは社会的な変革については挫折を余儀なくされることが多いからだ。

三つには、こんなこと言っていいのかどうかわからないが、生命や病気の思想が欠けている。**セクシュアリティはエピジェネティックなのである。**借りぐらしのアリエッティなのである。進化論を背負ったり、心理学や脳科学で武装したりする必要はないにしても、今後のＬＧＢＴ議論には、このこと、そろそろ欠かせないはずである。

稲垣足穂の話にもどる。タルホのA感覚はそうとう勝手なもので、「ジャム臭いカナディアン・スクールの少年」と「鳥めくお尻遊び」と「南方熊楠《みなかたくまぐす》の稚児《ちご》好み」に始まり、Ｐ（ペニス）とＶ（ヴァギナ）のあっけない消息の批判を通して、Ａ（アヌス）の無底性に至ろうとするものだった。

会えば、たいてい他愛もない猥談《わいだん》や艶話を千代紙細工のようにちょいちょいと挟んで、五分後には「存在はペパーミントのように菫色《きんしょく》反応をおこさなあきません」と早口に言うのが口癖だった。かなりオスカー・ベッカーの「美のはかなさ」に片寄った趣向ではあったけれど、ぼくはこのようなタルホのA感覚で青年時代をおくった。

このタルホ的なるものが、いまのところＬＧＢＴＱ＋議論に混ざってこない。おそらくはＴからＱに転じるか、Ｑから＋に転じるところで、タルホ的なるものがバシャバシャっと影のような翼を広げるはずだろうに、なかなかそうならないのだ。

バトラーやセジウィックではなく、パーリアなら応じてくれるのだろうか、それともいっそレディ・ガガやヴィヴィアン佐藤やドリアン・ロロブリジーダと遊んだほうがいいようだ。室内のクローゼットのｉｎ／ｏｕｔだけでは不満がたまるばかりだ。

第一八二八夜　二〇二三年六月八日

参照千夜

八七九夜：稲垣足穂『一千一秒物語』　四七九夜：ヘッセ『デミアン』　一三二夜：ノヴァーリス『青い花』　六〇〇夜：シェイクスピア『リア王』　四〇七夜：ディケンズ『デイヴィッド・コパフィールド』　四九二夜：ルネ・ジラール『世の初めから隠されていること』　一〇二三夜：ニーチェ『ツァラトストラかく語りき』　四〇夜：ワイルド『ドリアン・グレイの肖像』　一八一九夜：ジュディス・バトラー『ジェンダー・トラブル』　五四五夜：フーコー『知の考古学』　九三五夜：プルースト『失われた時を求めて』　一〇二二夜：三島由紀夫『絹と明察』　一二六八夜：フォースター『インドへの道』　八二二夜：バロウズ『裸のランチ』　一一二二夜：ウォーホル『ぼくの哲学』　一六二四夜：『南方熊楠全集』　一八二七夜：カミール・パーリア『性のペルソナ』

LGBT問題のあらかたの要訣と、
そこをさえ抜け出ていくときのQの可能性。

森山至貴

LGBTを読みとく

クィア・スタディーズ入門

ちくま新書　二〇一七

岸田政権がLGBTをめぐっていったんは否定的な姿勢を見せ、その後も煮えきらない態度を示していることに対して、さまざまな声が上がっています。そんな首相の姿勢を忖度《そんたく》してか、荒井勝喜《まさよし》総理秘書官が記者団を前にオフレコで、こう言った。「同性婚が広く認められるとなると、社会に与える影響が大きい。マイナスだ。秘書官室もみんな反対する」。オフレコながらこれは聞き捨てならないと判断した毎日新聞の記者が、この発言をバラしました。秘書官は首相のスピーチライターを兼ねていたから、問題はますます大きくなった。

さっそく衆議院予算委員会で立憲民主党の岡本章子《あきこ》が野党質問で取り上げ、そのことに首相がまた曖昧な応答をしたため、急激に議論が広まります。

ＬＧＢＴという四文字が新聞一面を賑わしたのはこういう経緯によるものだったのですが、秘書官が更迭された後も、ＬＧＢＴをめぐる法制化についてはいまなお混乱したままです。当然のことに各種メディアから、日本政府はＬＧＢＴについての認識があまりに薄いという批判が出ます。ネットではこれまでメディアのほうだって同性婚やＬＧＢＴについてろくな報道をしてこなかったではないか、どっこいどっこいじゃないかという声がとびかった。

一方、ひょっとするとこれで日本社会に長らくはびこってきた性差別の本質が少しは改善されるのではないかという見方も出始めました。これまで本格的には浮上してこなかった性差別社会の現状と歴史が、これで語りやすくなっていくのではないかという、かなりおめでたい意見です。

いずれにも少しずつの一理があるけれど、この程度のやりとりでＬＧＢＴについての理解が深まっていくとは、とうてい思えません。おそらくはかなりトンチンカンなままに時を食《は》んでいくのではないか、日本におけるＬＧＢＴの理解はなかなか深まらないのではないか。そんな気がします。

ＬＧＢＴを理解するとは、「同性婚を許容して、ゲイやレズビアンを認める」というようなことではありません。そのことに関する法制度を用意するのはひとつの打開ではあろうものの、問題はもっとずっと深いところから発しています。

その深さは文明論としても存在論としても、また当事者の日々の意識にとっても、けっこうシビアなもので、同性婚を含む社会の新しい価値観をめぐる理解によって裏打ちされないと、この深さは容易には測れません。ただ、この深さを理解するのは必ずしもかんたんではない。「性」をめぐっているのだから柔らかそうに見えるかもしれないけれど、もともとの問題がヤワではないからです。

この問題の背骨には人類史がかかわっているし(人種の違いも)、文明史も差別史もかかわっています(文化の違いも)。そこには異性婚が圧倒的多数をもって確立してきた**パトリズム**(父系主義)**の背景**も絡んでいますし、同性婚を「異常」とみなした身体観や心理的スキーマも入りこんでいる。また当然のことながら、「結婚とは何か、家族とは何か」という本気の議論がされてこなかったヤバイ問題が控えているのです。これらをわかりやすく説明するのは、かんたんではありません。

LGBTというふうに社会の差別の状況を捉える「窓」が用意されたとはいえ、そこにはさまざまな抑圧や誤解がべったり堆積していたのです。その「偏見」を剝《は》がすためには、根強い偏見そのものをめぐる近現代史が解析されなければならないと思うのですが、かのミシェル・フーコーがあれだけ時間をかけて大部の『性の歴史』(全四冊　新潮社)

を書きながら、フーコーにして徹した解析ができなかったように（後半は古代史の解説になっていた）、この議論はヤワな問題ではないのです。

念のためいまさらながら、LGBTのLはレズビアン（lesbian）、Gはゲイ（gay）、Bはバイセクシャル（bisexual）、Tはトランスジェンダー（transgender）のことです。いずれも**性的指向**（sexual orientation）と**性自認**（gender identity）をあらわすイニシャルで、少数のグループの活動の中で慣用化されていたイニシャルを組み合わせた呼称です。その、呼称がしだいに公的な文書で認定されるようになった。

もっともLGBTのLとGとBはなんとか見当がつくかもしれませんが、Tはわかりにくいだろうと思います。トランスジェンダーは文字どおりは、ジェンダー（性）をトランス（越境）するという語義だから「性別をとびこえた人々」と解釈したくなるけれど、実際にはそういう理解では足りません。何が足りないのか、いろいろ足りない。

最近は、LGBTという四つのイニシャルを並べるだけでなく、「LGBTQ」とか「LGBTQ+」という呼称も交わされるようになりました。これは、もっとわかりにくい。Qは「**クィア**」（queer）のイニシャルですが、とはいえそう言われてもピンとはこない向きが多いでしょう。

英語圏以外では「クィア」はかなりなじみが薄い言葉です。もともとは「変だな」「おかしい」「でも、それが好きな奴がいる」といった意味で、それがセクシュアリティに加担して、俗語としては日本語の「ヘンタイ」(変態)「おかま」にあたる言い方になっていました。つまりQはゲイや性的偏向者を侮蔑するときにつかわれていた俗語なのです。ところが当の「おかま」たちが「ねえ、クィアのどこが悪いのよ」というふうに、あえて自称として「クィア」をつかいだした。そこから、しだいに〝公用語〟になっていったのです。

おそらく「+」(プラス)はさらにわかりにくいだろうと思います。LGBTQに「+」がくっつくのだから、LGBTQの五つが混ざっているのか(性差上はそんなことはありえませんが)、そこから何かが派生している立場をさすのか(その可能性はありますが)、それとも超少数者やハイパージェンダー(そういう言い方があるとして)を語ろうとしているのか、にわかには判断できません。だいたい「なんとかプラス」だなんてドリンク商品や強壮剤のネーミングみたいです。

あらかじめ言っておくと、苦しまぎれの記号のように見えて、「+」はとても大事な意味を孕《はら》んでいると思います。ぼくには「+」はたんなる「+α」のことではなく、「**別様の可能性**」(contingent state)をあらわしているというふうに見えます。おそらく『ジェンダー・トラブル』(青土社)を書いたジュディス・バトラーのセクシュアリティをめぐるパフォーマティブな立場は「十」にこそあったように思います。

今夜とりあげた一冊はこんなふうにわかりにくいかもしれないLGBTを「読みとく」ための基礎を、わかりやすく提供した一冊です。わかりやすくというのは、できるだけ学問的に正確を期したいという意味で、本書の試みのばあいは、「クィア・スタディーズ」という学問の立場から「**非規範的な性を生きるセクシャルマイノリティとは何か**」ということを読みとこうという明確な意図で綴《つづ》られています。

あらかじめ杓子《しゃくし》定規なことを言っておけば、セクシャルマイノリティ(sexual minority)とは性的少数派のことではありません。「普通」(normal)の「性」を生きなさいという社会的圧力によって傷つく可能性のある人々のことをさす。つまり性に関する「規範」(norm)から逸脱しているとみなされる境遇にある人々のこと、それがセクシャルマイノリティです。本書はこのマイノリティ思想を貫いている。

著者の森山至貴《のりたか》は早稲田大学文学学術院の社会学の准教授で、読むかぎりはかなりマジメです。本書のほかに『「ゲイコミュニティ」の社会学』(勁草書房)、『ジェンダーとセクシュアリティで見る東アジア』(共著・勁草書房)などの著書がある。これはぼくの仕事場にいる音大出身の上杉公志君に教えてもらったことですが、森山さんは朝日作曲賞を受賞したような音楽家でもあるようで、ピアニストとしても合唱団の演奏会にかかわっているみたいです。

というわけで、本書についてはできればまるごと読むことをお奨めしますが、千夜千冊としては今夜は「かんじんなところ」を、かいつまんでみるだけにとどまります。多少、ぼくの意見も交えていくけれど、あしからず。

ＬＧＢＴ議論の「かんじんなところ」というのは、来たるべき社会の価値観の展望にもとづいて、次のような考え方をもつということです。第一には「差異にもとづく連帯」とは何かということを理解する。第二に「否定的な価値付けを積極的に引き受ける」という価値観」がありうることを理解する。第三にそもそもの「アイデンティティの両義性と流動性」について理解する。この三つです。

これが「かんじんなところ」ですが、さきほども書いたように、このような三つの視軸を同時に視座に入れながらＬＧＢＴを理解するのは、かんたんではありません。そんなことを不用意にすれば（一知半解で）、なんだか根本的な社会的価値観がゆさぶられていくような気もするでしょうし、そうすることでどんな社会が出来《しゅったい》するのか、心配する向きもある。

そもそもＬＧＢＴを理解するといっても、いったいこれらのイニシャルの並びによって何が社会的に象徴されているのか、差別語を使わないことで差別されてきた「当事者」の何を保護しうるのか、そういうことがすぐには摑《つか》みがたいのです。また、ＬＧＢＴが象徴していることが今日の社会にどんな「改善」を要求しているのか、あるいはそこを「当事者」に対する「措置」として対応するとはどういうことなのかというと、このことだって容易には理解しにくい。

とりあえず、よく知られた二つの事例を紹介して、もう少し奥に進んでいきたいと思います。

二〇一六年八月五日のＮＨＫニュースで、同性愛差別の被害者が「ＬＧＢＴ男性」というふうに報道されました。大学院生が友人の男性に好意を告白したところ、その友人がこの大学院生が同性愛者であることをアウティング（暴露）したため、大学院生が自殺したという事件です。「ＬＧＢＴ男性」という表現がモンダイになりました。

もうひとつの例。同じ年の夏、ブラジルでリオ・オリンピックが開かれ、出場選手に多くのＬＧＢＴのいずれかを表明したアスリートがいることが話題になりました。そのことを日本のメディアもそこそこ紹介したのですが、このとき電子新聞が「私はＬＧＢＴ」というヘッドライン（見出し）をつかったのです。

レズビアンであることとゲイであることを一人の個人が兼ねることができないように、ＬＧＢＴという用語をつかって、個人の性向をまとめてＬＧＢＴというふうには言えません。それをうっかり「ＬＧＢＴ男性」とか「私はＬＧＢＴ」というような個人紹介をするのは、セクシャルマイノリティの動向を良心的に報道しようとしているようでいて、かえってＬＧＢＴが意味するものが何であるかを曖昧にしかねない。またＬＧＢＴに個人化を加えすぎているとも言えます。

本書はＬＧＢＴを扱うことのむつかしさをあらわす例として、これらの報道におけるセクシャルマイノリティの扱い方の難点をあげながら（なぜそうなってしまうかという背景も考えながら）、では、どのように「ＬＧＢＴを読みとく」かということを議論しています。ただしその議論の仕方はもどかしいほど慎重です。ポリティカル・コレクトネスをとことん配慮しているからでしょうが、そのため解説が丁寧で、詳しすぎるトリセツを読んでいるようにも感じます。配慮がゆきとどきすぎているのです。

そこでこの千夜千冊では、ＬＧＢＴを大摑みするための前哨戦《ぜんしょうせん》（本書には省略されていることを含めて）から入ってもらいます。一般の読者には次の「入口」から理解していくことがわかりやすいのではないかと思います。

ＬＧＢＴについて誤解しやすいことは、**セックス**（sex）と**ジェンダー**（gender）をめぐる基本理解のところにあります。二つの用語は似ているようで似ていない。

セックスは「生物学的な性別ないしは性差」のことを言います。生物がおこなう雌雄による有性生殖を支えているしくみがセックスです。雌雄は遺伝子セットの性染色体のありかたによって決まります。女性の性染色体はXX、男性はXY。このことにもとづいて人間の雌雄は男性（オス）と女性（メス）になりました。

性の発生は染色体に始まるのですが、男女の区別はそれだけにとどまらない特徴を発揮します。つまりいろいろな機能や外見に及ぶ。たとえば、(a) 卵巣（女性）をもつか、精巣（男性）をもつか、(b) **エストロゲン（女性ホルモン）**が多いか、**テストステロン（男性ホルモン）**が多いか、(c) 内性器がミュラー管由来の子宮・卵管をもつか、ウォルフ管由来の睾丸《こうがん》・輸精管をもつか、(d) 外性器に膣《ちつ》・陰核（クリトリス）・陰唇があるか、陰茎（ペニス）・陰嚢《いんのう》があるか、などなど。男か女かは、これらの特徴によって区別されてきたのです。もっともインターセックスの例で知られているように、こうした男女の区別がはっきりできないことも少なくありません。

これに対してジェンダーは「社会的および文化的な性別ないしは性差」のことを言います。人間の社会にほぼ特有される性別観がジェンダーです。

ジェンダーは村落や国家などの社会制度が要求した性別の単位として広まったものの、本来は個人一人ひとりの「性自認」によって確認されます。けれども、ここがたいへん微妙なのですが、その個人の性自認では、セックスとジェンダーの「認知度」がいろいろズレることが少なくないのです。

このようにセックスとジェンダーは似て非なるものであるはずなのですが、この二つの用語は長らく混乱してつかわれてきました。混乱してきただけでなく、人間がもっている性的存在というものの根底を軽薄に扱うようにつかわれてきたきらいがあった。この性的存在の根底とは何かといえば、それがずばり**セクシュアリティ**（sexuality）です。

生物は交配や受精を通して繁殖するしくみを大々的に獲得しました。これが有性生殖です。そのしくみは雌雄を分けながら、配偶子を組み合わせるという方法です。

無性生殖も多い生物界のなかで、なぜ有性生殖がかくも確立していったかということは、残念ながらいまだ定説がありません。それでも進化生物学の研究では配偶子を有利に選ぶためだったろうこと、進化の選択圧のコストを下げるためだったろうこと、配偶子に選好度をもたらすためだったろうことなどが、有性生殖のメリットとしてあげられています。

有性生殖は生物界に大きな変化をもたらします。魚類や鳥類や爬虫《はちゅう》類の特性を生み、哺乳類に至って類人猿（サル・ゴリラ・ヒト）への進化の道をつくりあげ、結局は生物史の先に文明史をぶらさげた。

オスとメスの行動や体型や紋様に変化を与えたことも見逃せません。オスとメスにおける性徴、攻撃性、ディスプレー性、群棲《ぐんせい》力、育児本能、番《つがい》の認知能力に、多様きわまりない相違が目立ってきたのです。セックスの差がオスのライオンを猛々《たけだけ》しくし、メスのウマやシカの保育力を豊かにさせ、オシドリのオスを目立たせ、クジャクのオスの尾羽根をゴージャスにしました。

これらのことは生物界特有のものであったはずなのに、実は人間界からしてもこのオスとメスの行動と外見の相違はさまざまな影響を及ぼします。そもそもわれわれは動物なのだから、当然です。何かにつけては「動物的なるもの」を感じざるをえないのもムリはない。なかでも動物たちのミミクリー（模倣）をしたくなったことが特筆されます。イノシシの牙を首からぶら下げ、オオカミの毛皮をかぶり、ワシやタカの羽を髪にかざしたのです。われわれは「動物化」を好んだのです。

それがシャーマンの祈りやドラミングの遊びにつながるとダンスや音楽が生まれ、男女の儀式的な役割が生じていった。『動物化するポストモダン』という本が話題になったことがありましたが、「動物化」はとっくの昔から始まっていたことです。

では、性をもった人間は「性」をどうしたくなったと考えればいいのか。ここはちょっと難問です。セックスによる性差は人類（ホモサピエンス）においては、そのまま継承されたわけではなかったからです。

われわれは直立二足歩行をし、体毛や牙を衰えさせ、「悪食《あくじき》のサル」をめざし、受胎と育児に時間をかけ、道具と言葉をつかうようになりました。なにより大脳皮質の有効度をいちじるしく高めた。かくてわれわれは衣服を着て、家族とともに家に住み、イコンやシンボルによるコミュニケーションをして、かつセックス（性差）を維持するようになったのです。

それでも古代では天界の神々の想定とともに、しばらくは**両性具有**や**単性の**「**性**」が認められていたように思われます。この感覚は宗教イコンや神秘主義の中でその後も多少こっそりとはしながらも、維持されます。けれどもやがて社会制度と家族制度が重なり、国家が共同体を管理するようになると、もっぱら異性婚が公認され、同性婚や同性愛（レズビアンやゲイ）が異端視されるようになっていったのです。

こうして文明の中に「ジェンダー」が派生した。ジェンダーは文明がつくりだした社会的文化的な性別であって性差です。それとともに個人それぞれに発生する性別感覚ともなりました。そしてこのことにともなって、本来は生物学的な背景をもっていたセックスの意味も欲望主義的に変化していった。セックスは俗っぽくいえば「セックスする」に変化していったのです。

セックスは生殖や交配だけではなく、恋愛や色欲や交情と結びつき、自慰や姦淫《かんいん》や売春にも転化していったのです。また、そうしたセックスがもたらす欲望の消息は、あれこれの「表象」に転じ、絵画や文学におけるエロティシズムやポルノグラフィとして表現されるようになっていきます。

これらのことは、ジェンダーが社会的なジェンダーとして、それなりの多様性をもつようになっていったとも言い換えられます。過剰や歪曲《わいきょく》もおこった。たとえば「男らしさ」「女らしさ」、「父らしさ」「母らしさ」、「男の子らしさ」「女の子らしさ」などの様態やなりふりが強調され、いわば「割り当てられた性別」を押し付けるようになり、ジェンダーは規範力や強制力や排除力をもつように（もたされるように）なっていった。

世界中に見られる男性優位の価値観、女性蔑視の傾向、職業選択の男女差の進行、報酬の非対称、社会的参画の男女差別は、以上のようにして定着していったのだろうと見られます。けれども、そのままでいいわけではない。初期フェミニズム運動が女性の参政権などを求めて立ち上がっていったのは、性別による不当な割り当てをほったらかしにする男性型ジェンダー社会に対する最初の狼煙《のろし》でした。

とはいえ、男女の差別の撤回を求めるだけでは、複雑なジェンダー問題の解消が連打できるわけではありません。気がつけば、社会は隅々まで**男性優位主義**やそれにもとづく**ヒエラルキー**で埋められていたのです。

ジェンダーの近現代史にとって、見逃せないことがあります。それは、近代国家が地球上の各地を占め、その発展にともなって資本主義と自由主義が力をもつようになると、工場生産や消費生活が日々の前面に躍りだし、そのため多くの活動成果が「商品化」に向かっていったということです。

商品化はじりじりと着実に「人間の存在条件」に迫っていきました。このことは個人のアイデンティティが疎外され、抑圧される機会をふやすとともに、個々のセクシュアリティとジェンダーの多様性をさまざまなかたちで束縛するようになっていきます。

人間の商品化に対して、対策が練られなかったわけではありません。知識人たちも拱手傍観していたわけではない。マルクスは人間活動の商品化を批判して文明の転換を求め、ニーチェは超人を志向して思想の転換を求めます。またフロイトは「心理」を、ハイデガーやサルトルは「実存」を、ボーヴォワールは「性」を、ソシュールやパースは「言葉」や「記号」を思索して、人間存在の新たなありかたを問うた。

しかし、市場資本主義の拡張の速度は止まらない。この程度の抵抗や対策を押し流すほどの勢いをもっていたのです。こうした流れの中で、いよいよ「ジェンダーの現在と未来」がやっと問われるようになってきたんだと考えられます。

ざっと粗雑にまとめれば、とりあえずこういうことにはなるだろうものの、これまで生物学が組み立ててきた「セックスの科学」と社会学や哲学やフェミニズムが議論してきた「ジェンダーの科学」が橋渡しされたかといえばいまだとうてい連動されていませんし、十分に組み合わさってもいません。セックスとジェンダーの関係は、いまなお複雑なまま、文明の現在の前に放置されたままなのです。マルクス主義も記号論もコミュニケーションの社会学も、この手の検討にはあまり役に立たなかったのです。

加えてめんどうなことに、近代国家の普及以降の世界では「標準」や「正常」がさまざまな尺度で設定されていったため（「ノーマル」が称揚されたため）、そのことがセックスとジェンダーにまつわる「社会」と「個人」の日々に迫るようにもなって、個人の性をめぐる自己認知を危ういものにしていったということがあります。ありていにいえば、近現代思想は「セックスとジェンダーの学」には寄与してくれなかったのです。

さあ、ではどうするか。ここにおいて、まずはフェミニズムが立ち上がり、近現代思想が役に立たなかったのは男性中心的な思想を組み立ててばかりいたからだという立場から、新たな思想活動を始めていきました。ついでは、いやいやそれは男性主義とか女性重視とかの問題ではなく、性差をふくむ社会的マイノリティを軽視する思想が重視されていたからだろうという見方が浮上して、本書の学問的な基盤となっている「**クィア・スタディーズ**」（Queer Studies）が準備されはじめたのでした。

これまで一人の個人が性自認をするばあい、すなわち自分の性別を問われるばあい、セックスとジェンダーは合致するか、さもなく合致するかのようにふるまうことがノーマルであるとみなされてきました。そしてたいていは「男であるか、女であるか」の二者択一が問われ、社会がその当人のアイデンティティ（自己同一性）を確認するにあたっても、「男・女」欄のどちらかにマルをつけることが求められてきた。

歴史的には古くからセックス（性）が男女のいずれにも帰属できなかったり、セックスとジェンダー（性別）が合致しなかったりすることは、かなり頻繁におこっていたことだと想定されます。そこでは古来の神話や伝説に語られているように、随所でレズビアン（L）、ゲイ（G）、バイセクシャル（B）、トランスジェンダー（T）がそれぞれのアイデンティティをひそかに主張していたのです。その一方で、そうした主張や行為はたいてい「異常」（アブノーマル）扱いされてきたのです。

たとえば中世ヨーロッパのキリスト教社会では、男性どうしの性行為、オラルセックス、獣姦、避妊具をつかった異性間性行為などは「ソドミー」（sodomy）という呼称で一括りにされ、宗教上の罪の対象になっています。ソドミーは聖書のソドムの町の混乱に由来する命名です。その後もヨーロッパ社会では、ドイツで同性愛が厳罰の対象となったり、イギリスの刑法ラブシェール条項で男性間の性行為を犯罪対象にしたように、ソドミーを罰する方針は着々と継承された。このことは近代にいたるまでソドミー法として各国で適用されています。

もっともこれらは異常な性行為に適用するためのもので、同性愛者という人格に適用されるものではなかったのですが、それが十九世紀後半に**性科学**（sexology）が「同性愛は処罰ではなく治療の対象だ」とみなして、同性愛者の保護を重視したことから、事態が様変わりしていくようになります。LGBTは「患者」扱いされたのです。

クィア・スタディーズはこの変化を「行為から人格への移行」と位置づけています。この移行を決定づけたのはオスカー・ワイルド裁判でした。

一八九五年、オスカー・ワイルドがクインズベリー侯爵を名誉棄損で訴えます。侯爵は自分の息子のダグラスとワイルドとがふしだらな退廃的関係にあることを憂慮して、ワイルドにそうした行為をやめるよう手紙を送ったのですが、それをワイルドが名誉毀損だと訴えたのです。

裁判が開かれ、ワイルドは同性愛の行為に耽《ふけ》ったとして有罪になった。が、話はここからです。このことを性科学者たちが注目し、同性愛は侯爵たちが眉を顰《ひそ》めるような退廃的な行為ではなく、むしろ「愛の病理」の対象になりうるものと考えるようになります。同性愛が「心」や「愛」の対象になってきたのです。

ワイルド裁判以降、性科学者たちは女性にも同性愛があることを発見し（こんなに遅かったのです）、男女を問わない同性愛を認めるべきだという見方を強調するようになっていきます。

なんとも意外な展開ですが、そうした見方は、時をへて一九五〇年代に**ホモファイル**(homophile)とよばれる社会運動につながっていきます。これは同性間におこる愛(philia)にもとづく運動で、アメリカの男たちによる「マタシン協会」や、それに触発されて立ち上がった四組のレズビアンによる「ビリティスの娘たち」が有名です。いずれも「男らしさ」「女らしさ」を信条として、服装やふるまいも「男らしさ」や「女らしさ」を身につけることを訴えたものでした。つまり、既存の社会規範にうまく取り入るという戦略をとったのです。ホモファイル運動はクィア・スタディーズでは**「同化主義」の段階**とみなされています。

話はとんで一九六九年六月二八日、ニューヨークのゲイバー「ストーンウォール・イン」で警察の踏込み捜査に対抗する暴動がおこります。この店を拠点にゲイタウンに集まっていた同性愛者たちが一斉に立ち上がった。いまやLGBT史上最も有名な事件ですが、事件そのものよりも、これをきっかけにゲイ解放運動やフェミニズム運動が世の中に「見える活動」や「読める運動」になっていったことが目立ちます。

このようなGのありかたを問うムーブメントはさらに八〇年代以降になると、HIV／AIDSの波及とともに世界的な社会問題として注目されるようになります。

わずかな例しか採り上げなかったので舌足らずだったかもしれませんが、紹介したような動向から、主としてGとLの活動やB（バイセクシャル）の活動が先頭を切っているように見えたかもしれません。しかし実際は、性自認をめぐる動向としてむしろT（トランスジェンダー）が先行していたのです。

一九一〇年、ドイツの神経学者のマグヌス・ヒルシュフェルトが、異性を装って興奮する者のことを「**トランスヴェスタイト**」（transvestite）という用語をつかって説明しました。女装主義者のことですが、それをきっかけに異性を装うことと同性愛とが同一視されるようになりました。ヒルシュフェルトは同性愛者を「第三の性」と捉えたりするような視点の持ち主で、トランスヴェスタイトはたんに表面的な女装主義ではなく、そこには新たな「性」が出入りしているとみなしたのです。

一方、五〇年代になると、同様の趣味を「**トランスセクシャル**」（transsexual）という言葉でも説明するようになり、この言い方も同性愛との区別をしないまま人口に膾炙《かいしゃ》しました。

一九六六年、サンフランシスコのテンダーロイン街で、いまは「コンプトンズ・カフェテリアの反乱」と呼ばれる警官との衝突事件がおこりました。当時のサンフランシスコのゲイコミュニティは、トランスヴェスタイトやトランスセクシャルを（つまりはトランスジェンダーを）自分たちとは違う趣味の持ち主として排除していたようなのですが、その排除された者たちが集うカフェテリアに警察が強引に介入したのです。事件はそういうものだったのですが、この事件以降、GとTとを正確に扱おうという気運が生まれていった。ちなみに今日では「異性装する者」をトランスジェンダーと呼び、同性愛の議論とは別にしています。

ほかにも、トランスジェンダーが排除された歴史的経緯があります。七〇年代のフェミニズムの担い手たちが、トランスセクシャル女性たちのことをフェミニズムに対する裏切り行為だと捉え、フェミニズムのコミュニティからTが排斥されたのです。過激なレズビアン、ジャニス・G・レイモンドの『トランスセクシャルの帝国』（一九七九）がこの論陣の先鋒《せんぽう》でした。

なぜこんなふうになったのかというと、「女らしさの呪縛」から脱出しようとしているフェミニズムにとって、当時広まりつつあったホルモン治療や性別適合手術（いわゆる性転換手術）を受けてまで女性らしさを見せようとする行為が許せなかったのです。

おおざっぱな紹介をしてきましたが、今夜、示しておきたかったのは、以上のようにLGBT問題はLもGもBもTも、いずれもが別々の自覚の歴史と抑圧の歴史をもちながら、一方では互いに区分けされつつ、他方ではしだいに接近を促されていたということです。

それでは、いったい何が区別され、何を接近させて語られるべきなのか。当初はあまりに問題が複雑でわかりにくかったのですが、このことを明確に議論できる立場として、九〇年代に入って急激に浮上してきたのが「クィア」という視座の設定でした。Qの登場です。エイズが「ゲイの病」とされ、同性愛が国際的な議論の偏向にさらされた時期に重なっていました。

「クィア」という言葉が学会の先端に提出されたのは、一九九〇年二月のカリフォルニア大学サンタクルーズ校での研究会でのことです。テレサ・デ・ローレティスが「クィア・セオリー」をレポートし、ジェンダーとセクシュアリティの問題をこれ以上混在させないためには、これまでのLとGをめぐる議論からの脱構築をはかるべきで、それにはいったんQという新たな枠組みに議論を移し替えるのがいいのではないかと提唱したのです。

エイズ問題とポスト構造主義の議論が時を同じくして台頭していた時期でした。ローレティスはLGBTについての見方を新たな枠組に移し替えることは「セオリーの問題である」と言ったのです。ここにクィア・セオリーを組み立てるためのクィア・スタディーズが発進しました。

そのかんじんな視座（つまりクィア・セオリーの視座）は、すでに案内しておいたことですが、第一に「差異にもとづく連帯」とは何かということを理解する、第二に「否定的な価値付けを積極的に引き受けるという価値観」がありうることを理解する、第三に「アイデンティティの両義性と流動性」について理解する、ということにありました。

第一の「**差異にもとづく連帯**」とは、マイノリティにある者たちがLGBTそれぞれの差異を隠すことなく、いったん連帯させるための枠組をつくるということを示しています。クィア・スタディーズの地平を拓いたジュディス・バトラーは、その枠組は差異のパフォーマティヴィティによって説明できるとしました。

第二の「**否定的な価値付けを積極的に引き受けるという価値観**」とは、否定的なニュアンスをもつ言葉やジャーゴンをあえて引き取って（たとえば「おかま」や「クィア」）、その内実やイメージやコンセプトの書き換えを当事者に取り戻そうということを示唆します。またまたバトラーの例になりますが、バトラーは「それにはトラブルだって辞さない」という覚悟をもって主著『ジェンダー・トラブル』を書いたものでした。

第三の「**アイデンティティの両義性と流動性**」とは、アイデンティティにばかり頼って議論していくのは危ういということです。これまでマイノリティはそれぞれ一貫したアイデンティティをもつことによって明確な政治活動ができると考えられていたのですが、必ずしもそうではない。むしろ「ゆらぎ」や「相補性」も大事かもしれないということを、エイズ問題が社会運動の限界をゲイコミュニティに突き付けた苦い体験にもとづいて考慮した提言です。

「かんじんなこと」とはいえ、いずれもかなり高度な思想を微妙に成り立たせようとしていて、すこぶる興味深いところです。ぼくは、このような考え方には、ポスト構造主義以降のニューウェーヴの息吹を感じます。

さて本書は、後半になってピッチが上がり、日本におけるLGBTの状況にも言及されるのですが、それにあたってクィア・スタディーズのための二つの強力な概念エンジンとして、ジュディス・バトラーの「**パフォーマティヴィティ**」(performativity)とイヴ・セジウィックの「**ホモソーシャル**」(homosocial)を用いることを奨めています。

一八一九夜（『ジェンダー・トラブル』）でも少しふれたように、バトラーは、LGBTは概念の羅列にすぎないものの、LGBTそれぞれのパフォーマンスを遂行しようとすることによって、その根底にひそむケイパビリティ（能力）が創発されうることを強調しました。またその創発はLGBTを「Q」および「＋」に移していこうとするとき、さらに雄弁になりうることを予告したのです。この行為を引き受けるエンジンがパフォーマティヴィティです。バトラーはそのための「Q＋」は、たとえばドラァグクイーンのパフォーマンスを引き込むことでおこりうると考えたようでした。

英文学者でもあるセジウィックが提案した「ホモソーシャル」という概念エンジンについては、いずれセジウィックの主著『クローゼットの認識論』（青土社）を千夜千冊するときにあらためて採り上げるつもりですが（↓一八二八夜・本書所収）、そうとうにラディカルで両義性に富んだクィア概念です。

セジウィックはG文学の「読み」を通して、ホモセクシャルな性愛関係は男どうしの「絆」のセンスにあらわれているものが一部投射した行為であって、そこには実はホモフォビア（同性愛嫌悪）の影がつきまとっていると分析しました。だから、この両義的な関係は新たなホモソーシャルな関係として理解しておいたほうがいいということです。Gはすでにクローゼットの中から始まっているということです。いったいこのことを指摘することで何が見えてくるかは、セジウィックの千夜千冊のときに説明します。

このほか本書にはさまざまな解読の試みがちりばめられているのですが、それは本書に直接あたってもらって吸収してください。

本書は「**なんでもあり**」についての著者の考えを披露して了《おわ》っています。著者はこの本について、セクシャルマイノリティに関する「なんでもあり」をできるかぎり知識を付与して書いたと述べて、他者を自分に都合よく解釈して傷つけないためには、知識にもとづく「なんでもあり」をできるかぎり追い求めることが必要だと強調するのです。楽譜をすべて暗譜する訓練をしてきたピアニストらしい姿勢かもしれません。

そして、こう結んでいます。クィア・スタディーズには「なんでもあり」を堅牢《けんろう》に支えるための重要な意義がある、と私は強く思います、と。とても大事な結語です。ただ世の中では「なんでもあり」は評価しにくいのです。世の中は、「何かだけ」であってほしいのです。困ったことです。

第一八二一夜　二〇二三年四月十一日

参照千夜

五四五夜：フーコー『知の考古学』　一八一九夜：ジュディス・バトラー『ジェンダー・トラブル』　七八九夜：マルクス『経済学・哲学草稿』　一〇二三夜：ニーチェ『ツァラトストラかく語りき』　八九五夜：フロイト『モーセと一神教』　九一六夜：ハイデガー『存在と時間』　八六〇夜：サルトル『方法の問題』　一一八二夜：『パース著作集』　四〇夜：オスカー・ワイルド『ドリアン・グレイの肖像』　一八二八夜：イヴ・セジウィック『クローゼットの認識論』

キリスト教の渦中から躍り出た
エロティックで下品な神学の、大胆な仮説力。

工藤万里江

クィア神学の挑戦

クィア、フェミニズム、キリスト教

新教出版社　二〇二二

この数十年のあいだ、キリスト教の活動のなかでLGBT神学やクィア神学に果敢に挑戦した試みがいくつもあった。いまなお脈動している。そこでは「キリスト教はもともとクィアだった」「神をエロティックに捉えたい」「バイ・キリストのための下品な神学があっていいじゃないか」といった大胆な提案などが躍ったのである。どうしても紹介しておきたい。

著者は同志社大学神学部出身で、立教大学大学院で本書の原型になるクィア神学についての博士論文を書き、いまは明治学院や立教で教えている。本書はその素材になった何冊かの個別の類書はあるものの、ここまでうまくまとまってはいないので、採り上げた。代表して三人の女性が採り上げられている。

アメリカ聖公会の初の女性司祭となったカーター・ヘイワード、『ゲイ神学とレズビアン神学』を著したイギリスのエリザベス・スチュアート、『下品な神学』を問うたアルゼンチン出身のマルセラ・アルトハウス＝リードだ。三人ともレズビアンかバイセクシャルである。

最初に前史と概観を話しておく。フェミニズム神学やゲイ神学が先行した。

第一ステージは「**同性愛的**」だった。サリー・ギアハートやジョン・マクニールの言説が男性中心主義的に広まった。一方、フェミニズムの観点からはメアリ・デイリーが『教会と第二の性』(未來社)や『父なる神を超えて』を書いてポスト聖書型のシスターフッドを提唱し、ローズマリー・リューサーがエコロジカル・フェミニズムを神学に採りこんでいった。第二ステージが「**LGBステージ**」で、レズビアン、ゲイ、バイセクシャルが前面に出てきた。いちはやくカーター・ヘイワードが活躍したが、LとGの違いがはっきり出てもきた。エイズが流行した時期にもあたる。プロテスタント神学ではエリーザベト・モルトマン＝ヴェンデルの『乳と蜜の流れる国』や『女の語る神・男の語る神』(新教出版社)が気を吐いた。

一九九二年くらいから第三ステージとして「**クィア神学**」が走りはじめた。性的マイノリティを意識した活動があらわれ、性のスペクトラムが教会にもちこまれた。この時期は黒人神学も立ち上っていて、イエスを黒人とみなしたり、フェミニズム神学でイエスをフェミニストとみなしたりする動きも目立った。

別の整理の仕方もある。神学者エリザベス・スチュアートのクロニクルがそれで、『ゲイ神学とレズビアン神学』で跡付けられた。①七〇年代の「ゲイの自由主義神学」、②八〇年代末から九〇年代にかけた「ゲイの解放主義神学」、③九〇年代に提唱された「エロティック神学」、そして④今日に及ぶ「クィア神学」という分け方だ。自由主義神学には黒人女性によるウーマニスト神学、ヒスパニック女性によるムヘリスタ神学も勃興していた。

もっとも『ラディカル・ラブ――クィア神学入門』（新教出版社・本書の著者が翻訳した）をまとめたパトリック・チェンは、クィア神学の萌芽は五〇年代に早くも生まれていて、六〇年代後半には異性愛主義と同性愛嫌悪からの解放を謳《うた》うリベラルな運動として準備されていたとしている。

ついでながら日本のクィア神学を牽引《けんいん》してきたのは神学者・社会学者で、レズビアンを公表した牧師でもある堀江有里だった。『レズビアン・アイデンティティーズ』（洛北出版）などの著者がある。ほかに朝香知己《ともき》、小林昭博、安田真由子らが続く。

では、三人の改革者たちを案内する。本書や関係書から思い切った抜き書きや要約をしたので、少々目がまわるかもしれないが、ぼくとしては最近のLGBTQ議論のなかで最も説得力を感じた三人だ。

◆カーター・ヘイワードの力としてのエロティック

ヘイワードは一九四五年生まれ。コロンビア大学で比較宗教学を修め、ユニオン神学校に進んだのち、エピスコパル神学校で二〇〇六年まで奉職した。十代のころからフェミニズムに関心をもち、三四歳のときにレズビアンであることを公にした。一九八九年に書いた最初の著作『私たちの強さに触れる—力としてのエロティックと神の愛』が衝撃的な問題作となった。

ヘイワードは「エロティックを相互性を求める身体化された呻《うめ》き」として考察し、「神学的なレンズを通してセクシュアリティを考察する試み」ではなく、「性的な経験を通して聖なるものを探索する試み」に向かうと宣言した。

このような考え方は、第二波フェミニズムの渦中にいた黒人レズビアンのアクティビスト、オードリー・ロードに先駆していた。ロードはエロティックを女性たちの内にある重要な力の源で、「まだ表現されていない、あるいは認識すらされていない感情の力に根ざしたもの」と捉え、**エロティックこそ「私たちの最も深い知識の育み手」**だとみなした。ヘイワードはこの見方に依拠し、そこをもってキリスト教神学の限界に挑んだのである。限界とは、キリスト教が「上からの力」(power-over) を強調しすぎていること、「身体化された知」を無知とみなすこと、エロトフォビア (性愛嫌悪) に陥っていることなどをさす。

神学 (独 Theo-logie) とは「神-語り」のことである。カール・バルトは神を絶対他者とみなしたので、人間が神を語ることはできないとした。マルティン・ブーバーは「我と汝」の対話から始まると考えた。ブーバーの『我と汝』の引用を卒論の冒頭にもってきたヘイワードは、ブーバーの立場に寄せながら、関係 (relation) と相互性 (mutuality) による神学を希求し、神語りは相互関係的であるべきで、そこにエロティックが介在したほうがいいと決断したのだった。

ここには、ひとつにはキリスト教がアガペー (神と人間の愛) とエロス (性的な愛) とフィリア (友情的な愛) を区別してきたことに対する批判があった。レズビアンにはこんなことを分けられるはずがないと考えた。ヘイワードはこのような神語りを、神を動詞にして「**ゴッディング**」(godding) と呼びさえした。

またもうひとつには、神の「受肉」(incarnate) をナザレのイエス一人におこった出来事とすべきではないという批判があった。神は源ではあるにしても、それとともに共同的な動向そのものであり、それゆえ多くの者の身体化 (embodied) をおこすのではないか。そう感じていたヘイワードは、それならキリストという言葉も固有名詞ではなく形容詞

「キリスト的」(Christic) というふうに使ったほうがいいのではないかと提案した。

これらのヴィジョンは、ヘイワードが「クリスタ」(Christa) を養護したことにも顕著にあらわれていた。クリスタとは、イギリスの彫刻家のエドウィーナ・サンズが造形したイコンで、女性のキリストが十字架に架けられている像のことである。一九八四年にニューヨークのセント・ジョン・ザ・ディヴァイン大聖堂に期間限定で設置された。

◆エリザベス・スチュアートのクィアなキリスト教

エリザベス・スチュアートは一九六三年に生まれ、ローマ・カトリックの環境で育った。オックスフォード大学で神学博士号をとり、一九九八年からウィンチェスター大学で神学の教鞭《きょうべん》をとると、二〇一三年に副学長代理になった。OEP(オープン・エピスコパル・チャーチ)の司教でもある。二〇〇三年の著作『ゲイ神学とレズビアン神学』がセンセーショナルに迎えられたのだが、スチュアートはそこにとどまらず、あえてクィアな神学の可能性を探っていった。

スチュアートは早くにカーター・ヘイワードの影響を受けて、関係や相互性を重視する神学をめざしていた。このとき自身のレズビアン・フェミニストとしての気持ちと立場を全面的に持ち出すことにしたのだが、のちにこうしたアイデンティティを掲げる神学には限界があると感じ、**反アイデンティティの神学**を志して、あえてクィアな神学を模索した。それとともに、これは必ずしもゲイやレズビアンの立場から生まれるものではないだろうから自分が提唱する神学は、おそらく奇妙で不自然なものだろうと予告した。たいへん興味深い。

もちろんそう言うには理由がある。第一に、キリスト者のアイデンティティは洗礼というサクラメントによってすでに「ラディカルに異なる存在性」を帯びたのである。そうだとしたら、キリスト者にとっては男か女か、同性愛者か異性愛者かなどというカテゴリーは不要だろうというものだ。この考え方はキャシー・ルーディの『セックスと教会』に先行したもので、キリスト教とジェンダーをめぐる議論に新しい一打をもたらしていた。

第二に、**キリスト教はもともとクィアであった**という理由が生きている。預言、奇跡、処女懐胎、復活、三位一体などを確信したキリスト教は、もとより「変」から生じ、「変」を正当化してきたのである。少なくとも「変事」を継承しようとしてきたわけである。それならば、キリスト教は本来のクィアにこそ戻ったらどうなのか。そのために何を考察し、何を行動するべきなのか、そこを実践すればいいのではないかという理由だ。

第三に、キリスト教社会では、女性信者にとって長らく懸念になっていたことがあった。それは信仰対象であるキリストが男性的な肉体をもっているということである。厄介な懸念だった。スチュアートはむしろ神秘としての身体に戻したほうがいい、そのほうが転置可能性が高くなると考えた。ぼくはキリスト者ではないけれど、この転置可能性を言い出した考え方がすごくよくわかる。編集可能性こそ神学的であり、クィアなのである。

第四に、これは理由というよりも新たにとりくむべき方向として掲げられたことなのだが、「**再呪術化**」(reenchant)があげられる。二十世紀のキリスト教が「大きな物語」を失い、高度資本主義社会の歯車になっている現状で、あえて再呪術化を辞さないクィアな方針が必要だろうというのだ。これについては、九十年代のジョン・ミルバンク、グラハム・ワード、キャサリン・ピックストックの「ラディカル・オーソドクシー」への回帰、すなわち中世的伝統への回帰が重なっている。

もうひとつ加えておけば、ジュディス・バトラーがあえて過剰な演出をするトランスジェンダーの役割を重視したこと、イヴ・セジウィックが生物学性、ジェンダー・アイデンティティ、性的指向をあえて混乱させることを称揚していたことも、スチュアートのクィア神学に勇気を与えていたと思われる。バトラーが言うように、新たな宗教もパフォーマティブに向かう可能性が高いわけである。

◆マルセラ・アルトハウス゠リードの下品な神学

アルトハウス゠リードは一九五二年にアルゼンチンのロサリオの貧しい家に生まれた。

ブエノスアイレスの神学校で学士号を取って貧困地区の社会活動にかかわったあと、スコットランドに渡ってセント・アンドリュース・カレッジに学び、二〇〇六年にエディンバラ大学ニューカレッジの初の女性神学教授に就いた。病気のため二〇〇九年に亡くなったが、二〇〇〇年に発表された『下品な神学――セックス、ジェンダー、ポリティクスにおける神学的逸脱』は、いまもクィア神学のバイブルのように読まれている。バイセクシャルだったらしいけれど、実際にはわからない。エジプトの猫の女神バストの像、フリーダ・カーロのメダル、複数のロザリオを首にかけていたようだ。

いったい「**下品な神学**」とは何か。本人によれば、これはラテンアメリカの何層にも重なる抑圧の神話的レイヤーを剝ぎ取る神学で、解放の神学とクィア思考の交差点を出発にする。情熱的で、かつ不謹慎に、経済的神学的抑圧を撥《は》ねのけ、伝統的な上品さや秩序に疑義を投げかけるというものだ。

下品で何が悪いの、である。クィアについてはこう説明する。「クィアとは奇妙さのことではない。その反対だ。それは、否定されてきた現実そのものなのだ。私たちは、イデオロギーや神話の作り手によって奇妙とされてきたことを、クィア化し下品にすることによって取り戻すのだ」。

『下品な神学』には「**バイ／キリスト**」(Bi / Christ)という変わった用語が出てくる。たった一人の「モノ／キリスト」に対する言い分で、アルトハウス＝リードにとっては彼

©Bromberger Hoover Photography

キリストの偶像をクィアに読み替えることで、男性中心社会への痛烈なアンチテーゼになる。上写真はレインボーフラッグを考案したギルバート・ベイカーが、身体をピンク色に塗り、キリストに扮してデモを行う様子(1990年)。下写真は彫刻家エドウィーナ・サンズ作、女性のキリスト像(1984年)。ニューヨークの聖ヨハネ大聖堂の十字架に掛けられた。

©Keystone Press / Alamy Stock Photo

女が「T神学」と呼びすてる全体主義的神学に切り込むための両刃のナイフになっている。モノ・キリストは権威の「主」としてのキリスト、道徳の権化としてのキリスト、父に従順な子としてのキリスト、敵に対抗する者としてのキリストとして、これまで世界各地の暴力と抑圧を正当化してきた。これに抗するには新たな普遍を持ち出すのではダメである。むしろ**逸脱の語りなおし**こそ続行していくべきなのである。アルトハウス＝リードはキリストを読むことは、「永続的な意味の置き換え」(permanent displacement of reference) でなければならないとみなした。

これは「答えではなく、問いを与えるキリスト」である。Q&Aを与える神ではなくて、AのためのQを促す神である。そういう問いとしての神はむしろ「見知らぬ神」であってよく、「神のスカートに手を入れられる神」であったほうがよい。ここに「クィアとしての神」が「ストレンジャー(見知らぬ者)の神」として見えてくる。

アルトハウス＝リードは大胆にもマルキ・ド・サド(夜)、ピエール・クロソウスキー(夜)、SMのこと、フェティシズムについてしばしば言及する。神こそがマレビトで、クィアであるからだった。

以上、本書の記述にあらかたもとづいて、二一世紀の神に奉じる三人によるクィア神学への斬新な挑戦をスケッチしてみた。三人は三人ながらの思想と見解と行動をもたらしていのるので、同日には語れないのだろうが、正直な感想は「三人まとめて、すばらしい！」に尽きる。

とくにアルトハウス＝リードのクィア神学は、その方法論がそうとう冴《さ》えている。逸脱を方法の塊にしているところが、ＬＧＢＴＱ＋のさまざまな想像と行動の表明のなかでも、鋭く納得できるところがあった。ただアルトハウス＝リードが自分の考え方をドゥルーズ（夜）の「生成」に重ねて説明しようとしているところがあるのだが、そこはむしろドゥルーズ＝ガタリのガタリふうの「歪み」の重視であってほしかった。

むろん、いろいろのことを考えさせられた。たとえば二一世紀の神学はもっとアートをとりこむといいのではないかということ、またたとえば日本の仏教にＴやＱを持ち込んでほしいと思ってきた身からすると、もう一度、中世の日本仏教をクィアに捉えなおすといいのではないかということ、またたとえば、おそらく日本のサブカルズにはクィアが横溢《おういつ》しているのだが、そのわりにポップミュージックやファッションの分野に神仏的なものがあまりにも希有なままにいることなど、気になってしまうのである。

オードリー・ロードとカーター・ヘイワードの「エロティック神学」がその後の展開に乏しいように思われるのも気になる。日本の場合は、ここはＴ（トランスジェンダー）が引き受けていくといいのではあるまいか。

エリザベス・スチュアートが次のような提案をしていることを付け加えておきたい。

それはパロディのおすすめだ。スチュアートの『ゲイ神学とレズビアン神学』の副題に**「決定的な違いをもった反復」**というフレーズが付されているのだが、このことが生むパロディの可能性が、神学的な効果をもたらすのではないかというのである。ここはジュディス・バトラーや上野千鶴子にも応援してもらって、パフォーマティブなパロディの可能性をだれかが鮮やかに見せてくれるといいのだが……。

第一八二九夜　二〇二三年六月三十日

参照千夜

五八八夜：マルティン・ブーバー『我と汝・対話』　一八一九夜：ジュディス・バトラー『ジェンダー・トラブル』　一八二八夜：イヴ・セジウィック『クローゼットの認識論』　一一三六夜：サド『悪徳の栄え』　三九五夜：クロソウスキー『ロベルトは今夜』　一〇八二夜：ドゥルーズ&ガタリ『アンチ・オイディプス』　八七五夜：上野千鶴子『女は世界を救えるか』

ゲイ・レズビアン・トランスヴェスタイト。
「みかけ」の装いが性差を超えていく。

異装のセクシャリティ

石井達朗

新宿書房　一九九一・二〇〇三

この一冊には情報が緊密かつ精緻に詰まっている。そういう本は少なくないけれど、その中身が異装とかセクシャリティとかジェンダーをめぐっていて、しかも大半が新しい見聞にもとづいているのはけっこうめずらしい。

しかも異装を扱って歴史文化や風俗文化史に逃げず、最前線の演劇やパフォーマンスや実験映像をフェミニズムやゲイ・カルチャーとともに点検しているというのも、これが九〇年代初期に書かれていたということを勘定に入れると、早々の着手だった。著者は石井達朗。慶應の先生で舞踊評論家だが、守備範囲が広い。『サーカスのフィルモロジー』(新宿書房)、『アジア、旅と身体のコスモス』『アクロバットとダンス』『身体の臨界点』(いずれも青弓社)がある。

異装というのは**トランスヴェスティズム**のことをいう。服装倒錯などと訳せるが、本来の意味からいえば「服装の越境行為」というほうが近い。服装倒錯とか服装越境などというと、よほど異様なコスプレのようなものを想定するかもしれないが、もともとトランスヴェスティズムは神話や民話や童話にはしょっちゅう出てくるし、大半の民衆芸能や祭りには異装者が登場しないことがないといってよいほどに、おなじみである。『一寸法師』や『鉢かづき姫』から『ピーターパン』や『オズの魔法つかい』のメンバーまで、みんなとんでもない異装者たちなのだ。

それはそうなのだが、その異装の姿が物語や芸能の中にあるときはあまり驚かないのに、異装者たちがちょっとでも現実の日々に登場してくると、突然に奇異な目で見られることになる。ドラァグクィーンやゴスロリばかりではない。「あの人、いつも男っぽい服装ね」「ちょっと派手じゃない?」という会話も罷《まか》り通る。

現実の日々でちょっとした装いが好奇の目で見られてしまうのは、平均的な男性像と女性像というものが想定されてきたからである。そのため、この平均像から逸脱している服装や所作は、ことごとく「変なもの」とみなされる。とくに男の女装と女の男装は、最も目につくものになってきた。男か女かわからない髪形と衣裳も陰口がたたかれる。いったいどこに「変」の境界線があるのか疑わしいかぎりだが、この「変」は子供たちは容易に気がつく。一方、凡庸な大人たちが異装を「変」とみなすときは、悪意や差別や排除がともなった。いったいどこでこのようになってしまったのか。

よくよく考えてみると、もともと男性らしさや女性らしさこそが極端な方法によって強調されてきたわけなのである。たとえば割礼、去勢、入れ墨、抜歯、纏足《てんそく》といったことはまとめて「身体変工」といわれるのだけれど、これらはナマの身体に直接に加工や加飾をすることで、男の性や女の性を強調した。その大半は男性社会が意図的につくりあげたもので、女たちはそのようにすることは「変」なのではなく、「美」なのだと言われつづけた。

そこへさらにコルセット、ブラジャー、ハイヒールが加わり、ネクタイ、ブーツ、軍服や戦闘服が加わった。服装と下着と髪形と化粧の歴史は、いってみれば異装そのものの歴史だったのである。

これに対して、六〇年代半ばから流行した街のファッションでは、女たちもTシャツとジーンズになり、ブラジャーをとり、ヘアスタイルを好きにした。男女差がなくなっていった。ユニクロなどのリアルクローズの安価な大提供によって、この傾向はいまなお続いている。しかしそれだけに、なお現実の日々にちょっとした異装があらわれてくると、好奇の目はいっそう激しくなっていく。

こうなると、あえてトランスヴェスタイトを装って逆襲する作戦が有効になる。本書は、そのような例をさまざまなポップシーンやアートシーンのなかに見いだした。著者の石井はこれらをニューヨークに住みながら現場で、検証していった。七〇年代から八〇年代にかけて、ハワイ大学やニューヨーク大学で教えたり、研究もしていた〝目利き〟なのである。

ニューヨークに行けばぼくも必ず立ち寄る「ラ・ママ」というオフオフ・ブロードウェイの中心的劇場がある。イーストビレッジの東四丁目だ。地下には「ミレニアム」という実験映画の専門館もある。その一角に「ワーウ・カフェ」があって、女性であれば誰でも参加できる劇団活動の拠点になっている。レズビアン演劇の根城でもある。そこで《レズィビジョン》が上演された。原案はマズ・トロップが書くのだが、あとは女たちが共同でつくりあげていく。観客はほとんど笑いっぱなしである。

その一年前に、石井によるとレズビアン演劇の最高傑作だということになる《賃貸用礼服》が上演された。ホリー・ヒューズが書いた作品で、警句・洒落《しやれ》・諧謔《かいぎやく》・機知に富み、写実はいっさい無視する。二人の女優が白い下着のミシガンと黒い下着のディーラックスに扮《ふん》して出てくるだけだが（一人が演出も兼ねている）、きわめてエロティックで、思想的にもフェティシズムとしても、おもしろい。

たとえばディーラックスの右腕にはピーターという男が同居していることになってい

て、ディーラックスとピーターは松浦理英子の親指Pよろしく、さまざまな関係を見せる。ミシガンにもリンダというおもちゃ犬がいて、リンダと会話する。そのミシガンとディーラックスがかなりきわどく絡みあう。ところが科白《セリフ》はたいそうポエジーに富んでいて、ファンタジーがある。またときにベケット、ときにイヨネスコ、ときにマルグリット・デュラスになる。石井が言うように、たいへんよくできていた。

奇妙にきわどいというなら、ぼくは見ていないのだが、東京の劇団ロマンチカの《蛇》も傑作だったようだ。構成主義的な戯曲、様式的な演技、表現主義っぽい舞台美術、倒錯的な衣裳などが巧みに溶融して、堪能できたという。劇団ロマンチカというと横町《よこまち》慶子が眩《まぶ》しく、林巻子の演出とともに際立っていた。

石井によると、レズビアン演劇の嚆矢《こうし》はミネアポリスの「ラヴェンダー・セラー・シアター」らしい。レズビアンが徒党を組んで、レズビアンだけに見せる演劇はこれが世界で初めてだったようだ。

ついで一九七四年、アトランタに「レッド・ダイク・シアター」ができた。ダイクとはレズビアンのことである。〝ブルー・ストッキング〟ならぬ〝赤いダイク〟たちの競演である。マルチメディア型のパフォーマンスを見せた。二年後、グリニッジビレッジに「メドゥーサの復讐」が、ピッツバーグに「レズビアン・フェミニスト演劇集団」ができて、これらが活動を停止したのちにも、なお新たな運動になっていく突端と底辺をつくりあげた。

ゲイ演劇もめざましい。とくにハーヴェイ・ファイアスティンが演じた《トーチソング・トリロジー》は圧倒的な熱狂で迎えられた。本物のドラァグクィーンが演じたのだから、迫力も説得力もあった。定番は《M・バタフライ》だろうか。

映画においてもトランスヴェスティズムは旺盛だ。いくらでも映像の作りこみができるので、異装の度合いは映画のほうがずっと過激になりうるし、ずっとリアルにもなりうる。石井によると、《チャップリンの女装》、ビリー・ワイルダーの《お熱いのがお好き》、ルイス・ブニュエルの《ビリディアナ》、ロマン・ポランスキーの《テナント／恐怖を借りた男》の果たした先行的役割が大きかったという。ぼくはなんといってもルキノ・ヴィスコンティがナチス時代の大企業の没落を描いた《地獄に堕ちた勇者ども》でヘルムート・バーガーにぞっこんになった。**女装とニヒリズムの関係**に気がついたのがあのバーガーの演技だった。

そのほかアンダーグラウンド・シーンでは、トランスヴェスティズムはしょっしゅうである。とくにケネス・アンガーと一七七夜に紹介したデレク・ジャーマンは、二人がともにゲイであることもあって、忘れがたいほど鮮烈なシーンを必ず作品のなかのいくつかに見せてくれた。

ついでながら、実はアンガーよりもジャック・スミスのほうがずっとクィアなのだが、日本では自作の《燃え上がる生物》を除いてほとんど知られていない。ぼくはハーレムのダウンタウンを探しまわってジャックのアパートメントを突きとめ、その驚くべき生活ぶりとアートフィルムを堪能したことがある（その後、HIVで亡くなった）。

子供のころ『笛吹童子』や『紅孔雀《べにくじやく》』というラジオ・ドラマに齧《かじ》りついていた。のちにそれが東映の時代劇映画になって見たとき、まったく想像を絶するトランスヴェスティズムの世界になっていて、びっくりしてしまったことがある。若様やお小姓たちがことごとく女装しているかのように美しく着飾っていたのだ。ラジオを聴いていただけでは、何も想像できなかった。

異装というもの、やはり言葉だけでは限界がある。逆にいえば、本気の異装こそは言葉の支配を食い破る力をもっているといえるのだろう。

そういう意味では、本書では扱われていないが、ファッションショーの異装にはかなり時代をひっくりかえすものが秘められている。先だってヴィヴィアン・ウェストウッドのパンク・ファッションからゴス・ファッションにおよぶエキシビションを見たが、闇の中に浮かび上がる衣裳たちは、そこにあらゆる身体をも想像させて、まさにハイパ

ージェンダーなエロスの空間をつくりあげていた。

ミュージシャンたちのトランスヴェスティズムも見逃せない。最近の講演では、しばしば忌野清志郎《いまわのきよしろう》と椎名林檎《しいなりんご》のパフォーマンスを紹介するようにしているほどだ。どの話のときかというと、「数寄」についての話のときである。日本のクィアは数寄《すき》であり、数寄者は「やつし」こそが本懐なのである。

第一一四三夜　二〇〇六年五月十九日

参照千夜

一〇六二夜：松浦理英子『ナチュラル・ウーマン』　一〇六七夜：ベケット『ゴドーを待ちながら』　一六七八夜：吉村信次郎ほか『ヴィスコンティ集成』　一七七夜：デレク・ジャーマン『ラスト・オブ・イングランド』

性もエロスも官能も、
社会資本や人的資産なのである。

キャサリン・ハキム

エロティック・キャピタル

田口未知・トランネット訳　共同通信社　二〇一二
Catherine Hakim: Honey Money—The Power of Erotic Capital 2011

とっくにピーター・ドラッカーが指摘していたように、資本主義社会のなかで知識の力は「ナレッジ・キャピタル」（知的資産）として機能する。いまでは多くの企業がこれをデジタル化して流通させ、蓄積し、運用している。

古今東西、どんな社会にも「縁」や「絆」という関係力がある。これは「ソーシャル・キャピタル」（社会関係資本）として機能する。就職する力や仕事の獲得はソーシャル・キャピタルが動いていたせいなのである。伝統的であれ前衛的であれ、才能や感性が発揮する力は「ヒューマン・キャピタル」（人的資産）となって、社会のさまざまな場面で貢献してきた。家族教育の成果や学校で身につけた資格や訓練で得たスキルや経験値の蓄積は、多様な機会のなかでヒューマン・キャピタルになる。

かつてフランスの社会学者ピエール・ブルデューはこれらをまとめて「**カルチュラル・キャピタル**」(文化資本)と名付け、歴史的にも「**エコノミック・キャピタル**」(経済的資産)に勝るとも劣らない資産力を発揮してきたと考えた。それならば、女が自身をセクシュアルに磨いていくことで独自に獲得し、蓄積してきた資産を「**エロティック・キャピタル**」と呼んだっていいだろう。そう呼んで何がまずいのか。まずいわけがない。これが本書でキャサリン・ハキムが提案した強烈なメッセージだ。

美貌、ボディライン、目の美しさ、スマート・パフォーマンス、性的魅力、自己演出力、社交的なスキル、ファッションセンス、プロポーション、言葉づかい、指づかい、クールな判断力、うっとりするような声、脚線美、情熱的なアプローチ、エレガントなマナー……。これらすべては個人資産であって、エロティック・キャピタルである。ハキムはこれを「ハニー・マネー」(honey money)とも名付けてみせた。

たしかに知性や職能と同じように、エロティック・キャピタルはボードルーム(重役室)からベッドルーム(寝室)まで、人生と仕事の多くの場面で資産力を発揮してきたはずだ。そんなこと、疑いもないことだ。たとえば広告産業はつねにエロティック・キャピタルを巧みに見せびらかすことによって、十九世紀末から一〇〇年以上をかけてスポンサーを騙《だま》して大儲けをしてきたはずだし、それよりずっと前から娼婦《しょうふ》に始まっていた性風俗ビジネスのあれこれは、エロティック・キャピタルを陰に日向に活用しまくって、男たちの欲望と快楽をそそってきた。

エリザベス・テイラーやマドンナやレディー・ガガに備わっているものも、エルヴィス・プレスリーやミック・ジャガーやマイケル・ジャクソンがもたらしたものもエロティック・キャピタルである。エル・マクファーソンやジゼル・ブンチェンなどのトップモデルなら、なおさらだ。

いまや多くのアスリートたちに備わっている魅力も資産になりつつある。そんなことは棒高跳びのイシンバエワ、サッカーのディヴィッド・ベッカム、バスケットのデニス・ロッドマンが才能と官能を一緒くたにあらわしていることを思い浮かべてみれば、誰だって了解できる。

ところが、これまでは女性の資産としてのエロティック・キャピタルはまったく認められてこなかった。その理由は何かといえば、大きくは男性優位社会が女たちのエロティック・キャピタルの行使力を根こそぎ支配してきたからだ。

企業社会においてもこの優位が長らく貫徹されてきた。役員にはしないでミニスカが似合う秘書にしておくとか、会社のシンボルはＢＳやＰＬやＲＯＥに関係なく、キャンペーンガールの上品なセクシャリティで代弁させておくとか、そういうことを巧妙に使い分けてきた。

そのくせ男だけは巧みにエロティック・キャピタルを運用してきた。風俗ビジネスだけではない。一般ビジネスにおいても、男たちは魅力的な女性を何かの特別任務でギャランティしてきた（たとえばマナー研修に女性のキャリアを使うことなどで）。そういう成果を会社の資産などにしてこなかった。これは、おしゃべりしかしていないだろう企業の経営企画室の成果を、それなりに資産勘定してきたことにくらべると、どう見ても不当だとハキムは口を尖《とが》らせる。

会社はとうていエロティック・キャピタルなど計上するわけがない。加えて最近は急進的なフェミニズムのムーブメントも、仕事場におけるエロティック・キャピタルの可能性を軽視してきたのではないかとハキムは疑っている。もっともフェミニズムに対しては、ハキムはいささか狭隘《きょうあい》な見方をとりすぎていて、ぼくからするとそこにエロティック・キャピタルの抑圧が過当にはたらいたとは思えない。

物議をかもしそうな本である。眉をひそめる者もいるだろう。実際にも発刊当初からいろいろ評価が分かれたようだ。

キャサリン・ハキムはイギリス人で、ロンドン・スクール・オブ・エコノミクスで社会学者として鳴らし、女性の雇用問題や社会と労働市場の関係についての研究を続け、マーガレット・サッチャーが設立にかかわった保守派のシンクタンク「政策研究センター」のシニアフェローになった。

そんなキャリアがありながら、これらの社会学的戦績を一途にエロティック・キャピタルに向かって吐き出したというのは、ずいぶん勇敢だった。

社会学や経済学のなかで、こうした試みがまったくなかったわけではない。かつてドイツのノルベルト・エリアスは『文明化の過程』（上下　法政大学出版局）などで「社交スキル」を文明的資産とみなして、ソーシャル・キャピタル論の門戸の一端を開いたし、アメリカの社会学者アーリー・ホックシールドが『セカンド・シフト』（朝日新聞社）や『タイム・バインド』（明石書店）で「感情労働」を重視して、たとえばスチュアーデス（キャビン・アテンダント）の労働になぜ笑顔が必須とされるのか、そのことを受容した彼女たちの感情訓練をちゃんとした資産とみなすべきだという議論を提出した。

経済学ではロバート・ギッフェンが提案した**ギッフェン財**が有名である。「あるものが高価であればあるほど重要性を増す」という財をギッフェン財というのだが、ギッフェンはそれを高級娼婦や国王の愛人にあてはめて論じた。

印象的なのはブルック・マグナンティの変わった研究だ。彼女は自分の正体を隠してベル・ド・ジュール（昼顔）と名のってコールガール体験をブログで発信し、二冊の本に赤裸々にまとめて発表したのだが、二〇〇九年十一月になって、自分がブリストルの大学病院で発達神経毒性学や癌疫学や法医学に従事していることを公表した。

似た例は六年間のストリップクラブ体験を論文にしたキャサリン・フランクや、テレフォンセックスのオペレーター体験を研究論文にしたエイミー・フラワーズなどにもあてはまる。スティーヴン・レヴィットとダブナーが『ヤバい経済学』（東洋経済新報社）を書いて、ポン引きの経済社会をみごとに白日のもとに晒《さら》したという成果もあった。

ハキムがエロティック・キャピタルを持ち出したのは、主にはピエール・ブルデューの影響だ。ブルデューが最も早くカルチュラル・キャピタル（文化資本）に注目し、エコノミック・キャピタル、ソーシャル・キャピタル、ヒューマン・キャピタルは相互に交換できると示唆したことに刺激をうけたのが大きかったらしい。とくにソーシャル・キャピタルが特定グループや好みをともにする集団のなかで、独自の「**クラブ財**」として発達してきたという見解を披露したことに、ハキムはピンときたようだ。

クラブ財というもの、一方ではワインや競馬やカード（トランプ）とともに発達したクラブ・ソサエティの中で独自に育まれた商品力のことをいう。競馬にともなうダービーハットやブーツといった特定商品は、エルメスがその代表例であるが、最初は特別なクラブ財として磨かれ、ある時期に一般市場に出回っていったのである。ビールまわりの商品、将棋や囲碁や麻雀まわりの商品などもこれに類する。

こういう例はいくらでも挙げられる。ゴルフやコントラクトブリッジに付随する服装や帽子やハンカチや各種の道具もクラブ財になった。実は各国の軍事組織がつくりだしたもの、銃器や戦闘具なども、その大半が一種の特定クラブ財なのである。

これらから制服やドレスコードというものも派生した。制服やドレスコードは当初は高級クラブの特権性をあらわしていたが、そのうち巷《ちまた》に広まると、たちまちその美とエレガンスとディシプリンが競われて、それが転じてエロティック・キャピタルになっていった。高級店員、執事、ウェイターやウェイトレス、芸者、ガードマン、消防隊員、船員たちの衣裳などもそのひとつに入る。アスリートたちのユニフォームやパーカなども、ドレスコードを内に秘めたクラブ財が背景に動いていた。

二〇一〇年十二月、スイスの銀行のUBSが四三ページに及ぶドレスコードを社内に配って、話題になったことがある。銀行員の自己演出はUBSの資産であるという哲学の表明だったのである。

ちなみに、かつてのぼくもこのブルデューの指摘にピンときたほうで、クラブ財こそは新たな価値をもたらすものだと見えたのである。残念ながらエロティック・キャピタルを思いついたのではないけれど、そのかわり二つのことがひらめいた。

ひとつは、紹鷗《じょうおう》や利休などによって確立された茶の湯がもたらした茶道具のようなクラブ財が新たに生まれていく可能性がありうるだろうということである。もうひとつはリソースの意味と価値を編集的に変換する「**エディティング・キャピタル**」がありうるということだった。

茶の湯のしくみが生み出すようなクラブ財については、その後あまり追究しなかったが、おそらくはこれからこそ脚光を浴びると思う。HIGASHIYAという新しいスタイルの和菓子にとりくんでいる緒方慎一郎が、すでに第一歩、第二歩を踏み出している。もうひとつの「エディティング・キャピタル」はまさに編集工学が得意とするところ、とくにイシス編集学校にはしこたまエディティング・キャピタルが蓄積されている。編集とは「変化」であり、「変装」であり、「異装」の試みでもあるからだ。

ではまた本書の話に戻るけれど、ハキムが言いたいことはソーシャル・アイデンティティにおいてもコーポレート・アイデンティティにおいても、「**性的自尊心**」をもっと正当に認めるべきだということだ。

これを社会の下敷きにまで敷衍《ふえん》すると、カール・ポランニーの「経済は社会に埋め込まれる」や、さらにはマルセル・モースの『贈与論』の思想が動くことになる。とくにモースが『贈与論』(ちくま学芸文庫)や『供犠』であきらかにした「何かを贈りたくなる意志」や「何かをお返ししたくなる気分」がもたらす**互酬的な価値観**には、すでにエロティック・キャピタルがはたらいている。

　この贈与と互酬性にまつわるエロティック・キャピタルには、マーケティングで重視されてきた「選好性」も動いている。誰かに何かを贈りたくなるということは、誰にでも何でも贈りたいということではない。そこには事や品の大小はあるものの、なんらかの選好基準がはたらいている。その選好度合が新たな価値になっていったのである。

　二〇〇八年、フランスの化粧品会社ロレアルの相続人であるリリアン・ベタンクールが、巨額の現金・島・絵画などの資産を長年の友人であるフランソワ＝マリー・バニエに贈与したことがわかり、フランス中が大騒ぎになった。バニエは作家・画家・写真家として多くが認める才能豊かなアーティストなのだが、さすがのフランス人もこの粋な判断に腰を抜かした。当然、何も貰《もら》えなかった親族が文句をつけたのだ。

　こういう例は特別だとしても、贈与と互酬性には必ずやこのような「**ビューティ・プレミアム**」がつく。したがって、逆に高価なものや大事なものがかえってフリー（タダ同然）になることもある。献血や臓器提供にはそういう例が少なくない。これもまたビューティ・プレミアムの一種や例外なのだ。リチャード・ティトマスの福祉国家論がそのへんを書いて、ハキムの論法のタネ本になったのだと思う。

　本書は必ずしもデキのいい本ではない。論文的ではあるが重複も多く、ハキムの趣味なのかとおぼしいほどにセクシャルな女性たちの気分の昂揚《こうよう》を熱く擁護する記述が目立っている。また、歴史の中のエロティック・キャピタルの変遷について、ほとんど言及がないことにも不満がのこる。欧米中心であることも本書を片寄らせた。ハキムはあくまで現代の、それから明日の社会におけるエロティック・キャピタルの権利を高らかに訴えたかったのであろう。

それでも本書の言い分は、世の中のあらゆる「性と美の仕事」を果敢に応援するものだ。洋服屋、化粧品屋、ファッション業界、美容業界、風俗業界、芸能界、広告・メディア業界は、あらためてエロティック・キャピタルのダイナミックな資産運用にとりくむべきである。

第一四九〇夜　二〇一二年十一月二二日

参照千夜

一一一五夜：ピエール・ブルデュー『資本主義のハビトゥス』　一五一一夜：カール・ポランニー『経済の文明史』　一五〇七夜：マルセル・モース『贈与論』

「負」を先取りしなさい。
そこから「日本」をつくりなおしなさい。

ああ正負の法則

美輪明宏

PARCO出版　二〇〇二

この本は三日前に美輪さんから貰《もら》った。三島由紀夫の近代能楽集『葵上《あおいのうえ》・卒塔婆《そとば》小町《こまち》』をPARCO劇場に観にいって、楽屋をたずねたときのことである。公演パンフレットにぼくは三島についての原稿を頼まれて書いていた。舞台はすこぶる充実していて、美輪さんの演技も演出も佳境に入っていた。これは演劇賞ものだとひとしおの飛来を感じたが、「そりゃ無理よ、だって批評家なんて来ようとさえしてないんだもの」。美輪さんは芝居が終わった直後の疲れも感じさせずに、いつものように高くホホホと笑った。

そのあと、あれこれ歌舞伎や新派の話やら昨今の惨状ニッポンの話やらを交わし、そろそろ辞そうとしたら、「あら、この本まださしあげていませんでしたわね」と、あいかわらずの綺麗《きれい》な日本語で、如意輪観音《にょいりんかんのん》の膝のまるみのような笑みを浮かべ、本書を手渡してくれたのだ。

さっき読んだ。赤と金の装幀《そうてい》、総ルビ、岩田専太郎・田中比左良《ひさら》・富永謙太郎らの懐かしい挿絵が散って、です・ます調のおくゆかしくも鋭い語り口調になって軽快だ。そういうこともさることながら、全編がいちいち頷《うなず》ける「正負の法則」に溢《あふ》れていて、気持ちがよくなった。


実はPARCO劇場に行くとき、ぼくの体調はいささかおもわしくなかったのだが、芝居を観ている二時間半くらいのうちに回復していた。楽屋で話していると、さらにハイにさえなった。

こういうことは美輪さんと出会っているとしょっちゅうおこることで、それをもってすぐに「ヒーリング」とか「癒し系」という言葉をもちだす気はないけれど、美輪さんが類《たぐ》い稀《まれ》な念彼観音力《ねんぴかんのんりき》の持ち主であって、かつ「そこにさしかかるもの」には無類の優しさをもって抱擁する兜率天《とそつてん》一族の何者かであろうことは、なにもぼくだけが感じてきたことではあるまい。

以前に田中優子を公演後の楽屋に連れていったとき、ふと見ると彼女の目に涙が溢れていた。声も嗚咽《おえつ》したままだった。そのときの短い会話では、美輪さんは田中優子があることについて話したあと、「ええ、そういうことって、そう、あるのよねえ」と包んだだけなのだ。たったそれだけだったのに、あとで彼女に聞くと、「美輪さんの前ではすべてのことが了解されるんだってことがすごくわかったから。この優しさって何だろうと思ったら、泣けてきた」と言っていた。

できれば、みんな美輪さんと出会うべきである。実際にも美輪さんは辻《つじ》説法をも辞さない覚悟があって、どんな人たちともけっこうよく喋る。ただし言いたいことは歯に衣を着せない。

なんといっても美輪明宏は自身が稀《き》代《たい》格別の表現者なのである。その存在の由来そのものがジェンダーを超えているだけでなく、歌も演劇も、所作も台詞も、加えて姿も形も、この世のものではない美しさに満ちている。芍薬《しゃくやく》が露を払って零《こぼ》れた、牡丹《ぼたん》が花車となってぐらっと動いた、白蓮が闇の帳《とばり》を破ってぬっとあらわれた、なんてものじゃない。そばで一緒にいるとよくわかるのだが、まさに一挙手一投足、その笑みや目尻や指先のひとつひとつが、たえずロセッティの曲線であってリルケの詞華であり、高畠華宵《たかばたけかしょう》の色合いであってボードレールの悪の華なのだ。

何度も感じてきたことだが、美輪さんの舞台やリサイタルはクロージングやカーテンコールがこのうえもなく極上である。それまで涙を堪《こら》えてきた者も、ここにいたって玉の緒で縛ってきた感情がついに解き放たれ、目頭がぼうっと熱くなる。ぼくもそうなる。そこまではいいとして、会場が明るくなってぞろぞろとロビーに、ホワイエに、街に出る段になると、だれもが急に素知らぬ顔に戻らざるをえなくなる。これは残念だ。美輪明宏を体験したのだ、譬《たと》えようもない感動がやってきたのだ。隠すことはないとは思うものの、一場の夢はさめてしまうのである。まあ、こういうことがくりかえされるので、業を煮やして美輪さんがときどき本を書くことになるわけだ。

さて、本書に書いてあることは、ぼくが数十年をかけて感じてきた価値観のエスキースを、いともやすやすと、わかりやすく披瀝《ひれき》したものになっていた。それは**「負の先払い」**ということだ。

その「負の先払い」について、美輪さんは実に丹念にいろいろの例をおもしろおかしく、ときに夜叉《やしゃ》や般若になり、ときに菩薩《ぼさつ》や明王になって綴《つづ》っているので、忖度《そんたく》安易に要約すべきではないのだが、ここではあえて意図を汲んだ圧縮をして諸兄諸姉にその入口を指し示すことにする。

これは、神様にこっそり内緒でつくった人生のカンニングペーパーなのである。そのペーパーには、世の中には「正と負」というものがあって、この正負の両方をそれぞれどのように見るか、見立てるかが、その人間の魂の問題のみならず、人生全般を決定的に左右すると書いてある。これが正負の法則だ。

このことを理解するには、まず「儚さ《はかな》」を知る。人生そのものが儚く、成功が束の間のもので、どんな充足も失意も現状からはけっして窺《うかが》い知れないものだと思いなさい。美輪さんは、まずそこを言う。

たとえ合格や儲けや結婚が正に見えたところで、その価値はいつまでも同じように続くわけではなく、たとえ病気や借金や裏切りにあおうとも、それだけで負の不幸だとはいいきれない。「はか」とは日本中世の人生の単位であるけれど、だから「はかがいく」「はかばかしい」とは、いろいろなことがうまく進捗することではあるけれど、その「はか」がたとえうまくいかずとも、それを「**はかなし**」と見て、無常や儚さという美を立ち上げていったのが、かつての日本人だった。和泉式部が日記にこの「はかなし」を何度も擁護した。

いま、その「はかなさ」を知ることをみんなが恐れるようになっている。これはいけませんというのが出発点なのだ。正があれば、必ず負がやってくる。負を避けつづけようとすればするほど、正はたちまち歪《ゆが》んでいく。ここは、おおきに見方を変えるべきなのである。まずは負を先払いする気持ちが必要なのである。

世の中、光があるから影がある。夜があるから昼がある。歴史があって現在がある。

資金が流れるところがあるから、溜まるところもある。それで溜めておけば勝ちなのかといえば、まとめて投資した土地が一気に下落してパーになることもある。いつまでも正が正であるとはかぎらない。すべてがダメということもありえない。絶対の孤独もないし、長期にわたる至福というものもない。**孤独なときはそれなりに誇らしく孤独であればよく**、そんなときにつまらぬ相手と連《つる》むことはない。この「誇らしく孤独」について、かつて美輪さんと「森茉莉《まり》さんがそうでしたね」という話をしたことがあった。

万事は相対的なのである。惚《ほ》れすぎれば憎さも募るし、子供のころは憎かった親がとてもありがたくなるときもある。巨乳に憧れたところで、やがて歳をとれば巨乳はかえって垂れ萎《しぼ》んで、自分でもぞっとするほど醜悪になる。最初から小さなおっぱいならそういうことはない。正負の見方を変えるべきなのだ。

では、どのように？　どこで正負の見方を変えるのか。美輪さんは「前もって負をもちなさい」という画期的な方法を提示する。「そこそこの負を先回りして自分で意識してつくるといいでしょう」というふうに言う。

もともと少年丸山明宏が生まれ育った長崎の家は、まわりを女郎屋や遊郭で囲まれていた。貧富の差も激しかった。そこでは「美人薄命《トテシャン》、美人薄幸《トテシャン》、醜女《シコメ》に病いなし」という囃《はや》し言葉がはやっていたという。花街では美人は最初は売れっ子になるものの、たいていはしだいに落ちぶれる。病気にもすぐかかる。それにくらべて貧しい女たちはよく働き、体も丈夫で、そこそこの暮らしで満足できている。美輪さんはいやというほど、そういう例を見て育ったようだ。

それだけでなく、その後の美輪さん自身の半生がめちゃくちゃに苦労を負いつづける日々だった。五人兄弟の次男として育った少年時代は女の子っぽいというだけで化け物扱いをされた。十歳のとき原爆が炸裂し、十五歳で上京、仕送りがなくアルバイトをするもしばしば揶《から》かわれ、喋り方がおかしいといじめられた。やっと銀座七丁目の「銀巴里」でボーイを兼ねながらデビューしても行き倒れになったこともあれば、シスターボーイと**日陰者扱い**もされた。

そうしたなかで美輪さんは、クラシックの音楽修業からシャンソンに転出し、自分で歌をつくるところまでこぎつける。その変わり者ぶりが江戸川乱歩・川端康成・三島由紀夫らの目にとまることになったわけだが、世間は正の丸山明宏を認めたわけではなく、負の丸山明宏をおもしろがったともいえた。

それから時は流れて数十年。美輪さんは自身の来し方をよくよく見据えて、世の中を見る。ときには天界から人界の評価と価値観を見る。美輪さんを称賛した人々にも毀誉《きよ》褒貶《ほうへん》があることを見る。美輪さんを遠ざけた者たちのその後の生き方を見る。そして、誰もが見過ごしてきた重大な見方に気がついていく。

なぜ、そういうことが美輪さんに集中して深化したかということは、いまさらぼくが説明するまでもないだろうが、たとえば、いちはやく美輪さんを評価した川端・三島の二人が二人ともに自害したなんて、いったい他の誰に降りかぶさるだろうかということを思い合わせただけでも、美輪明宏にして語りうる人生哲学があってよろしいということになるはずなのだ。

こうしたことを何度も観察し体験してきた美輪さんは、あるときハタと悟ったそうだ。なんだ世の中、正だけでは動かない。負だけがダメだということじゃない。そこには正負のめまぐるしい変転があり、正負の端倪《たんげい》すべからざる取引がある。そう思えばいいじゃないか。

しかし、世の中はいまや正常値ばかりが社会のそこかしこで登録されるようになり、法律的に正しいものだけが罷《まか》り通る。健康という正の基準が決まり、二酸化炭素やPCBの安全比率が決まり、食品の賞味期限が決まっていった。精神さえ正常が尊ばれ、異常は犯罪者として負とみなされる。なんでもが正、大事なことはみんな正。そうでないものは、すべてが負に貶《おとし》められるばかりなのである。

これでは当然ながら、みんなが争って正を求めて勝ちにいく。みんなが「中流の正」の席に着きたいと争い、みんなが正の生活を貪ることになる。けれども、そうなったところで、ちっとも不満はなくならない。そのうちの多くの者が突然の負に出会って傷ついていく。その傷ついた親のもとに育った子にはトラウマが残っていく。

それでいいのか？　そんなニッポンでよろしいのですか。愉快な日本を構想できるのですか。みんながみんな正になれますか。美輪さんはここで断固としてベルカントで叫んだのである。「**どこかが間違っているのよね！**」。

かつて、童謡は「おうちはだんだん遠くなる」と歌ったものだった。「赤い靴はいてた女の子」は「異人さんに連れられて行っちゃった」のである。金襴緞子《きんらんどんす》の花嫁人形はしくしくと泣き、叱られれば町までお遣いに行かなければならず、雨が降っても傘はなく、紅緒《べにお》の木履《かっこ》の緒は切れるのだ。動物にだって、悲しいことも儚《はかな》いこともおこっていた。ウサギは木の根っこに転び、ちんちん千鳥は泣くばかり、歌を忘れたカナリヤは後ろの山に棄てられ、背戸の小藪《こやぶ》に埋《い》けられた。

大正期はこういう童謡を、北原白秋・野口雨情《うじょう》・三木露風《ろふう》・西條八十《さいじょうやそ》らの大人たちが、全力でつくっていたものだった。

そのことが何を意味するかは、ぼくも『日本流』（朝日新聞社）の序章をつかっていろいろ書いておいたけれど、一言でいうのなら、これは子供たちにも正ばかりの社会ではなく、負の社会や負の人生や、負の一日だってあるということを、中山晋平《しんぺい》や本居長世《もとおりながよ》の

松岡正剛70歳を記念して、仲間たちが企画したイベント「人生七十暴走古来稀」(2014年1月24日)に美輪明宏さんが駆けつけた。その圧倒的な念波観念力を惜しげもなく放射して、来場者を魅了した。

曲にのせて切々と歌っていたということなのである。

いまは、それがまったくなくなった。誰もが同じ正と勝ちを求めて、エルメスを買い、グッチに群がり、かっこいいベッドを買って、おいしいランチの自慢をしあう。女の子は美白じゃなければダメ、子供はいじめるのもダメだが、いじめられるのもダメ、英語が喋れなければダメ、だから第二公用語にしてでも英語を喋れるようになるのが正、オリコンチャートの上位に上がった歌だけがヒット曲で勝ち……。

これでは、負けた者はうなだれ、リストラ社員は戸惑い、自分の子がいい小学校に上がれなかった親は他人の子を殺したくなり、マスコミはヒーロー・ヒロインを探すか、そうでなければアンチヒーローばかりをくりかえし映像にする。こんなことでいいはずはないのに、ではどうすればいいかということは誰もはっきり提示していなかった。

負を買いなさい。先に負をもてばいいじゃないですか。誰にだって負はあるんです。それをちゃんと自分で意識しようじゃないですか。そう、美輪さんは言い出したのだ。これが「正負の法則」であり、「負の先払い」というものだった。

まだまだ伝えたいことがあるけれど、またの機会としておこう。「負の先払い」についてももっと説明をしたいが、このことについては、これまで千夜千冊でも何度かふれてきたし、これからも書きつづけるだろうから、それにいまぼくは日本の山水画について「負の山水」ということをめぐった一冊の本を書いたばかりなので、それを読んでもらうことにする（『山水思想』五月書房→ちくま学芸文庫）。

美輪さん、先日はどうもありがとうございました。NHKでは眼の前で《白月《はくげつ》》（三木露風・本居長世）を唄っていただいて、うるうるしてしまいました。また鏡を、ありがとうございました。明日の舞台も華麗に激越に、正負に満ちて、恙《つつが》なく盛況であらんことを祈ります。いつか二人で辻説法に出る日があるやもしれませんね。それでは、また。

第五三〇夜　二〇〇二年五月二日

参照千夜

一〇二二夜：三島由紀夫『絹と明察』　七二二夜：田中優子『江戸の想像力』　四六夜：リルケ『マルテの手記』　七七三夜：ボードレール『悪の華』　二八五夜：『和泉式部日記』　一五四夜：森茉莉『父の帽子』　五九九夜：江戸川乱歩『パノラマ島奇談』　五三夜：川端康成『雪国』　一〇四八夜：『北原白秋集』　七〇〇夜：『野口雨情詩集』

追伸

LGBTから端っこの「Q+」へ

性とジェンダー、LGBTQとエロス、マトリズムとパトリズムなどをめぐるエディションを構成しようと思って準備を始めたのだが、最初は収録候補が途方もなく膨らんでいた。だからページの都合で割愛した千夜千冊が何冊も出た。次のような本たちだ。できれば、この「見送られたブックリスト」から当初の構成案を遠望されたい。

サラ・ハーディー『マザー・ネイチャー』、小此木啓吾・北山修『阿《あ》闍世《じゃせ》コンプレックス』、ロバート・グレイヴズ『暗黒の女神』、クルト・ルドルフ『グノーシス』、アンリ・ジャンメール『ディオニューソス』、カトリーヌ・デスプ『女のタオイスム』、小南《こみなみ》一郎『西王母と七夕伝承』、ジョン・キーツ『エンディミオン』、帚木《ははきぎ》蓬生《ほうせい》『ネガティブ・ケイパビリティ』、ヴァージニア・ウルフ『ダロウェイ夫人』、ジャン・シャロン『レスボスの女王』、アン・チザム『ナンシー・キュナード』、テネシー・ウィリアムズ『回想録』、畑中正一『エイズ』、ポール・ボウルズ『シェルタリング・スカイ』、稲垣足穂『一千一秒物語』、三島由紀夫『絹と明察』、淀川長治『淀川長治自伝』、パトリシア・モリズロー『メイプルソープ』、ヘルベルト・マルクーゼ『エロス的文明』、ジョルジュ・バタイユ『マダム・エドワルダ』、マルキ・ド・サド『悪徳の栄え』、ザッヘル＝マゾッホ『毛皮を着たヴィーナス』、ピエール・クロソウスキー『ロベルトは今夜』、田中雅一編『フェティシズム論の系譜と展望』、金関丈夫《かなせきたけお》『お月さまいくつ』、赤松啓介『非常民の性民俗』、アン・ホランダー『性とスーツ』などなど。

こんなに割愛したのだから、本書『性の境界』が狙い通りのものになったのかいささか心もとないけれど、そのかわり新たに千夜千冊した本を加えた。二分冊にしてもよかったかもしれない。

ふりかえれば、この手の本をずいぶん読んできた。もともとぼくのどこかにQな好みが巣くっていたのだろうと思うけれど、それが実務のほうではなく読書のほうにつながったのは、学生時代にサド裁判があったこと、稲垣足穂・江戸川乱歩・澁《しぶ》澤龍彥《さわたつひこ》に惹《ひ》かれたこと、幾何学や物理学に官能を感じたことなどが大きい。そんな「読みの官能」がSF的想像力、マンマシーン幻想、アナキズムに結びつき、そのうちあらためてGやLの文芸や生き方に共感していったのだろうと思う。

実はフェミニズム思想についてはボーヴォワールを読んだまま、ほったらかしだった。そこに木幡和枝《こばたかずえ》がやってきて、やっと瞠目《どうもく》させられた。美輪明宏・上野千鶴子・田中優子との出会いも大いに刺激になった。LGBT問題が気になったのはジュディス・バトラーを読んでからで、それまではダナ・ハラウェイとトランスジェンダーにぞっこんだった。

思想としてのフェミニズムやLGBTQ+やクィア・スタディーズの問題をどう語っていくかということは、いまだからこそ問われる難問だと思っている。望ましい戦線があらかた出揃ったという気はまだしていないけれど、また日本の現状には残念なことが多すぎるのだが、思想戦線としてはここに一斉に向かっていくのが最も稔《みの》りが多いのではないか。ただ、日本にはポップカルチャーやサブカルチャーが抱えるラディカルセンスがあんなに濃密なのに、そこから痛快なクィア思想が噴き出てこないのが気になる。本書のはしばしに暗示しておいたように、「Q+」に期待したい。

松岡正剛

千夜千冊
EDITION

「千夜千冊エディション」は、2000年からスタートした
松岡正剛のブックナビゲーションサイト「千夜千冊」を大幅に加筆修正のうえ、
テーマ別の「見方」と「読み方」で独自に構成・設計する文庫オリジナルのシリーズです。

執筆構成：松岡正剛
編集制作：太田香保、寺平賢司、大音美弥子
造本設計：町口覚
意匠作図：清水紗良
口絵撮影：熊谷聖司
口絵協力：ドリアン・ロロブリジーダ
口絵素材：カミール・パーリア『性のペルソナ　古代エジプトから
19世紀末までの芸術とデカダンス』（上・下）鈴木晶・
入江良平・浜名恵美・富山英俊ほか訳、河出書房新社
編集協力：編集工学研究所、イシス編集学校
制作設営：和泉佳奈子

千《せん》夜《や》千冊《せんさつ》エディション

性《せい》の境《きょう》界《かい》

松《まつ》岡《おか》正《せい》剛《ごう》

令和5年 9月25日　初版発行

発行者●山下直久

発行●株式会社KADOKAWA
〒102-8177　東京都千代田区富士見2-13-3
電話　0570-002-301(ナビダイヤル)

角川文庫 23831

印刷所●株式会社暁印刷
製本所●本間製本株式会社

表紙画●和田三造

ISBN 978-4-04-400754-6　C0195

◇◇◇

角川文庫発刊に際して

角川源義

第二次世界大戦の敗北は、軍事力の敗北であった以上に、私たちの若い文化力の敗退であった。私たちの文化が戦争に対して如何に無力であり、単なるあだ花に過ぎなかったかを、私たちは身を以て体験し痛感した。西洋近代文化の摂取にとって、明治以後八十年の歳月は決して短かすぎたとは言えない。にもかかわらず、近代文化の伝統を確立し、自由な批判と柔軟な良識に富む文化層として自らを形成することに私たちは失敗して来た。そしてこれは、各層への文化の普及滲透を任務とする出版人の責任でもあった。

一九四五年以来、私たちは再び振出しに戻り、第一歩から踏み出すことを余儀なくされた。これは大きな不幸ではあるが、反面、これまでの混沌・未熟・歪曲の中にあった我が国の文化に秩序と確たる基礎を齎らすためには絶好の機会でもある。角川書店は、このような祖国の文化的危機にあたり、微力をも顧みず再建の礎石たるべき抱負と決意とをもって出発したが、ここに創立以来の念願を果すべく角川文庫を発刊する。これまで刊行されたあらゆる全集叢書文庫類の長所と短所とを検討し、古今東西の不朽の典籍を、良心的編集のもとに、廉価に、そして書架にふさわしい美本として、多くのひとびとに提供しようとする。しかし私たちは徒らに百科全書的な知識のジレッタントを作ることを目的とせず、あくまで祖国の文化に秩序と再建への道を示し、この文庫を角川書店の栄ある事業として、今後永久に継続発展せしめ、学芸と教養との殿堂として大成せんことを期したい。多くの読書子の愛情ある忠言と支持とによって、この希望と抱負とを完遂せしめられんことを願う。

一九四九年五月三日